本成果受北京市社会科学基金项目"新文化运动时期马克思主义在中国的译介传播"（项目编号：18YYB024）及北京市教委社科计划重点项目（项目批准号 ：SZ201910028010）资助；同时也是国家社会科学基金一般项目"《共产党宣言》百年多语汉译与传播研究"（批准号：21BYY198）的阶段性成果。

新文化运动时期
马克思主义
在中国的译介传播

方 红·著

THE TRANSLATION AND DISSEMINATION
OF MARXISM IN CHINA DURING THE
PERIOD OF NEW CULTURE MOVEMENT

上海三联书店

目　录

前　言

　　新文化运动时期是中国近现代历史上具有划时代意义的启蒙期和转型期。这一时期马克思主义的译介传播是其在中国百年汉译史上的第一个传播高潮，也拉开了马克思主义中国化进程的序幕。新文化运动为马克思主义在中国的译介传播提供了时代契机与有利条件，马克思主义译介传播成为新文化运动的重要内容和必要环节，二者互融互促，紧密关联。本研究以翻译为主线连结新文化运动与马克思主义早期传播，这对于马克思主义中国化研究及新文化运动的史学研究均具有重要的学术和现实意义，同时彰显了翻译在思想传播中的重要地位。

　　本书重点考察了新文化运动时期马克思主义在中国的译介传播情况，从传播背景入手，对翻译源头与译介模式、译介主体与翻译策略、传播媒介与诉求规划、翻译选择与动因影响进行了深入的考察和分析，并对新文化运动时期首次完整翻译的马克思主义文献《共产党宣言》和《社会主义从空想到科学的发展》进行了个案研究。此外，基于新文化运动时期唯物史观的译介及对社会主义内涵的争论，本书还探讨了马克思主义核心概念的翻译阐释及意义建构，并对李大钊、李达等代表性译者的翻译观进行了溯源分析。以史实脉络为主线、以文本分析为基础、以译者研究为核心，本书较为全面地展现了新文化运动时期马克思主义译介传播的概貌，并进一步剖析了文化转型时期的思想译介传播特征，揭示了思想翻译与文化建构的互动本质。新文化运动时期的马克思主义译介传播是马克思主义在中国翻译传播史上的重要阶段，回应了马克思主义翻译、传播及其中国化的"三位一体"关系，构成了这一时期异质思想与本土文化发生对话与共振的多维之景。本书将新文化运动时期的马克思主义译介传播纳入翻译文化史研究框架，促进译史研究与文化研究的深度融合，有力论证了翻译在思想文化交流中的地位与意义；同时，对马克思主义翻译传播的阶段史研究也对深入理解马克思主义在中国的翻译传播全景具有重要意义。本书首次从翻译视角剖析了新文化运动时期马克思主义译介传播情况，意在丰富翻译史学研究范畴，且对马克思主义中国化研究有所启示。

马克思主义在中国的翻译传播是近年来国内学术研究热点，翻译对于马克思主义在中国的传入、传播、接受及发展具有重要的影响和意义，这也越来越受到学界的认同和关注。翻译不是简单的文本转换，翻译本身就是在传播和建构文化，并受到其时译入语社会、历史、文化语境的影响和制约，同时反向影响着时代思想文化体系的建构。马克思主义经由翻译进入中国，各个时期如何通过翻译被国人理解和阐释影射了马克思主义中国化的轨迹。追溯马克思主义翻译传播的历史印迹，就是重温马克思主义时代化、本土化、大众化的力量之源，也是深入理解从马克思主义中国化到催生中国化马克思主义的思想传播经典化之路。

本书聚焦的新文化运动时期马克思主义在中国的译介传播研究是笔者近年来所关注的中国马克思主义翻译传播史系列研究中的阶段性成果。马克思主义在中国的译介传播跨越百年历程，见证了中国共产党成立、成长到成熟以及中华民族探索、探求、探知独立自强之路的历史进程，其中每一阶段都是历史长河中的缩影，同时也共同构成了百年思想传播的完整图景。只有将其放置回历史语境中才会凸显马克思主义翻译传播的历时特征，也会让我们更加清楚马克思主义究竟如何成为今天中国的主流意识形态，即"马克思主义为什么行"。马克思主义在中国的翻译传播历程既是翻译史研究的典型事件，也必然融合思想史、概念史、党史等涉及社会、文化、经济、政治等多维视角的跨学科考察。而这无疑是一个拥有广阔研究空间与重要现实意义的课题，也期待后续会有更多的学者参与其中。

本书的完成受到北京市社科基金项目及北京市教委社科计划重点项目"新文化运动时期马克思主义在中国的译介传播"的资助，同时也是国家社科基金一般项目"《共产党宣言》百年多语汉译与传播研究"的阶段性成果，为后续研究奠定了基础。此外，特别感谢上海三联书店殷亚平女士为本书出版所做的努力，以及编辑张静乔的细心帮助。限于水平，本书难免存在文字的疏漏及观点的偏隘，恳请广大读者批评指正。

著　者

2023 年 12 月

第一章　绪　论

马克思主义起源于欧洲，经由翻译在世界范围内传播，是近代世界思想文化交流史上最为典型的翻译传播事件。马克思主义自19世纪末初入中国，一百多年间对中国社会产生了重要影响，见证并推进了近现代中国的社会、思想、文化转型。对马克思主义在中国的翻译传播情况进行历时性、阶段性考察，对于深入理解翻译在思想文化传播中的角色和意义以及推动马克思主义本体研究尤其是马克思主义中国化研究均具有重要的价值和意义。

最初进入中国的马克思主义是零碎萃取的思想片段，具有一定偶然性，且非国人自主选择译入。而随着俄国十月革命的胜利，尤其是新文化运动的兴起，马克思主义在中国的译介传播也进入了一个全新的阶段。新文化运动为马克思主义在中国的译介传播提供了现实之需与有利因素；同时，马克思主义译介传播不但是新文化运动的重要组成部分，也借由新文化运动之契机拉开了马克思主义中国化进程的序幕。可以说，新文化运动与马克思主义译介传播紧密关联，二者互融互促。本书将新文化运动时期的马克思主义译介传播事件作为研究对象，正是基于对翻译在马克思主义早期传播中意义和价值的认可，意在将新文化运动时期的马克思主义翻译纳入翻译文化史研究框架，以示翻译在思想传播与文化互动中的建构性意义。深入分析这一时期马克思主义的译介情况和传播影响不但可以更为客观地全面了解马克思主义译介传播与新文化运动的互动关系，也有助于揭示这一特殊历史时期马克思主义译介传播的特点及其在马克思主义中国化进程中的地位与影响，尤其是对中国共产党建党及早期马克思主义者成长的意义与影响。因此，本研究对于梳理回顾马克思主义在中国的百年译介历程无疑具有重要的历史意义与时代价值，同时搭建思想文化史和翻译史相结合（王克非 1997：57）的研究平台，探索思想翻译的特征规律以及翻译在思想文化交流中的作用。

马克思主义是一门哲学，也是科学，它揭示了人类社会发展的根本规律，也提出了观察和解决问题的科学方法即辩证唯物主义和历史唯物主义。"马克思主义"[1]这一概念在马克思在世时就已出现，因为最初使用的"马克思主义"一词歪曲了其实质内容，所以受到马克思的批判。恩格斯在 19 世纪 80 年代开始使用"马克思主义"一词，并于 1886 年专门对此做了说明[2]，指出他们创立的

---

[1] "马克思主义"这一概念最早由俄国无政府主义者巴枯宁在 19 世纪六七十年代提出，"马克思主义"第一次见之于文字是刊登于 1882 年保尔·布鲁斯出版的《国际中的马克思主义》这本小册子。参见《马克思主义研究资料》第 24 卷（2015：116）。

[2] 恩格斯在 1886 年《路德维希·费尔巴哈和德国古典哲学的终结》一文中专门提到："近来人们不止一次地提到我参加制定这一理论的工作，因此，我在这里不得不说几句话，把这个问题澄清。我不能否认，我和马克思共同工作 40 年，在这以前和这个期间，我在一定程度上独立地参加了这一理论的创立，特别是对这一理论的阐发。但是，绝大部分基本指导思想（特别是在经济和历史领域内），尤其是对这些指导思想的最后的明确的表述，都是属于马克思的。我所提供的，马克思没有我也能够做到，至多有几个专门的领域除外。至于马克思所做到的，我却做不到。马克思比我们大家都站得高些，看得远些，观察得多些和快些。马克思是天才，我们至多是能手。没有马克思，我们的理论远不会是现在这个样子。所以，这个理论用他的名字命名是理所当然的。"参见《马克思恩格斯选集》第 4 卷（1995：242）。

理论用马克思的名字命名是理所当然的，因为没有马克思，这个理论远不会是现在这个样子。由此可见，恩格斯倡导的"马克思主义"这一说法既是对马克思的纪念，也是对该理论创建贡献的历史记述。而且，"马克思主义"实则包括马克思、恩格斯两人共同的思想，体现在两人的著作和表述中。本书所讨论的新文化运动时期马克思主义在中国的译介传播内容主要既指当时译入中国并传播的马恩文献著述，也包括援引、转述、评介等间接译介传播马恩思想的书刊文献，当然亦不能忽略译介传播马克思主义的主客体即译者和媒介。

新文化运动时期是近现代中国历史上具有划时代意义的启蒙期和转型期，马克思主义在十月革命尤其是五四运动后开始在中国广泛传播，新文化运动时期马克思主义的译介传播是其在中国百年汉译史中的第一个传播高潮，也拉开了马克思主义中国化进程的序幕。针对新文化运动时期马克思主义在中国的译介传播已有较为丰富的研究成果，国内外学者从马克思主义传播史、马克思主义思想史、概念史及翻译视角对这一时期的马克思主义译介传播情况、阐释模式、意义建构、语境互动、概念术语选择及译者译本个案等进行了较为深入的研究。

国外学者尤其关注中国马克思主义早期传播中的代表性译者和术语译词的溯源。莫里斯·迈斯纳（Maurice Meisner）（1967）讨论了新文化运动时期李大钊与中国马克思主义的起源，从思想史角度分析了李大钊的思想形成和发展情况及其在中国马克思主义起源和早期传播中的作用，关注到李大钊通过翻译接受和理解马克思主义且这一过程受到日本早期社会主义者的影响。阿里夫·德里克（Arif Dirlik）（1989）探讨了中国共产主义的起源，指出李大钊在新文化运动期间撰写的一系列文章为十月革命和中国马克思主义起源提供了重要的思想链接。尽管他并不否认十月革命激发了中国知识分子对马克思主义的兴趣，但是他认为不能把这一时期的历史发展主线简单化。基于新文化运动时期发行的各类期刊及五四运动团体的考察，他融合当时的社会语境充分分析了共产主义的起源发展脉络。尼克·奈特（1996）专门研究了李达与中国马克思主义哲学的发展，基于李达译介马克思主义的实践阐述了马克思主义哲学思想在中国的起源发展及其对后来马克思主义者的影响，尤其探讨了翻译在中国马克思主义传播中的重要意义，关注到李达的翻译观对其翻译实践的指导。尼克·奈特（1996：112）指出，要了解中国第一代马克思主义者的理论成熟度以及他们对于马克思主义理解的本质，就要深入研究翻译文本的内容，因为这些文本孕育着形成中国马克思主义的理论构成和政治策略。这无疑对研究新文化运动时期中国最早的共产主义者如何接触和理解马克思主义并初步形成中国语境下马克思主义话语体系具有重要的启示意义，更印证了翻译在异质思想传播中的关键性角色。

德国学者李博（2003）从词汇—概念的角度对中国马克思主义核心术语源头做了详细分析，指出汉语中马克思主义的译名确立与日本密不可分。一方面因为中国早期的马克思主义多译自日本著述，所以日文译名经过翻译直接传入中国；另一方面，尽管两种语言中的汉字具有关联，但是同形异义的汉字表述又使部分术语概念在翻译传播中发生了形、意的折射和变化，出现了术语内涵的不一致现象。从术语的微观差异推溯到概念的起源与意义的形成，这是研究中国马克思主义思想形成和发展的重要内容和视角。当然这些术语并非都是在新文化运动时期确立的，概念术语的历时生成和稳定是思想传播与重构的重要印迹，而新文化运动时期作为最初集中译介传播马克思主义的历史阶段，期间出现的术语译词无疑对之后马克思主义的传播和接受有着重要影响。

日本学者石川祯浩（2006）在中国共产党成立史研究中着重分析了马克思主义在当时的传播和影响，整理了五四时期部分译自日语的翻译文目，指出中国早期的马克思主义思想源自日本社会主义者，这种经过日本选择和阐释的马克思主义思想进入中国后为中国共产党的成立奠定了理论和社会基础，影响了当时中国的社会发展形态。石川祯浩（2007）还特别分析了李大钊早期思想的来源，认为他受到了日本评论家茅原华山的一系列著作影响，以此暗示1910年代的中国知识分子已与世界思潮紧密结合在一起。陈力卫（2008，2019）和大村泉（2008）都关注到了《共产党宣言》的汉译情况，陈力卫认为新文化运动时期问世的陈望道翻译的《共产党宣言》首个汉译本是以幸德秋水、堺利彦的《共产党宣言》日译本为底本译成，并指出之后的《共产党宣言》各汉译本中译文译词呈现"尖锐化"倾向；大村泉则力证陈望道的《共产党宣言》译本是以幸德秋水、堺利彦日译本为底本同时参考了英文版，且各译本译词的差异在很大程度上是由于翻译底本的差异造成的。《共产党宣言》首个汉译本诞生于新文化运动时期及中国共产党建党前，是探讨这一时期马克思主义译介传播的重要文本，对其翻译传播及译文译名的考察一直是中日学者关注的议题。而且，因为《共产党宣言》日中首译本的翻译底本不同且所处社会历史阶段不同，所以以此映射的日中马克思主义翻译传播情况也必然存在差异，而这正是需要进一步厘清的马克思主义传播景观。

总之，国外学者主要从思想史角度以人物、事件、术语概念为线索探讨了中国马克思主义早期传播情况，尽管涉及了马克思主义理论及文本的翻译，但是主要是把翻译视为传播的途径和手段，缺少对翻译过程及翻译作用和地位的深入论证，尤其缺乏基于翻译文本分析和译者立场的系统研究，而这正是本研究需着力讨论的。

　　国内学界对新文化运动的研究成果颇丰，除文学翻译外，马克思主义翻译传播情况也是这一时期研究的焦点之一。马克思主义领域学者将新文化运动时期马克思主义译介传播纳入了马克思主义百年汉译及马克思主义中国化本体研究视阈中，从马克思主义译介传播概况梳理、马克思主义传播与中国共产党建立之关系、马克思主义与其他思潮之论争、译介马克思主义的代表性译者、传播马克思主义的代表性期刊报纸等角度探讨了新文化运动时期马克思主义译介传播情况及影响。林代昭、潘国华（1983）整理和编辑了十九世纪末至中国共产党成立前后社会主义思潮和马克思主义传入中国的基本史料和文献，其中第三辑"五四时期马克思主义在中国的传播"共有 40 篇文章，第四辑"建党时期对共产主义理论的宣传"汇集了 30 篇文章，较为集中地展示了新文化运动时期译介传播的马克思主义代表性文章，并在书后附有"建国以来有关马克思主义在中国的介绍和传播论著目录索引"，除介绍五四时期马克思主义在中国介绍传播的刊文著作外，还介绍了李大钊、陈望道等宣传、传播马克思主义的代表性人物和其他团体、刊物。同时期最具代表性的文献还有《马克思恩格斯著作中译文综录》（1983）和《马克思恩格斯著作在中国的传播》（1983），前者汇集了 1980 年以前出版的马恩著作中译本，并附有介绍著作的写作、出版情况及中译文的编译出版情况等，后者是为"纪念马克思逝世一百周年"出版，共有"马克思恩格斯著作翻译出版工作回忆"和"马克思恩格斯著作在中国传播的历史概述"两部分，其中谈到了新文化运动时期马克思主义翻译传播情况。值得一提的是，朱育和、蔡乐苏（1989）从新文化运动时期的社会经济文化背景入手分析了五四时期马克思主义为什么能传入中国，以及接受马克思主义需注意的问题，指出只有用世界整体的眼光和辩证、发展的观点，才能正确认识马克思主义传入中国的历史必然与时代特征，才能从中引出有益的教训。这种理性回顾在当时对于认识马克思主义在中国的理论及实践发展颇有意义。此外，一大批文献著述（如司马璐 1973、姜义华 1984、李泽厚 1988、赖钦显 1993，等等）梳理了马克思主义译介传播情况，摘录汇集的文献史实是马克思主义传播研究的基础，从思想史角度追溯和考察马克思主义的传播及思想内涵成为中国马克思主义本体研究的重要内容。这些以文献梳理及史实回顾为主的研究成果尽管对马克思主义译介情况有所提及，也仅将其作为传播史考察的佐证，但对译文文本的对比分析和翻译在思想传播过程中的作用和意义未给予充分重视和系统研究，也未对翻译事件的因果关系做出解释，从翻译视角考察新文化运动时期马克思主义传播情况尚存较大的研究空间。

近年来[1]，随着跨学科研究的开展和深入，哲学思想界学者也开始关注马克思主义翻译传播情况，从翻译视角挖掘思想传播中的内涵建构及译文对比中彰显的思想张力。张立波（2007）指出马克思主义早期翻译受到当时历史规划和译介主体召唤的双重作用，

---

[1] 自 20 世纪 90 年代以来，对马克思主义在中国的传播研究成果众多，且多有涉及新文化运动时期尤其是五四运动时期的马克思主义译介传播情况，此处不一一列出，仅考察具有代表性研究视角和模式的成果。尤其进入新世纪直至近十年以来，马克思主义传播研究更为丰富，本文主要聚焦与新文化运动时期马克思主义翻译传播相关的研究，以此展开本课题的进一步讨论。

强调了翻译研究视阈在马克思主义传播研究中的重要意义；李百玲（2009）对马克思主义早期翻译的目的、内容、方式等方面进行了简要概述，指出翻译对于马克思主义中国化进程的影响意义；张琳（2009）从文本分析角度揭示了翻译解读对于马克思主义传播接受的影响；林霞（2010）从翻译选择视角分析了马克思主义在中国早期的传播特点和规律。而《共产党宣言》作为马克思主义代表性文献，其翻译更受到关注，且新文化运动时期出版的《共产党宣言》首个汉译本成为必谈的一环。高放（2008）对"全世界无产者，联合起来！"这句译文的考证及改译的商榷引发了学界长达三年的争论和关注[1]。当然除了最后一句，《共产党宣言》的首句翻译也引发颇多讨论，如李田心（2018）就从语境意义出发探讨了此句该如何翻译。陈家新（2012）、陈红娟（2015，2016，2018，2021）、谭渊（2018）、杨金海（2018）等都专门分析了《共产党宣言》在中国的翻译传播情况，在底本甄别、译本对比、概念厘定等方面深化了对翻译在马克思主义传播中意义与价值的理解。以李永杰（2018）、李永杰、靳书君（2018）、徐天娜（2019）、靳书君、

---

[1] 高放在 2008 年先后发表《"全世界无产者，联合起来！"74 种中译文考证评析》（载《文史哲》2008 年第 2 期）、《"全世界无产者，联合起来！"这句译语可否改译》（载《北京日报》2008 年 3 月 17 日）、《"全世界无产者，联合起来！"要改译为"所有国家劳动者，联合起来！"》（载《探索与争鸣》2008 年第 3 期）系列文章，引发了学术界的争鸣和热议。郑异凡发表《"全世界无产者，联合起来！"的口号无需改译——与高放先生商榷》（载《探索与争鸣》2008 年第 5 期）进行回应，高放又发表《"全世界无产者，联合起来！"这句译语可以改译——敬答郑异凡、奚兆永先生》（载《探索与争鸣》2009 年第 2 期）回复，王保贤又发表《论"全世界无产者，联合起来！"的翻译问题——兼评郑高之辩》（载《马克思主义研究》2010 年第 8 期），展开了相关的广泛争论，《文摘报》《新华文摘》、人大报刊复印资料等都对此进行了摘录。

王野汀（2021）、张文彬（2021）等为代表的研究还探讨了《共产党宣言》中"人的本质"概念、所有制术语、马克思主义汉译概念史、"资产阶级"等重要概念的汉译变迁情况，从概念史视角研究了核心术语和概念的翻译阐释。这些都证明了翻译已经成为马克思主义传播研究的重要视角和观察点。

同时，对马克思主义早期传播情况的研究也多有关注国别间的对比与分析。孙大为（2006）比较了马克思主义在中、俄早期的传播情况；范立君（2007）和李军林（2008）分别以《共产党宣言》作为个案文本先后考察了其在意大利和日本的传播影响以及在中、日、美三国的早期传播情况，运用对比性的描述和传播学的阐释方式分析了典型文本在不同地区的传播规律和意义；丁霞（2011）比较了马克思主义在日、中两国的早期传播情况，揭示了两国马克思主义传播的各自特点及相互关联。韦正翔（2013）在《〈共产党宣言〉探究》一书中还通过与德、英、法、俄文版《共产党宣言》字对字的翻译进行了多语阅读实践探索，虽然缺少了中国马克思主义重要来源之一的日文版译文，但不可否认的是，马克思主义文献的多语阅读、翻译及对比研究是中国马克思主义传播研究中的重要内容。可以说，从翻译切入马克思主义传播研究不但涵盖了以文本、理论体系、译者、语境为线索的历时梳理和共时分析，也拓展并深化了融合马克思主义民族性和文化性的本体研究。

此外，新文化运动时期马克思主义传播研究也呈现社会文化语境互动趋势，从传播特征、主体变化、话语体系、文化自觉、思想开端等方面论证了新文化运动与马克思主义传播的互融关系。最具代表性的是《新文化运动时期马克思主义在中国的传播与研究》一文，季水河（2017）在该文中梳理了新文化运动时期马克思主义的传播途径、传播主体、研究内容及主要特点，指出马克思主义在中国的传播与研究，本身就是新文化运动的重要组成部分。这种对马克思主义传播与新文化运动关系的定位不但凸显了前者的主体地位，也对深入认识马克思主义传播在中国社会发展历程中的意义和影响具有现实启示。除此之外，王一胜（2015）指出马克思主义在新文化运动时期的传播是外在和内在因素共同影响的结果，既有外来文化的传播，也有传统文化的现代转型，反映了中国优秀传统文化在马克思主义中国化中的重要作用；王文兵（2018）认为新文化运动体现了中国先进分子走向马克思主义的文化自觉历程，成为中国共产党革命精神的历史起点和精神起源。

　　还有一些学者聚焦五四运动与马克思主义传播研究，也对五四时期《新青年》传播马克思主义的情况和影响深入分析。周凯（2013）以《新青年》月刊为例基于文本分析探讨了马克思主义早期传播的主要特点，马克思主义在当时的中国不仅仅是被视为一种理论，更多的是被当作一种解决中国问题的思想工具和理论武器。姜佑福（2015）以《新青年》杂志为中心进行了批判性考察，分析了五四新文化运动中对马克思主义社会政治哲学的介绍和宣扬，指出作为中国社会和政治革命的领导力量即中国共产党的成立的呼吁已势在必行。田子渝、王华（2015）分析了《新青年》的办刊实践直接推动中国共产主义运动的传播与兴起，是中国共产党诞生的摇篮。李维武（2019）指出经过五四运动马克思主义在中国的传播主体发生根本性变化，使得此后马克思主义在中国的传播发展进入新阶段，呈现新形态。王海龙（2019）论证了五四运动时期马克思主义话语体系开始在中国出场，其出场形态从隐匿到彰显，可细划为"文本形态"与"理论形态"，马克思主义话语体系在未来会持续"在场"。石仲泉（2019）重申了五四时期马克思主义传播的重要意义，五四运动是比较系统传播原真马克思主义的历史起点，马克思主义通过与其他思想的论争在先进知识分子中成为传播主流，当时具有影响力的知识分子积极传播马克思主义成为译介主体，正是五四时期马克思主义的传播为中国共产党的创建提供了必要条件。杨金海（2020）系统论述了马克思主义传播史研究的对象、内容和方法，指出马克思主义传播史研究可以作为一门相对独立的学科来建设并对马克思主义理论的学科体系和话语体系建设具有重要意义。

可以说，马克思主义研究领域学者对新文化运动时期马克思主义传播情况的研究视阈不断扩宽。马克思主义的传播基于翻译行为发生，依托翻译文本留存，是马克思主义在中国传播和接受的印迹。马克思主义翻译逐渐受到重视，成为马克思主义传播研究的重要内容，其中翻译的影响和意义得到更多关注和认可。但是，这些研究多把翻译作为马克思主义传播的方式和途径来看，工具式的研究并不能解释影响翻译行为的社会、文化、历史等因素，缺失了思想翻译历史化和语境化的综合分析。

翻译研究领域对马克思主义翻译传播一直多有关注，但仍存在很大的拓展空间。在梳理中国翻译史（包括文学翻译史）的重要翻译事件时，新文化运动时期的马克思主义翻译已经引起学者重视。如邹振环（1996）[1]、王克非（2000）、马祖毅（2001）、冯志杰（2011）等人都在书中提到了特定阶段马克思主义代表著作和思

---

[1] 邹振环在《影响中国近代社会的一百种译作》（1996）一书中，对《共产党宣言》(72)、《资本论》(92)的译介情况都做了简要评介。

想的译介情况。2006年出版的《中国翻译通史》一书中在"现当代部分"的第一卷专门设有"百年来马克思主义在中国的传播篇",对马克思主义在中国的传播历程及其经典著作的翻译出版等情况进行了较为系统的整理和说明,是迄今为止翻译领域对马克思主义在中国传播发展最为集中的概述。该书历时性地梳理了马克思主义进入中国和开始传播的史实和阶段性特点,并对部分马克思主义代表性著作的翻译出版情况进行了整理和评述,新文化运动时期作为其中重要的传播阶段也给予了较为充分的介绍。这样大篇幅、系统性地介绍马克思主义的传播情况在翻译史研究中实属首次,映射出马克思主义传播事件在中国翻译史研究中日益凸显的重要地位和学术价值。

进入新世纪,翻译领域对马克思主义翻译传播、《共产党宣言》首译本及马克思主义历时传播更为重视,新文化运动时期的马克思主义译介情况成为关注点之一。以王东风、李宁(2012)和方红、王克非(2014)、刘孟洋(2017)等为代表的研究对《共产党宣言》首译本(即陈望道译本)进行了较为细致的文本分析,并对中日《共产党宣言》首译本进行了对比分析,厘清了陈望道译本的翻译底本并论述了《共产党宣言》日译本对中译本的影响,以译本为线索追溯了历史记忆。方红(2016)在《马克思主义在中国的早期翻译与传播》一书中梳理了马克思主义自19世纪末初入中国直至1920年《共产党宣言》首个完整汉译本问世期间的翻译传播情况,对五四新文化运动时期的马克思主义翻译传播有较为深入的分析,但是并未涉及1920年之后新文化运动中后期马克思主义的翻译情况。王传英、田国立(2017)从社会学视角分析了马恩著作在中国的百年译介与传播情况。尽管翻译领域专门从事马克思主义翻译研究的学者不多，但是近年来翻译史研究领域已经意识到马克思主义翻译研究的重要意义和价值，如屈文生（2018）指出，马克思主义著作与马克思主义理论体系是制度翻译史上最不应当被绕开的领域，马克思主义文献的翻译与传播史研究应当是个重大研究课题。自 2019 年至 2021 年，外语学界组办了多场聚焦马克思主义翻译传播的学术研讨会，外语类核心期刊也发表了诸多相关成果，都体现出翻译研究领域对于马克思主义翻译传播研究的重视和关注。王宁（2019）论述了翻译在新文化运动中的历史作用与未来前景；王东风、赵碬（2019）探讨了五四运动前后马克思主义在中国的翻译传播情况，指出五四运动前后的译介活动起到了催生建党初心萌芽的关键作用；方红（2020）、孔令翠、曹进（2021）分析了《共产党宣言》重要概念及核心术语的翻译变迁和中国化演变；许文胜、韩晓秋、程璐璐（2021）、孔令翠、李萍（2021）都关注了马克思主义翻译活动促发中国共产党建党的初心和使命；葛桂录（2021）、岳峰、朱汉雄（2021）提出红色翻译的概念，并探讨了红色翻译史研究的意义和架构，五四运动时期作为三个重要的历史阶段之一是红色翻译史研究的重要内容，并提出运用翻译学、历史学、社会学、文化学和政治学的跨学科方法开展红色翻译研究。谭思蓉、苏艳（2022）借助布迪厄的社会实践理论，探讨了五四运动前后场域博弈中《共产党宣言》陈望道译本的翻译生产过程。这些研究充分体现了马克思主义翻译传播成为翻译史研究领域的热点课题，译学界突破语言、文本的限制充分融入社会文化语境在翻译事件中的影响研究，跨界融合成为新文化运动时期马克思主义传播研究的新趋势。

可以说，尽管译学界对马克思主义翻译研究越发重视，但是对新文化时期的马克思主义翻译传播研究更多限于五四运动时期且集中于特定期刊（如《新青年》）和特定译本（如《共产党宣言》陈望道译本）的探讨，也充分认识到了马克思主义翻译对中国共产党创建的重要意义，但是缺少对这一时期马克思主义翻译传播整体面貌的梳理和分析，也未将这一阶段的马克思主义翻译承前启后地纳入中国马克思主义百年翻译传播的体系化研究中。现有研究的分析和总结似乎更多是基于翻译史实的表象，而对译者的翻译行为及翻译文本所蕴含的翻译影响（包括影响翻译行为的客体、主体因素及文内、文外考虑，以及翻译产生的相关影响）和意义研究则显得匮乏。当下翻译史研究更加关注翻译行为在文化交流、思想传播中的作用和影响，并开始从文内分析辐射到在文外语境从社会学视角探究翻译行为的前因后果，也更加重视译者所发挥的作用。从这个意义上讲，新文化运动时期马克思主义翻译传播无疑是最具说服力和研究价值的翻译事件，透过译文文本剖析翻译选择的原因和传播接受的效力所在，这对探索翻译的文化价值具有重要意义。

综上所述，国内外思想界、史学界和哲学界学者尤其是国内马克思主义领域和翻译研究领域学者对新文化运动时期马克思主义在中国的翻译传播情况进行了大量的梳理和研究，这些研究主要以史料整理和思想及理论分析为主，反映了特定阶段马克思主义在中国传播的基本情况及其影响，为马克思主义早期翻译传播的研究奠定了基础。但是，这些研究绝大部分集中于五四时期马克思翻译传播概述或是个别译本和期刊传载的马克思主义思想研究，更多属于思想史和概念史研究范畴。至今还没有针对新文化运动时期马克思主义翻译传播的专门系统性研究，也缺少对翻译文本的体系化整理与深入探析，而这是真正理解马克思主义在新文化运动时期如何传入中国、如何被阐释和接受的重要依据。专注于史料的耙梳容易把翻译文本仅仅视作传播内容而进行简单罗列和描述，强调客观性的同时却忽略了其主体的影响力。翻译作为新文化运动时期马克思主义传播过程中至关重要的环节和核心载体，见证并推动了整个传播过程，对翻译文本及翻译主体的分析正是这一时期马克思主义传播研究的关键所在。新文化运动时期马克思主义翻译事件对中国社会的影响甚至超出同时期文学翻译所带来的文化思想冲击，把马克思主义翻译事件纳入翻译文化史研究框架是全面研究中国马克思主义传播史的组成部分，也是印证翻译文化效力的有力诠释。

当然，进行翻译断代史研究需要明确界定历史阶段的划分及依据，新文化运动时期马克思主义翻译传播研究则需明确此处所说的新文化运动时段。学界对新文化运动的起点时间没有争议，基本认定《新青年》杂志创刊即1915年标志着新文化运动的兴起，但是对新文化的结束时间界定较模糊。有的学者认为1923年是新文化运动的结束，因为此后新文化运动倡导的"科学""民主"口号逐渐淡出历史舞台；也有的学者认为1927年，因为这之后"启蒙"让步于"救亡图存"的革命实践；甚至也有观点认为新文化运动持续到新中国成立，只不过从文化领域逐步发展到政治、经济、科学、文化的全领域启蒙变革。《新青年》创刊开启了新文化运动的序幕，《新青年》刊文见证并记录了新文化运动的发展走势，它也是宣传马克思主义的重要媒介，承载着马克思主义在当时中国译介传播的选择取舍与接受脉络。正是基于这样的考虑，本研究认为《新青年》的停刊也可视为新文化运动告别历史舞台的标记，本书对新文化运动时期马克思主义翻译传播的考察就从1915年开始直至1926年7月《新青年》停刊。当然对这一时期的马克思主义翻译传播的考察也需前因和后果，所以在时间节点上会有微观延伸。马克思主义翻译的不同阶段横向渗入了当时的社会历史语境，成为受其影响并同时影响该阶段发展的思想潮流，纵向建构了其自身意识形态体系在中国语境中的介入和调和过程。对新文化运动时期马克思主义翻译事件的研究也应该透过史实现象，深入分析翻译行为的特点和影响因素，从而透视翻译所产生的影响和意义，实现从描述到解释的研究深化。

还需强调的是，本研究聚焦新文化运动时期马克思主义的翻译传播，既是基于对思想传播中翻译主体建构性的认可，也体现了笔者主张的马克思主义翻译、传播及其中国化的"三位一体"关系。首先，翻译是异质思想进入目的语文化语境的起点和媒介，也是思想传播的载体和决定性因素，翻译过程就是外来思想进入目的语语境并重新建构其内涵体系的过程。新文化运动时期马克思主义经由翻译进入中国，翻译来源、翻译内容、翻译方式、译介取舍以及翻译载体形式体现了当时社会文化语境的时代诉求与译介主体的自主规划，是二者共谋的结果。从这个意义上讲，马克思主义思想传播的本质就是通过翻译进行文化调和与互融，翻译决定了新文化运动时期马克思主义以何种姿态进入中国，也在一定程度上导引了当时的知识分子以何种态度认识和接受它。新文化运动时期的马克思主义翻译有多层内涵，既是翻译事件，也涉及翻译过程，既有翻译文本，也涉及翻译阐释，既融合翻译语境，也展示翻译功效，异质思想与本土文化发生对话与共振，构成了这一时期马克思主义思想翻译的多维之景。

其次，马克思主义翻译、传播和马克思主义中国化"三位一体"关系是翻译本质、思想传播的特征和接受模式共同决定的。翻译的本质就是信息的交流与传播，"是一种与语言行为和抉择密切相关的语际信息传递的特殊方式"（Wilss 2001：12—13），"无论在语言内部还是不同语言之间，人类之间的交际就是翻译[1]"（Steiner 2002：49）。从这个角度讲，起源于欧洲的马克思主义传入中国是以翻译为起点，也必然要通过翻译实现其在中国的传播。翻译过程与思想传播过程如影随形甚至是重合的，即翻译了什么就是传播了什么，怎么翻译阐释的就是怎么传播的，翻译的影响力就是传播的效果。翻译贯穿于思想传播过程的始终，思想传播过程就是翻译动态调控的过程，也是翻译存在的历时语境。翻译提供了将语言转换成观察视角和认知实践的可能，也是调和异质思想在译入语社会生活中所起作用的有效手段。同时，翻译兼具语言性和社会性属性，马克思主义翻译传播有赖于语言转换也离不开中国当时的社会历史文化语境，其语言性奠定了思想传播的物质基础，其社会性决定了传播中信息的阐释和建构方式。新文化运动时期译入中国的马克思主义必须回应当时的社会诉求，也不可避免与中国传统思想文化发生碰撞交流，马克思主义经由翻译在中国语境下实现的语义重构及其在传播中经历的反复重释正是马克思主义中国化历程的序幕。正如刘禾（2014：34）所说，由于中国现代思想传统肇始于翻译、改写、挪用以及其他与西方相关的跨语际实践，所以不可避免的是，这项研究必须以翻译作为起点。因此，从翻译视角考察新文化运动时期马克思主义在中国的传播是异质思想跨域交流的本质决定的，同时也彰显了马克思主义被认识与接受过程（即其本土化历

---

[1]　原文是：In short: *inside or between languages, human communication equals translation*.（笔者注：斜体部分为原文中所有。）

程）中翻译的文化效力。

最后，有必要指出的是，本研究属于翻译文化史研究，将马克思主义翻译传播置于新文化运动的大背景中考察，承认翻译的发生离不开社会文化语境，同时也凸显翻译对文化的影响和建构意义。正如王克非（2000：6）所指出，对于历史上的翻译事实，我们不仅仅看它翻译质量的高低，更要看到它在文化交流上发生的作用和影响。研究翻译对于文化（尤其是译入语文化）的意义和影响，以及文化对于翻译的制约，特别是在通过翻译摄取外域文化精华时，翻译起到什么样的作用，达到什么样的目的，发生什么样的变异，在翻译史实叙述的基础上结合文化（包括语言、思想史、哲人）、社会、历史来考察由翻译引起的大的文化潮流或思想运动[1]。Lefevere（2006：81）也认为，有意义的翻译研究在本质上一定具有社会、历史的特性（socio-historical in nature）。这种把翻译与文化交流历史相结合的翻译文化史研究既是对译史研究的要求，也是翻译研究文化转向的体现。这种转向突出了影响和制约翻译的文化因素以及翻译对社会文化产生的操控力，彰显了翻译与文化之间的互动关系。马克思主义本身就是一种哲学思想文化，考察新文化运动时期的马克思主义翻译需在文本（译文）分析基础上，以译者为线索，研究引发和影响翻译行为的各种社会文化因素及其

---

[1]　王克非在《翻译文化史论》（2000：2—3）一书中谈到翻译文化史的研究对象和研究内容，以此揭示了翻译文化史的研究实质。书中转引了王佐良先生在《新时期的翻译观》一文中对译史研究的期待和要求："研究译史，不能仅叙述，要从社会背景和文化交流着眼，要结合文化（包括语言、思想史、哲人）、社会、历史，要考察由翻译引起的大的文化潮流或思想动。"（原文参见王佐良：《翻译：思考与试笔》（1989：5））因此，从翻译文化史角度研究翻译事件就是要把它置于文化交流的历史之中，从而揭示翻译的原因、经过、影响和意义的全过程。

关系，以及翻译所发挥的文化效力，关注译者和译文所彰显的交互文化（intercultures），从而揭示思想文化交流中的翻译规律。Pym（2007：200）指出，"翻译研究将成为某一特定交互文化整体研究的一部分，而翻译史也将成为交互文化研究的一部分"，从这个意义上讲，新文化运动时期马克思主义的翻译传播研究正是译史研究与文化研究的深度融合。

总之，从翻译文化史的研究视角看，翻译过程是一个动态的选择、操控和调和过程，融合了译者、文本及社会文化语境等诸多影响因素的交叉和关联，贯穿文化传播和交流的始终并影响其成效。新文化运动时期马克思主义经由翻译进入中国并逐步被传播、认识和接受，这一过程是受特定历史阶段宏观社会文化语境制约的一系列翻译操作行为，并渗透于译者的译介行为及文本的译介过程之中。本研究的展开正是基于对这一阶段马克思主义翻译传播的历史化与语境化描述和重构，以揭示翻译在思想文化交流中的建构性意义及马克思主义中国化历程中的翻译角色。全书共七章，内容如下：第一章为绪论，介绍了本研究的研究背景、研究意义、研究内容、研究思路、相关文献述评及研究性质。第二章对马克思主义早期译介背景进行了历时性梳理，强调新文化运动与马克思主义译介传播的契合使二者互融互促。第三章较为系统地描述了新文化运动时期马克思主义翻译传播情况，以翻译源头、译介模式、译介主体、翻译策略、传播媒介与规划、翻译选择及动因影响为主线勾画了这一时期的翻译传播全貌。第四章为典型译本的个案研究，选取了《共产党宣言》和《社会主义从空想到科学的发展》为例探讨了这一时期马克思主义经典文献的译本生成过程及影响。第五章探讨了马克思主义核心概念的翻译阐释，概念术语翻译是思想意义建构的基础，核心概念的阐释论争及译名变迁彰显了对马克思主义理解与接受的过程。第六章是对以李大钊、李达为代表的译者研究，译者身份决定了其翻译策略及影响。这一时期民主主义知识分子对马克思主义的译介选择和阐释方式奠定了马克思主义中国化的基础。第七章是对新文化运动时期马克思主义翻译传播事件的理论升华，揭示了思想传播中以翻译为载体的文化建构本质，论证了马克思主义翻译与本土文化的互融互动历程。

第二章　马克思主义早期译介传播背景

异质思想文化的交流传播与译入语社会语境的现实需求紧密相关，马克思主义正是在国人寻求西学以"救国图存"的大背景下逐步译入中国。19世纪末，马克思主义思想语句随"西学东渐"之潮被无意间首次译入中国，其译介传播同时成为"西学东渐"之延续，并在与其他社会思潮的较量和反复阐释中构建起其在中国语境下特有的内涵语义和思想体系。最初的译介并非国人主动选择，而是始于在华传教士引介西方社会科学时间接、无意、零碎的转译。20世纪初，资产阶级知识分子开始主动译介摄取西学新学，留日学生和学者将日本译介的马克思主义思想选择性地译入中国，马克思主义（主要是其社会主义思想）文献片段被反复阐释与传播，奠定了马克思主义早期翻译的基础。新文化运动开启了马克思主义译介传播的全新阶段，马克思主义译介传播成为新文化运动的主要内容，新文化运动为马克思主义集中广泛传播提供了契机。二者的互融互动催生了中国最早一批马克思主义者，促发并见证了中国共产党的成立，为马克思主义在中国的理解、接受和认同以及马克思主义中国化进程拉开了序幕。

第一节　马克思主义初入中国的社会历史语境

以翻译为手段进行的接触、交换或交流活动，无不打上社会与文化的烙印。翻译活动时刻受到社会因素的影响、介入、干预和制约（许钧 2003：69—70）。马克思主义随"西学东渐"的潮流附着在其他著作中被传教士首译入中国，最初译介的马克思主义既非源自马、恩原著，也非国人主动摄取，而是间接、片段转译自欧美书籍，这正是当时社会文化语境下国人了解西学的侧影，也体现了异质思想译介传播的早期特点。

一、"西学东渐"之大背景

国人最初对"西学"的认识并非主动求取而是被动接受，"西学东渐"始于西方来华传教士[1]的引介，传入的内容主要是西方在天文、地理（包括航海）、数学、医学等领域取得的先进科学技术。国人对西学最初持好奇、将信将疑甚至反感的态度，在很长一段时间内，传教士借由西学吸引民众以传播教义的做法并不成功。为了减少西学进入中国的阻力，传教士开始迎合受众心理改变了一些西学的表述方式[2]，并一改早期的"下层路线"转为面向上层权贵及士大夫阶层，以"知识传教"的方式开启国人认知兴趣，使西学融入中国文化体系并被迅速传播和关注。这种"西学中国化"[3]的做法在根本上奠定了西学东渐的传播模式，使得西学在进入中国

[1] 确切讲是耶稣会传教士，明末清初的西学东渐始于 16 世纪利玛窦东来，止于 18 世纪清廷对天主教的严禁和罗马教廷对耶稣会的解散。（参见熊月之 1995：29）。

[2] 如利玛窦等人为迎合中国士大夫的自尊心理，绘制地图时变动本初子午线的位置以将中国置于地图正中。

[3] 值得注意的是，西学在初入中国之时，中国仍处于强势地位，这与后来其他地区的殖民模式不同，所以翻译不是被用来在目的语文化中确立西方的主尊地位，而是一种让目的语文化接受西学的变通方式。

之际就以中国化的方式被重新建构和阐释。

这一切直到鸦片战争之后发生了根本性的变化，西学传播由传教士的主动送入开始变为国人的主动摄取。两次鸦片战争的失利及不平等条约的签订让国人意识到了富国强兵的紧迫性及"师夷长技以制夷"的必要性，探索"西学中源"[1]及追求"中体西用"的主张奠定了此时接受西学过程中务实、求用的实用主义心理。西方的船坚炮利之技和声光电气之术激发了国人对西方自然科技的极大热情，洋务运动引进西学技术、合资办厂，促进了中华民族制造业的发展。这一时期不但成立了江南制造局翻译馆开始大批翻译西方科学著作，还派留学生赴西方学习，掀起了由国家组织的大规模西学译介高潮，也间接为后期西方社科思想的译介奠定了基础。尤其是西方传教士与中国学者合作翻译的"西译中述"模式延续下来，在一定程度上保证了翻译质量，也无形中决定了译入中国的西学选择趋势和导向。至 19 世纪后期，中国知识分子对西学已有很高的熟知程度和积极的态度[2]，西学翻译具备了广泛的社会基础和影响。

同时，国人对西学的认知也开始发生自觉变化，从单纯引介科技利器转为开始关注西方的人文制度和社会思想，并对译介西学之

---

[1]　"西学中源说"在明清之际已经出现，至晚清愈益盛行。其说要点是：西方一些科学技术，一些事物，不是西人创造的，而是源于中国，从中国学去的。这是中国学者面对西学时保有民族自尊的一种表现和接受新学时自然而然形成抵制之心的一种反应。

[2]　以 1876 年创建于上海的格致书院为例，作为中外教育史上一个特殊的教育机构，它影响并记录了当时普通知识分子对西学的熟知程度和态度。它由外国人倡议创办，但又不是教会学校或华侨学校。有不少中国士绅与议其事，但又不完全由中国人管辖。它是不中不西、亦中亦西、非官非民、亦官亦民特殊学校。（见熊月之 1995：353）关于格致书院记录的普通知识分子对西学的熟悉程度和态度可见该书 364—373 页。

法提出了初步的规划和展望。如《申报》[1]在1873年6月和8月先后刊发了《论泰西人和》和《论外国之强不在船炮其强在本于风俗之厚法度之严》两篇文章，可见当时国人已经意识到西学之强不仅仅在器物先进，西学的价值在于"风俗之厚"和"法度之严"，即在于其人文思想的丰富和社会制度的规约。1874年9月11日，《申报》刊发的《中国当奋志振兴》一文写道："中国何为仅致志于一时备得军器之精而不复专心于效学泰西富强之法乎……见泰西之利益应知泰西之学已得其道中国何不译出而使各官民皆攻学焉……"从中可见，国人当时已意识到"效学泰西富强之法"远重于"一时备得军器之精"，并倡议将泰西之学翻译出来让官民学习。尤其值得关注的是，此时的翻译对象已由"西学"聚焦于"西法"，即由"技艺"转为"思想"，且建议的翻译传播对象由最初的官学阶层扩至更广泛的普通民众。《申报》1875年4月15日的《再书西学设科后》一文还谈到了西学翻译的内容选择、态度和译法策略："……目下中国之尚不及泰西者在国富兵强耳然强仍必富而后能之故泰西列国兴旺朝代之史记与列国理财致富之各书尤当访求以翻译之可以备观览而供采择……择其间中国可仿照者而仿照之中国不能仿照者而变化以行之既得其本而其末不待求而自至矣"。这段话表明国人此时已认识到泰西富强有其历时发展渊源，因此译介西学尤其应选择其历史、理财和致富相关之书籍，翻译的目的不仅供观览学习，而且"供采择"，且采择的方式和态度是变通的，即可仿照就仿照，不能直接仿照就要变化其内容使其在中国具有可行性，抓住了

[1]《申报》于1872年4月30日创刊于上海，至1949年5月27日终刊，是旧中国出版时间最长的报纸，它记录了我国近现代社会历史情况，反映了当时的社会动态和民众关注所在。（参见上海书店1982年10月影印版）

翻译的根本也就掌握了西法的要领，得本而其末自至。《申报》所传递的这些观点不但反映了当时有识之士对待西学的认知水平，也对当时的翻译活动有所预示和导向。西学西法进入中国都是为了实践和运用，重其实用性而轻其理论性奠定了此时西学译介的基础。

之后，甲午战争的惨败击碎了国人"科技救国"的美好愿景和规划，也为洋务运动画上了一个沉重的感叹号。民族危机日益严重，救国保种刻不容缓，此时的中国亟须更为有效的强国之法，从科技转而关注人文思想无疑是对社会科学翻译趋势的预见和召唤。国人抱着引进西学、富国图强的美好愿望，通过翻译试图在传统文化与西方文化的交融中寻找一条救国自强之路，而当愿景落空后，自然另辟他径，翻译内容和对象也随之发生了变化。

一方面，以严复翻译的《天演论》为代表的社会科学论述成为翻译新宠，中国进步知识分子取代西方传教士成为译介西学的主体。作为洋务派培养的知识分子和技术人才，严复认为要"审敌自镜"，则必须翻译"形上"的社会科学理论专著（陈福康 2010：97）。严复译书动机主要指向生存竞争和变革图强，译介《天演论》的出发点和目的都是为了保种自强[1]。严复认同"物竞天择、适者生存"的进化规律，借赫胥黎及《天演论》之名以自己的方式用进化论思想解释人类社会变革趋势[2]，以此激励民族自强，摆脱侵略

[1]　王克非（2000：119）对严译《天演论》的基本心态和构思作过三点推测，比较透彻地分析了严复选择和翻译此书的动因。

[2]　赫胥黎原书题为《进化与伦理》（Evolution and Ethics），将二者并谈是因为赫氏担心单讲进化会导致人类社会残酷的弱肉强食，因此还要讲伦理。而严复对此不认同，他更赞成斯宾塞的自然进化适用于人类社会的观点，故在书名中略去了"伦理"，但为了让面临侵略的国人更易接受进化的观点，他又从赫胥黎的论说中挖掘出"与天争胜"的思想。总之，（转下页）

和奴役，用生存竞争的进化论思想警示中国社会变革的紧迫性和必然性。《天演论》出版后在当时的知识界引起极大轰动，康有为称《天演论》"为中国西学第一者也"，严复由此成为向中国引介达尔文进化论思想的第一个中国人[1]。《天演论》的译出对当时及之后的中国知识分子和文人要员具有重要的启蒙意义，影响了几代人的思想发展[2]，甚至影响了中国主流意识形态的走势。进化论思想影射了中国社会的诟病，也激发了国人自强奋进的民族自尊，很快成为当时流行的社会思想。而正是在进化论思想的译介和热议中，马克思之名及其言论片段随之附着而来。

另一方面，日本的迅速强大使国人对其摄取西学的示范性和实效性产生极大兴趣，日本逐步取代欧美成为西学的中转之源。明治维新之后的日本国力迅速发展，甲午战败更让国人对日本这个曾经具有相同发展背景的邻国刮目相看，加之地理位置和语言习得的便

（接上页）严复一半通过翻译，一半通过按语，连同他自己的理解、倾向和强调将进化论按照他的导向引入中国，即选择了达尔文基本原理、斯宾塞普遍进化观和赫胥黎以人持天、自强保种的新观点，借翻译之机阐述了自己的社会变革思想。（王克非 2000：119、131）

[1]《申报》在 1873 年（清同治十二年闰六月二十九日）发表过一篇题为《西博士新著〈人本〉一书》的文章，提到西博士"大蕴"，即达尔文，这是达尔文的名词第一次出现在中文书刊中。同年，中国学者华蘅芳和美国传教士玛高温翻译了《地学浅释》一书，提到达尔文（译作兑儿平）言"生物各择其所宜之地而生焉，其性情亦时能改变"。这可算作是进化论在中国的最早传播。1891 年，《格致汇编》对达尔文学说也做过概略的介绍，但是达尔文进化论思想的广泛传播还是要归功于严复。1895 年，严复在天津《直报》上连续发表《原强》系列文章，开始将进化论观点引入中国，而 1898 年发表的译著《天演论》使达尔文进化论为国人所熟知。

[2]《天演论》"成了义富辞危的警世之作，成了维新变法的思想武器，使有识之士怵焉知变……启迪和教育了几代中国人"。（王克非 2000：132）胡适、鲁迅、毛泽东、邹容等人都忆及自己对该书的深刻印象及严复所译思想的广泛传播情况。（方华文 2008：15—18）。

利，东籍西学成为十九世纪末和二十世纪初中国知识分子摄取西方哲社思想的主要源头。以康有为、梁启超为代表的新兴资产阶级知识分子创刊建社[1]积极推进日文书籍的译介。当时"日本言政言学各书，有自创自纂者，有转译西国书者，有就西国书重加删订酌改者，与中国时令、土宜、国势、民风大率相近"（谭汝谦 1980：58），而且"泰西诸学之书，其精者日人已略译之矣，吾因其成功而用之，是吾以泰西为牛，日本为农夫，而吾坐而食之，费不千万金，而要书毕集矣"[2]。这种转译日书以摄取西学的便捷做法既体现了当时国人对待新思想时"重实用、图实效"的心理，也决定了当时译介入中国的西学多是经过日本学者筛选和阐释的内容。由于当时社会主义思想在日本正当流行，日本早期社会主义者译介撰写了诸多关于社会主义的著述，中国赴日留学生及进步文人在转译日本流行的社科思想时也将科学社会主义思想引介入中国。而由于理论中转之故，这一时期从日本转译而来的马克思主义思想是间接的、片段式的表述，译介内容也受限于日本学者的选择，这就决定了马克思主义在中国的早期传播与日本马克思主义早期译介具有密

---

[1] 1895 年，康有为在"公车上书"即提到了培养翻译人才的想法。同年 8 月，成立的"强学会"又称"译书局"，及同期创办的《万国公报》（笔者注：这不是传教士组办的《万国公报》，二者同名也显示出传教士的报刊机构对于中国知识分子的影响）、《中外纪闻》等报刊也主要是关于国外情报和资料的翻译。1896 年，在康、梁等人的建议下，京师同文馆增设东文馆，正式着手培养译材。1897 年秋冬间，康、梁在上海创办了大同译书局，梁启超在《大同译书局叙例》中称其翻译对象"以东文为主，而辅以西文；以政学为先，而次以艺学"。1898 年，成立广智书局，主要译介日人所著之书。至此，中译日本书出现了骤兴的局面。

[2] 见梁启超《饮冰室合集·文集》之二收录的《读日本书目志书后》（1897）一文。

不可分的关联。

可以说，当时处于世纪之交的中国面临着民族存亡的危机，也经历着"西学东渐"大背景下从被动接受到主动求取、从科技兴国到思想救国的社会转型。在当时的社会语境下，马克思主义作为独立的思想体系绝难直接进入中国，正是"西学东渐"的潮流和诉求为马克思主义进入中国提供了契机；同时，马克思主义在中国的译介传播也是"西学东渐"的组成和延续，丰富了"西学东渐"的实践内涵。而"西学东渐"从直接译介到间接转译的模式转换及以日本为西学新源的做法无疑也为马克思主义进入中国提供了便利，并进而影响了中国马克思主义早期翻译传播的路径和范式。马克思主义初入中国是国际社会主义思潮广泛传播背景下的必然结果，也是国内对进化论思想主动诉求过程中的无意所为。在"外推内唤"的历史规划下，马克思主义随"西学东渐"的进化论思想进入中国，并在社会主义思潮中逐步脱颖而出。

二、"社会主义"之多维解读

十九世纪中后期，国人在引介西学时不再迷恋西法之名而更重其实，尤其在阐释西学思想时更是将其与本土国情语境结合，呈现中体西用之趋势。此时国际上兴起的社会主义思潮开始零星译入国内，国人对于"社会主义"的解读既有对待西学新理的兴趣和热情，也在基于中国传统思想文化基础上对其进行了多维的本土化评介。马克思主义的科学社会主义思想正是在社会主义思潮的多维阐释及其与其他社会思潮的较量中逐步脱颖而出，在近代知识分子的反复选择与权衡下融入了中华民族探索自强之路的历史进程中。

清末译介西学的态度与之前引介西方先进科技器物时有所不

同，此时认为"若以中国之民力再加之以西国之善法必能勃然振兴"[1]，"西法中有益于中国的就应该拿来用"[2]，译书的宗旨应当"首译各国变法之事，及将来变法之际一切情形之书，以备今日取法"[3]。这些观点影射了当时摄取西学的目的性和选择性，也决定了进入中国的西学思想从传播之初就指向了其在中国语境下的实践效力。正是在这样的背景和规划下，西方社会主义运动及其学说被译介入中国，马克思的科学社会主义思想也随之被国人所关注和了解。

首先，社会主义思想被纳入中国传统思想体系，以中国自有之思想概念化解了社会主义思想内涵。1878 年，驻德使臣李凤苞[4]在《使德日记》中提到了社会主义学说和共产党人[5]。文中以"莎舍尔德玛噶里会"译介"德国社会党"，并称之为"平会"，并引介了各国对社会党的音译之名，以"各国皆有之"宣传了社会主义学说流行之势。而且，文中把社会主义学说解读为"欲天下一切

---

[1] 见《申报》1875 年 8 月 31 日《论振兴中国事》一文。

[2] 《申报》1875 年十月初七《论中西治世各法》一文中写道："中国从土地面积到人数到物产都强于英国，为什么比之弱很多，西法中有益于中国的就应该拿来用"。

[3] 1897 年秋冬间，梁启超在上海南京路创建大同译书局，提出了此译书宗旨。（方华文 2008：3）

[4] 李凤苞（1834—1887）于 1877 年作为华监督率领中国第一批海军留学生赴欧留学。

[5] 原文为："……先是欧洲有'莎舍尔德玛噶里会'，译音'平会'，欲天下一切平等，无贵贱贫富之分。其愚者遂以为夷灭君相，则穷黎皆得饱暖，故屡刺德君。"（见光绪四年十一月十二日（1878 年 12 月 5 日））。又有："德国查屡次谋杀之'平会'，西语'莎舍尔德玛噶里'，各国皆有之。瑞士为民政国，故混迹尤多。在俄者曰'尼赫力士'，在法者曰'廓密尼士'。"（见光绪四年十二月初十（1879 年 1 月 2 日））。

平等、无贵贱贫富之分"的"平等"、"均富"之说。1899 年，英国传教士李提摩太和清末文人蔡尔康"西译中述"了英国人本杰明·颉德所著的《社会进化》（1894）一书，该书设专章介绍了科学社会主义思想。李提摩太和蔡尔康将该书译为《大同学》，并将科学社会主义定位为"安民新学"和"养民策"。20 世纪初期，《新民丛报》《清议报》等报刊在引介社会主义思想时，甚至认为"中国古代井田制度，正与近世之社会主义同一立脚点"[1]。无论是"平等、均富"的理念、"安民、养民、大同"的思想，还是以"古代井田制"回应社会主义，都体现了社会主义思想初入中国与中国传统思想体系碰撞后的妥协与融合。这种以中国传统思想体系阐释外来思想的翻译策略"折射出了具有强大惯性力量的中华本土文化场在接受外来文明时存在的一种消极社会心态"[2]，而社会主义学说的本土化阐释方式也显示了目的语意识形态对异质思想翻译的操控力。正如张岱年、程宜山（1990：190）所说，中国文化中本有悠久的唯物论、无神论、辩证法的传统，有民主主义、人道主义思想的传统，有许多历史唯物主义的思想因素、有大同的社会理想，如此等等，因而马克思主义很容易在中国的土壤里生根。中国传统思想文化与社会主义内涵的互文性呼应无疑为国人理解和接受社会主义思想奠定了基础。

其次，社会主义思想经由不同译介主体的解读，与各种思潮和主义辩驳较量，在推崇与攻击的双重作用下扩大了传播范围。社会主义思想先后受到传教士和清末知识分子、资产阶级改良派和革命派、无

---

[1]　参见梁启超《中国之社会主义》一文，刊于《新民丛报》1904 年 2 月 14 日。
[2]　参见华先发《制约与接纳——略论晚清民初本土文化场对翻译活动的影响》一文（2010：173）。

政府主义者等翻译主体的不同阐释，经历了一系列误读、权衡与选择，在翻译主体的无意推介下逐步彰显了其理论内涵的实践力量。

马克思主义最早被译入中国的就是其社会主义思想，马克思、恩格斯之名及其社会主义思想片段是随着进化论思想的译介初入中国的。李提摩太选择翻译颉德的《社会进化》（1894）一书初衷是为了宣传其宗教思想，强调宗教信仰对于人类进化的重要性，同时迎合国人当时对进化论的求知热情。李提摩太、蔡尔康在翻译此书时顺带将书中论述的科学社会主义思想译入了中国，但他显然无意信奉或宣传社会主义思想，而是将其纳入自己在中国的"教民、养民、安民、新民"四策[1]，以此实施其宣传宗教教化民众的传教规划。以梁启超为首的资产阶级改良派知识分子将社会主义视为"一种之迷信也，与彼传教者相类[2]"，主张"土地归公，资本归公"，不但承认马克思是社会主义的"泰斗"和"鼻祖"，还认为马克思之学理"实为变私财以作公财之一阶梯"[3]，并引用马克思的论述质疑进化论思想未对人类社会未来发展作出合理解释[4]。梁启超早

---

[1]　李提摩太在 1895 年出版的《泰西新史揽要》一书序言中阐述了"教民、养民、安民、新民"四策，以宣传并推行其针对中国的一系列变法设想，以译介西学作为其教化民众的手段。

[2]　见 1904 年 3 月发表的《新大陆游记》第十五节。

[3]　在 1902 年《新民丛报》第 18 号《进化论革命者颉德之学说》一文中，称"麦喀士（日耳曼人，社会主义之泰斗也）"；在 1903 年 11 月 2 日至 12 月 4 日《新民丛报》第 40—43 号《二十世纪之巨灵托辣斯》一文中，称"麦喀士（社会主义之鼻祖，德国人，著书甚多）之学理，实为变私财以作公财之一阶梯"。

[4]　在《进化论革命者颉德之学说》一文中，梁启超引用了马克思的话："今世学者以科学破宗教，谓人类乃由下等动物变化而来。然其变化之律，以人类为极点乎？抑人类之上更有他日进化之一阶级乎？彼等无以应也。"以此质疑进化论思想没有明确指出"人类将来之进化当由何途"。

期关于社会主义的论述见解主要源于颉德的《泰西文明原理》和《人群进化论》两本著作，可见其对社会主义的理解也与进化论思想紧密相关。但由于受自身改良主义思想的影响，梁启超并不赞同实行社会主义，认为社会主义思想过于极端在中国不可行。同时期的资产阶级革命派知识分子也从自身立场出发，译介了社会主义思想。如马君武在1903年2月发表了《社会主义与进化论比较》一文，指出"马氏尝谓阶级竞争为历史之钥。马氏之徒，遂谓是实与达尔文言物竞之旨合"。朱执信也在1905和1906年分别发表了《德意志社会革命家小传》和《论社会革命当与政治革命并行》两篇文章，前者节译了《共产党宣言》中的十条纲领内容，后者细致分析了"豪右、细民"的译名确定。在进化论思想的启发和引导下，社会主义思想中契合革命派知识分子斗争主张的内容被反复选译，尽管对社会主义的理解还不全面也不深入，但是"按需择取、结合实践"的译介原则无疑为社会主义在中国的传播导引了新的方向。

社会主义早期翻译传播中，无政府主义显然对其产生最大的影响和冲击，但同时也在一定程度上推进了同时期马克思主义的传播和发展。"无政府主义"一词在中文中首次出现约在1903年，在这一时期，中国的革命者和激进的知识分子不加区别地使用无政府主义、民粹主义和恐怖主义以及虚无主义等词汇来描述类似的事情，他们的暗杀活动激起了革命党人对无政府主义的极大关注（顾昕 1997：740）。无政府主义者对未来社会的视野想象，与马克思主义有相当程度的相似（王远义 2004：419），因此，尽管二者存在明显的主张差异，无政府主义在很大程度上还是充当了中国传统文化塑造中国化马克思主义的中介。1907年8月，旅日革命党人刘师培在东京建立了中国首个研究社会主义的组织"社会主义讲习会"
（后改名为"齐民社"），在发起广告中声称："近岁以来，社会主义
盛行于西欧，蔓延于日本，而中国学者则鲜闻其说。虽有志之士知
倡民族主义，然仅辨种族之异同，不复计民生之休戚，即使光复之
说果见实行，亦恐以暴易暴，不知其非。同人有鉴于此，拟研究社
会（主义）问题，搜集东西前哲各学术，参互考核，发挥光大，以
饷我国民。"刘师培与其妻何震二人受当时日本无政府主义者幸德
秋水影响，已接受并积极宣传无政府主义。尽管以刘师培为代表的
无政府主义者宣传社会主义思想，并在社会主义讲习会的机关报
《天义报》上多次刊发相关文章，但其宣传社会主义实则是以推行
无政府主义为目的，认为"社会主义多与无政府主义相表里……夫
社会主义之目的，在于冀一切财产之平均，以易私有为公有。若共
产的无政府主义，其目的正与此同……故由社会主义扩张之，必达
无政府主义之一境。而共产的无政府主义，实由社会主义而生，乃
社会主义之极端，不得别之于社会主义之外也"[1]。同一时期，旅
居法国巴黎的中国无政府主义者在其创刊的《新世纪》周刊上也
介绍了各国无政府主义思想及社会主义思想，"主张社会革命与大
同主义，建立平等自由的大同社会"（顾昕 1997：741）。由此可见，
无政府主义者对社会主义的理解和传播是基于推介无政府主义主
张，将社会主义作为实现无政府主义的途径，认为社会主义的发
展尽头必然是无政府主义。蔡元培在 1920 年所写的《社会主义史
序》一文[2] 中曾言："西洋的社会主义，二十年前才输入中国。一

---

[1]　见申叔（即刘师培）《欧洲社会主义与无政府主义异同考》一文，载于
　　　1907 年 9 月《天义报》第 6 卷。
[2]　该文载于《新青年》第 8 卷 1 号（1920 年 9 月 1 日）。

方面是留日学生从日本间接输入的……一方面是留法学生从法国直接输入的"，即指无政府主义者对社会主义的最初译介传播。可以说，无政府主义者当时研究并传播无政府主义，以"社会革命派"的身份赢得了一定社会基础，而其伴随无政府主义介绍的社会主义思想也在无意间得以传播，间接促进了马克思社会主义思想的译介传播。

对社会主义的多维解读，既体现了异质思想早期翻译传播过程中译入语语境下的权衡与比较，也彰显了不同译介主体基于各自立场对社会主义的定位和态度。社会转型时期的思潮传播既有互斥性，也必然在对话中形成互动。与其说是马克思主义战胜了无政府主义而融入中国主流意识形态，倒不如说是无政府主义在与社会主义相伴传播的过程中逐渐背离了中国社会发展需求而被淘汰，同时又为马克思主义传播和发展起到了推动和促进作用。值得一提的是，中国早期马克思主义者多受到无政府主义的影响，可以说无政府主义在培养和促进早期马克思主义者的思想成长和转变上起到了不可忽视的作用，为马克思主义的全面传播奠定了思想基础及人员准备。

总之，马克思主义初入中国既有"西学东渐"大背景下的偶然性，也蕴含着中国社会发展的历史规划必然性。世纪之交的中国在探索"救国图强"的过程中初具马克思主义传播的历史基础，社会主义思想因其迎合了国人的变革诉求且与中国传统思想有共通之处而被国人关注选择。初入中国的马克思主义思想片段在与进化论及其他思潮的混杂传播中经历了质疑、误解和较量，也在社会转型的历史契机中迎来了机遇并被赋予中国语境下的思想内涵。

第二节　新文化运动前马克思主义的译介传播

马克思主义思想片段在 19 世纪末首译入中国，在 20 世纪初经历了不同译介主体的零碎引介和传播。尽管在新文化运动前，马克思主义并未产生直接的社会影响，但是基于不同立场和视角的翻译选择及阐释解读赋予了马克思主义在中国早期传播的丰富内涵，也奠定了马克思主义在中国的传播次序及偏重，而这无疑为马克思主义中国化思想体系的建构拉开了序幕。

国人初闻马恩之名及其思想片段始于传教士的无意、间接译介。1899 年农历正月和三月，晚清官方和知识界最具影响力的杂志《万国公报》第 121 和 123 册分别刊登了《大同学》一书的第一章《今世景象》和第三章《相争相进之理》，该书由英国传教士李提摩太翻译、晚清文人蔡尔康撰文，译自 1894 年出版的英国社会学家本杰明·颉德（Benjamin Kidd, 1858—1916）所著《社会进化》（*Social Evolution*）一书。书中第一章《今世景象》里提到：

> ……其以百工领袖著名者，英人马克思也。马克思言曰：纠股办事之人，其权笼罩五洲，突过于君相之范围一国，吾侪若不早为之所，任其蔓延日广，诚恐遍地球之财币，必将尽入其手。然万一到此时势，当即系富家权尽之时。何也？穷黎既至其时，实已计无复之，不得不出其自有之权，用以安民而救世。（李提摩太、蔡尔康，2018：8—9）

第三章《相争相进之理》中又提到：

试稽近代学派，有讲求安民新学之一家，如德国之马客偲，主于资本者也。（同上：24）

从以上两段译文可见，第一章将马克思误译为"英人"，第三章则进行了纠正，而且马克思的译名也不统一，先译为"马克思"，后又译为"马克偲"。思想传播早期的人名译名多以音译为主，且不固定。1899—1912 年间仅马克思在中国的音译词就有 20 余个。（程早霞、姜华帅，2021：15）通过文本对比可知，此处的国别错误并非原书作者所为，而是译者根据原书作者国别推理的补充信息。译文以"纠股办事之人"指代"资产阶级"，主要介绍了资产阶级的发展趋势及其随着资本累加而逐步走向尽头的必然结果，并预测了"无产者被逼无奈而出其自有之权以安民而救世"的结局。《社会进化》一书原文此章有摘引马克思主义关于"消灭阶级差别和阶级对立以及剥削阶级终将消亡"的内容，但在译文中却被舍弃了。可见当时温和含蓄的"安民救世"思想更易被接受，而较为激进的"夺取政权、消灭阶级差别"等内容则暂时被放弃了，而且"资本"一名首次译入中国却并未对其内涵多做解释，这些都体现了思想翻译传播初期目标语语境需求重于译文准确性的特性。

此外，该书原文第八章题为"Modern Socialism"，《大同书》中译为《今世养民策》，其中首次译介了恩格斯之名及其言论，

德国讲求养民学者，有名人焉。一曰马克思。一曰恩格思。……恩格思有言，贫民联合以制富人，是人之能自别于禽兽，而不任人簸弄也。且从今以后，使富家不得不以人类待之

也。民之贫者，富家不得再制其死命也。此言也，讲目下之情
形，实属不刊之名论。（同上：56—57）

这是引自恩格斯著作《社会主义从空想到科学的发展》（1892 年英
文版）中的一段话，此处的"养民策"与之前的"安民新学"都是
指科学社会主义。这段译文传达了贫民与富家之间的矛盾，并指出
只有联合起来以制富人，才能获得"为人"的平等权利。比对《社
会进化》一书中的该章内容可见，原文有大篇幅引介《资本论》的
内容，但是译文都将此省略了，仅保留了《社会主义从空想到科学
的发展》一书中的引介内容。译者根据当时的国情需求删减了大量
关于"生产资料的占有决定了社会生产方式从而实现人类自主支配
和控制的社会行动"的内容，保留并添加了"不任人簸弄、贫民联
合以制富人、富家不得再制其死命"等内容，淡化了历史唯物主义
视角下的社会发展规律，突出了阶级对立观点的传达。

　　毫无疑问，传教士无意引介的马克思主义思想片段虽然迎合了
国人"求西学、图富强"的心理预期，但本质上是译者实现其宗
教和政治使命的个体实践。李提摩太重在介绍"救世"这一终极
目标，马克思主义"实际上是作为他们宣传基督教救世说的一种补
充"（马祖毅，2006：7）；蔡尔康对马克思学说的理解则是基于对
源思想的想象及其与本土思想体系的意义关联实现的。马克思主义
初入中国即与中国自有的"大同、安民"思想相融合，"取得了中
华民族文化心理价值观念的认同"（李军林，2008：31），既被当作
新知识新思想启化民众，也被赋予了"联合、自救"的实践动力。

　　20 世纪初，资产阶级知识分子开始主动、自主译介传播马克
思主义，尽管这一时期的译介也是间接、零碎、无序的，但是反复

选择的思想片段彰显了马克思主义最契合中国语境需求的内容，也奠定了马克思主义中国化进程的基础，选择性译介传播成为核心焦点。

首先，从译介源头看，日本成为中国译介马克思主义的主要来源。中国译介的马克思主义是基于日本译介的马克思主义内容，正如 Wolfgang Bauer（1964：1）所言，翻译的选择往往是建立在已有的选择基础之上（the selection is made already from a selection）。从日本译介西学既有日本明治维新后国力迅速增强的示范效应影响，也有"图快捷、重实用"的考虑。1901 至 1912 年间国内译自日文的介绍马克思主义的书籍就有 16 本，且很多译词术语都是从日本著述中直接拿来使用。马克思主义日文著述的译者或作者是日本当时宣传社会主义思想的主流人物，如村井知至、幸德秋水、堺利彦、有贺长雄等，他们选译的内容都是日本社会最关切的论述并在当时成为流行一时的社会主义思潮。这些论述对当时中国的留日学者及留学生产生了极大的影响，并将其中部分内容译入国内。这一时期译介的日本马克思主义著述不但反应时效快，而且出现多个译本译文，如幸德秋水的《社会主义神髓》一书在日本问世三个月后就译成了汉语，并在接下来的数年内出现了三个不同汉译本，还以连载方式在杂志上发行，可见当时译介的马克思主义思想在极大程度上受限于日本传播的马克思主义。但是值得关注的是，当时日本译介的马克思主义也并非完全直接译自马恩原著，而是主要通过译文转译或间接取自欧美流行的社会主义思想，如幸德秋水和堺利彦翻译的《共产党宣言》就是译自英文版而非德文原版；村井知至也在《社会主义》一书的绪言中提及书中思想"源于美国游学经历"，是从社会学思想转译而来。可见，源于日本的间接转译成为这一时期中国摄取马克思主义的主要源头。

其次，从译介主体看，新兴资产阶级知识分子尤其是留日学者及留日学生成为译介传播马克思主义的主要力量。尽管译介马克思主义并不意味着译者已接受或完全认同马克思主义，但是译介传播马克思主义之人基本都是觉悟最早、最高的进步文人，他们已有的社会地位和文化身份无疑对马克思主义早期翻译传播具有重要影响。当时旅日、留日学者正赶上日本社会主义思潮高涨之时，马克思主义思想对他们形成很大的冲击力，甚至有些译者本人直接或间接与日本社会主义者有着密切接触[1]。这些译者出于自身政治立场和思想主张的考虑对马克思主义进行了多样定位与解读，如维新派人物梁启超主张维新变法，在其所创刊的报纸出版机构宣传社会主义思想并对马克思学说进行了译介，但其并不赞成在中国实行社会主义，而且将社会主义诠释为"土地归公、资本归公"，以贫富差距替换了阶级对立，可见译介马克思主义不过是维新派宣传西法、倡导变革规划中的一部分；朱执信译介马克思主义思想主要是为了迎合资产阶级革命派的立场和主张，以推介其西学规划[2]；以刘师培为代表的无政府主义者积极译介马克思主义则是为了更好地传播无政府主义思想，将其作为一个手段和过渡来实现自己无政府主义

---

[1] 出于对社会主义的关注和研究热情，留日青年在东京成立了"社会主义研究会"。第一次研究会（1907 年 8 月 31 日）便请来《共产党宣言》日文版的译者之一幸德秋水讲演。因此，1908 年春《天义报》第 16—19 期合刊号上刊登出民鸣译的《共产党宣言》第一章也就不足为奇了。不过幸德秋水的社会主义思想在经历美国游学后开始倾向于无政府主义，因此，对当时国人的社会主义研究会有所影响。

[2] 孙中山接触并阅读了《共产党宣言》等马克思主义著作后，虽没有彻底接受马克思主义思想，但是其从中颇有所得，因此鼓励并督促革命派翻译并研习《宣言》内容。

的思想主张。此外，赵必振译自日文的《近世社会主义》是近代最早系统介绍马克思及其学说的著作；马君武是介绍马克思主义经典著作书目的第一人；以及在日本创刊成立的《译书汇编》《民报》《天义报》《新民丛报》等报刊都是传播马克思主义的主要媒介。总之，资产阶级知识分子中的革命派和无政府主义者是这一时期译介马克思主义思想片段的主体，他们基本都是留日学者或在日本受过社会主义思潮的影响，是最先觉醒的一批人。他们摄取马克思主义中"为我所用"的内容彰显各自立场，并通过创刊办社的近代传播媒介有针对性地扩大了社会主义的传播范围和影响力。尽管这一时期译介主体对马克思主义的选择受客观因素及主观思想的制约，对马克思主义的翻译阐释也存在一定误解，但这是国人最初主动选择并传播马克思主义的体现，译介主体的零碎萃取为后面马克思主义的直接完整翻译奠定了基础，其自身的影响力也以潜在方式推进了马克思主义的早期传播。

再次，从译介内容看，这一时期既有对马克思本人的介绍也有对马克思主义的概述，更重要的是开始出现对马克思主义著作内容的摘译，尤其对重要日文著述及马恩著作中一些重要语句的反复译介彰显了当时马克思主义最吸引国人的内容。1901 年 1 月 28 日，《译书汇编》第 2 期刊载的日本著名法学者有贺长雄所著《近世政治史》第三章译者前言中写道："西国学者，悯贫富之不等，而为佣工者，往往受资本家之压制，遂有倡均贫富制恒产之说者，谓之社会主义……中国古世有井田之法，即所谓社会主义……社会党本分麦克司及拉司来二派……麦克司始在可伦开设报馆，倡均富之说。"此处"麦克司"即"马克思"，译者以古代井田制译解社会主义，将马克思主义看作是均富之说，可见当时仍然是在中国的传统思想体系中寻求对马克思主义的概念阐释。1903 年 2 月,《译书汇编》第 11 号刊登了君武(即马君武)的《社会主义与进化论比较》一文并附"社会党巨子所著书记",其中所列的《共产党宣言》一书系首次在国内被提及,文中写道:

> 马克司者,以唯物论解历史学之人也。马氏尝谓阶级竞争为历史之钥。马氏之徒,遂谓是实与达尔文言物竞之旨合。

1903 年 10 月中国达识社翻译的幸德秋水所著《社会主义神髓》一书中还提到:

> 社会主义之祖师凯洛·马尔克斯者,为吾人道破所以能组织人类社会之真相者,曰:"有史以来,不问何处何时,一切社会之所以组织者,必以经济的生产及交换之方法为根底。即如其时代之政治及历史,要亦不能外此而得解释。

1905 年 11 月朱执信在《民报》第 2 期发表的《德意志社会革命家小传》一文中也提到:

> 故其宣言曰:"自草昧混沌而降,至于吾今有生,所谓史者,何一非阶级争斗之陈迹乎?取者与被取者相戕,而治者与被治者交争也,纷纷纭纭,不可卒纪,虽人文发展之世,亦习以谓常,莫之或讶,是殆亦不可逃者也。今日吾辈所处社会,方若是于此,而不探之其本原以求正焉,则掠夺不去,压制不息,阶级之争,不变犹昔,则中级社会与下级社会改善调和之

方，其又将于何而得求之也。"

这些反复选译的内容聚焦马克思主义唯物史观，尤其是关于人类社会发展模式及阶级斗争的必然真相。经文本对比分析，这几段文字都出自恩格斯所作的《共产党宣言》1888 年英文版序言[1]。其中，《社会主义神髓》一书在引介《宣言》序言内容的同时，还引介了《资本论》中关于"剩余价格"（即剩余价值，笔者注）的论述，以及《社会主义从空想到科学的发展》一书中多处关于社会生产方式即生产资料重要性的论述；朱执信在《德意志社会革命家小传》一文中还摘译了《共产党宣言》第二章"十条纲领"，这是从单纯目标展望转向关注实践措施的体现。此外，1906 至 1907 年，《民报》和《天义报》也有多篇文章摘译了《共产党宣言》中"十条纲领"和家庭婚姻制度等内容。1908 年 1 月，《天义报》刊载了民鸣翻译的《共产党宣言序言》（即 1888 年英文版序言）；同年 2 月至 5 月，该报还摘译了《共产党宣言》第一章，这是最早的篇幅较长的马恩

[1] 原文为：That proposition is: that in every historical epoch, the prevailing mode of economic production and exchange, and the social organization necessarily following from it, form the basis upon which is built up, and from which alone can be explained, the political and intellectual history of that epoch; that consequently the whole history of mankind has been a history of class struggles, contests between exploiting and exploited, ruling and oppressed classes; that the history of these class struggles forms a series of evolutions in which, nowadays, a stage has been reached where the exploited and oppressed class—the proletariat—cannot attain its emancipation from the sway of the exploiting and ruling class—the bourgeoisie—without, at the same time, and once for all, emancipating society at large from all exploitation, oppression, class distinctions and class struggles. This proposition which, in my opinion, is destined to do for history what Darwin's theory has done for biology...（Marx, K. and Engels, F., 2001: 14）

著作译文片段，同期文章还摘译了《家庭、私有制和国家的起源》中的几段话。对马克思主义的翻译选择从零碎语句开始逐渐过渡到章节摘译，思想阐释的背景语境渐显丰富。

1912 年，马克思主义译介传播出现了一个短暂的热潮。5 月至 7 月，《新世界》半月刊第 1、3、5、6、8 期连载了施仁荣翻译的《理想社会主义与实行社会主义》一文，这是恩格斯《社会主义从空想到科学的发展》一书第 1、2 节和第 3 节的一部分，也是恩格斯著作的首个中译文。尽管此译文并非完整的全译本，且以文言文形式发表，"文本当中存在不少的疏漏、错误乃至刻意扭曲，但是这些问题其实恰恰就是马克思主义最初传入中国时最真实的图景"（汪越、孙熙国 2020：84）。同年，《新世界》第 2 期还刊登了蜇伸译述、煮尘重治的《社会主义大家马儿克之学说》一文，其中摘译了《共产党宣言》第 2 章十条纲领。此文引介《宣言》的大部分内容是基于 1905 年《民报》第二号上发表的《德意志社会革命家小传》一文的重述，但是对十条纲领进行了部分细述。这是中国第一篇把马克思学说作为社会主义理论主要代表的译文，该文还介绍了《资本论》的主要内容，指出"马儿克共产宣言书以外，他之著作甚伙，而其学理之论议为世界所宝贵者，则资本史与《资本论》是也"。1912 年 9 月至 10 月，广州的《民生日报》分七次（9 月 20 日、21 日、23 日、10 月 10 日、17 日、19 日、24 日）连载刊登了署名为"陈振飞译"的《绅士与平民阶级之争斗》一文。这是《共产党宣言》第一章（今译为"资产者和无产者"）的全部内容，是从刊登在日本《平民新闻》第 53 号（1904 年 11 月 13 日）的《共产党宣言》首个日译文转译的。该译文以文白夹杂的语体写成，前面部分译文准确，后面则有些草率，有三段没有译出。此后，马克思主义在中国陷入了短暂的沉寂期，直至新文化运动又再度开始传播。

尽管译入中国的马克思主义片段内容受到同期日本社会主义者的影响，但是中国新兴资产阶级知识分子在译介过程中的取舍与偏重既反映了当时中国社会所需，也初步导引了中国化马克思主义思想体系的建构次序和解读模式，反复选择、优先传播的内容更易深入人心。马克思主义科学社会主义思想受到最多关注，关于社会发展的唯物史论、阶级斗争等观念引起最大兴趣，相关革命变革的实践措施也开始反复被引介。《共产党宣言》的内容被译介最多，《社会主义从空想到科学的发展》也受到关注，《资本论》等经济学思想论述不多，辩证唯物主义思想则尚未提及，这显然与当时中国经济落后、亟待变革图强的民族规划紧密相关。对《共产党宣言》序言、第一章、第二章十条纲领及结尾段落反复译介，充分显示了国人关注马克思主义的实践特性，也就是说，从马克思主义被主动选译入中国开始，就与中国的现实需求紧密相关，其实践性超越了其学理性。

总之，资产阶级知识分子在 20 世纪早期对马克思主义的译介传播正式拉开了中国马克思主义自主翻译传播的序幕，为后期马克思主义完整、系统化翻译传播奠定了基础，也影响了中国早期马克思主义者的翻译选择和阐释策略。这一时期马克思主义的译介节奏受到日本极大影响，日本社会主义运动风生水起之时，译著盛行，中国的马克思主义译介也相应出现传播高潮，当日本社会主义运动受到压制，尤其是 1910 年"大逆事件"后幸德秋水被处死，《共产党宣言》成为日本官方禁书，国内的马克思主义翻译传播也相应陷入低谷。国人在政治变革与思潮动荡中开始重新审视异质思想的实践性，马克思主义在唤醒民族自觉意识与变革实践的历史召唤与规划中逐步脱颖而出。

第三节　新文化运动与马克思主义传播之契合

马克思主义翻译传播经历短暂的沉寂后迎来了新的传播契机。中国进步知识分子发起的新文化运动高举"民主""科学"的旗帜进一步激发了国民意识的觉醒，加之俄国十月革命的胜利及巴黎和会上中国的外交失败撼动了国人的心理底线，全民族前所未有地渴望改造社会秩序、建立新的社会政治经济制度。新文化运动既是民族主义运动，也是思想文化改造运动、社会政治运动和新文学运动，以"文化"衍生的批判传统、推动启蒙的系列社会、政治、思想变革为重新认识和解读马克思主义提供了更多的意象空间；同时，马克思主义的翻译传播作为新文化运动的重要内容也极大地深化了新文化运动的历史内涵和社会影响。如果说20世纪初期的"共产主义""社会主义"并不完全等同于"马克思主义"，新文化运动之后的"马克思主义"才逐渐摆脱了其他社会思潮的竞争确立了自己独立的思想地位。"马克思主义在1919年以后的中国迅速传播这一历史事实，既可以说是前期新文化运动及中国近代以来寻求现代化的延续和结果，也可以说是新文化运动的转向或转折点，因而与新文化运动之间具有历史和逻辑的因果关联"（李晔2021：141），二者在互融中实现了契合。

一方面，新文化运动的兴起及其引发的一系列文化变革为马克思主义翻译传播提供了多重准备和条件，在内有规划、外有示范的双重作用下马克思主义翻译传播与新文化运动的"救亡""启蒙"

之初衷初显与中国实践相结合的中国化趋势。

首先，新文化运动倡导的"民主""科学"主张为马克思主义翻译传播奠定了思想基础。"民主"是"救亡"的途径，"科学"则意在"启蒙"。"救亡"的本质是建立民族国家，具有现代性观念；"启蒙"则是对传统的挑战，是构建现代性的必经之路，二者实则是统一的。新文化运动"救亡图存"的本心与"启智开蒙"的目标为马克思主义这一新思想的翻译传播提供了绝佳的社会语境。正如李泽厚（2008）所指出，"救亡"与"启蒙"二者在初期是相互推动而相得益彰，但是随着"救亡"的深入，知识分子选择了更有利于"救亡"的马克思主义，其中的原因主要是近现代救亡主题的急迫现实与马克思主义的阶级斗争观点相一致。同时，新文化运动虽然提倡"新"，但是其中必然夹杂着传统的成分，这些传统的成分不但影响了中国知识分子对特定西方思想的偏好倾向，也决定了在译介阐释西方思想时的立场和观点。新文化运动虽推崇西方思想的楷模作用，但当时西方思想界也渐渐从个人主义转向社会本位主义（伍启元 2008），在引介西方思想的同时，进步知识分子也意识到了西方文化危机，社会本位主张推动了社会主义的风靡，西方思潮的变迁影响了新文化运动的思想取向。社会主义关于财产公有、互助进化和世界同盟等思想与中国传统的大同思想、实用主义及道德伦理观等儒家墨家主张不谋而合，马克思主义以新思想的姿态迎合了新文化运动的社会诉求和民众向往。新文化运动引领的"民主、科学"之氛围为马克思主义塑造了作为新思想的"救亡、启蒙"之角色，也在推进马克思主义新思想与中国传统思想碰撞融合的同时提供了中国自有思想实现现代转化的可能。

其次，新文化运动的主导者和支持者成为马克思主义翻译传播的主要力量，二者的主体契合催生了中国的早期马克思主义者。倡导新文化运动的是当时中国最具影响力的进步知识分子，以文化之变革唤起民众之觉醒，是当时具有批判意识的知识分子的认同感所在，译介西方现代思想及文学作品成为新文化运动的主体自觉。自李大钊开始，从新文化运动的领袖人物中，从投身这一运动的新青年中，走出了一代中国早期马克思主义者，这些人多为集革命家与学问家于一身的优秀人物。（李维武 2019：2）他们选译了马克思主义经典文献的片段，以"译述混杂"的形式介绍和宣传马克思主义。当然也有质疑和反对马克思主义的文章以及针对"问题与主义"的论争，这从多个层面反映了对马克思主义的兴趣并促进了马克思主义的传播和影响力。文化运动与思想传播的核心都是人这一主体，新文化运动走势与马克思主义传播态势在五四运动前后的契合正是中国初具马克思主义意识的知识分子的规划结果。在规划新文化运动的过程中选择了译介马克思主义，在各种辩论和比较中认识到马克思主义思想更符合当时社会的发展诉求，遂以新文化之角色促进马克思主义的中国化阐释；同时，在译介传播马克思主义过程中深化了新文化运动的内涵，新文化运动意在唤醒民众、改造国家，正是在译介传播马克思主义的过程中中国早期马克思主义者逐渐成长起来，并直接推动了中国共产党的创建，将马克思主义立足于中国社会实际开始探索民族发展之路，在根本上实现了文化变革的历史使命。

当然需要指出的是，翻译传播马克思主义并不代表着就一定是马克思主义者，思想的转变与认同需要一个过程且与传播者自身的社会文化身份和立场有直接关系。当时倡导和推动新文化运动的知识分子都是具有进步意识且有一定影响力的思想家或社会活动家，他们中有些人尽管支持或亲自译介了马克思主义，但是并没有马上成为马克思主义的信仰者。如翻译《马克思的唯物史观》一文的渊泉[1]虽然较早翻译了河上肇的马克思主义唯物史观观点，却并未因此成为马克思主义者，国民党进步人士戴季陶、胡汉民等人虽积极支持译介宣传马克思主义却并不是马克思主义者。可见，只有译者将马克思主义内化为自己的思想主张才能实现身份的转变与认同。但是不可否认的是，译介马克思主义是了解、认知直至接受马克思主义的重要途径，中国早期马克思主义者都是新文化运动的中坚力量，正是在新文化运动的启蒙下他们选择了马克思主义，并在研读马克思主义的过程中将之与中国社会语境结合不断探索马克思主义中国化的救亡之路。

再次，新文化运动倡导的白话文运动及现代报刊的创办盛行为马克思主义翻译传播提供了媒介契机，同时马克思主义翻译传播为语言文化转型期的现代汉语注入了活力。语言是文化的载体，语言的权威往往来自外部。白话文推广是新文化运动的重要举措之一，白话文既是对传统文言文的摒弃，也是以通俗易懂的新语言传递新思想的表征。白话文无疑提升了马克思主义译介传播的影响力度，青年文人和更多普通民众更易读懂以白话文文体译介的新思想，加之新文化运动期间大批创建的期刊报纸作为马克思主义传播载体扩大了读者范围。同时，马克思主义翻译也对汉语言话语体系发展产生了重要影响。李博（2003）考察了汉语中马克思主义术语的起源及作用，其中源自日语的概念术语被引入汉语后逐渐固定下来，丰

---

[1] 渊泉，原名陈溥贤，字博生，时任北京《晨报》记者兼驻东京特派员，在日本留学时曾任留学生总会文事委员会编辑，李大钊为该委员会编辑主任。

富了汉语词汇的内涵，也构建了马克思主义中国化话语体系的特色表达。通过翻译发展民族语言是历史上常见的现象[1]，新文化运动时期白话文的推广与马克思主义翻译的融合是以语言变革为载体的异质思想的再生过程。

最后，新文化运动时期经历了俄国十月革命的胜利及欧战后会谈的刺激，马克思主义翻译传播契合了当时国际、国内舆论态势，与新文化运动共谋民族救亡出路。1917年俄国十月革命的胜利无疑为马克思主义翻译传播带来了示范效应，从向日本辗转求取西学开始国人就十分注重西方学理的实用价值和应用效果，马克思主义在俄国的胜利让进步知识分子看到了马克思主义切实的实践效用，直接引发了马克思主义的传播热情。同时，1919年巴黎和会的屈辱引发五四运动，国人意识到仅靠学理思想的讨论已不能解决民族危机，马克思主义阶级斗争观彰显了对解决中国社会现实问题的引导作用，马克思主义与中国工人运动相结合将新文化运动推向高潮。《新青年》刊发了"马克思研究号"专期宣传马克思主义，当时的文人学者也都在谈论马克思主义，这一时期还见证了中国共产党的成立，从这个意义上讲，新文化运动时期（尤其是五四运动后）的马克思主义翻译不只是思想的传播交流，而是成为民族救亡的规划之一，在与中国革命运动的融合中践行了新文化运动的初衷本心。

另一方面，马克思主义翻译传播本身就是新文化运动的重要内容和核心组成部分，马克思主义翻译传播几乎贯穿新文化运动全

---

[1]　在《历史上的翻译家》（*Translators Through History*）一书中，就有专章介绍翻译与国家语言的发展（Translators and the Development of National Languages），参见 Delisle & Woodsworth（1995：25—26）。

程，并超越了思想文化之界成为中国历史上的重要事件，对中国现代化进程及民族发展历程起到了决定性的引领作用。新文化运动时期的马克思主义翻译传播渐呈系统性与体系化，而且译介马克思主义的目的就是为了解决实际问题。正如季水河（2017：28）所指出，新文化运动时期的马克思主义研究，并不全是书斋里的学问和纯粹的学理探讨，而是始终伴随着中国社会问题的认识和中国未来出路的探讨，始终充满着不同思想的交锋和不同理论主张的争鸣。正是在这种交锋和争鸣中，影响了马克思主义在中国未来的发展方向。也正是在反复的讨论和尝试中奠定了马克思主义中国化的基础。《新青年》10 卷 1 号刊登的《共产主义之文化运动》一文指出，"共产主义本身就是文化运动，是最先进最普遍的文化运动"，由此来看，马克思主义在中国的译介是集目标与实践为一体的文化运动，与新文化运动的本质高度契合。

此外，如果从当时世界发展的大趋势来看，新文化运动时期的马克思主义翻译传播并非偶然事件，而是中华民族探索变革之路的过程中跟随世界思潮变迁的自我调适与必然选择。第一次世界大战暴露了资本主义制度的矛盾缺陷和西方社会的衰败混乱，这也促使中国进步知识分子开始反思和批判西方资本主义制度，加之俄国十月革命胜利后工农大众在布尔什维克党的领导下建立起新型社会主义国家，成为社会的主人。这些都使国人不再迷恋理论的光环而开始关注理论指导革命实践的效力，五四运动掀起的工人罢工浪潮席卷全国多地，"它说明中国工人开始觉醒了。社会底层的觉醒是社会变革的先兆，工人阶级以独立姿态走上政治舞台，既充分显示工人阶级的强大力量，也为马克思主义与中国工人运动相结合创造了条件。"（石仲泉、鞠俊俊 2019：12）马克思主义与中国工人运动相结合是马克思主义实践性助推新文化运动发展的核心所在，正如马克思（2009：11）在《〈黑格尔法哲学批判〉导言》中所言，"批判的武器当然不能代替武器的批判，物质力量只能用物质力量来摧毁；但是理论一经掌握群众，也会变成物质力量。"从这个意义上讲，马克思主义翻译传播及其基于中国革命现实语境的阐释无疑为新文化运动注入了动力和活力，马克思主义启发下五四运动引发的大规模工人运动及之后中国共产党的成立赋予了中国革命破旧立新的物质力量，也使其成为世界无产阶级运动的一部分。

最后，马克思主义译介传播既是思想翻译事件，也是历史事件，是与新文化运动交融的主体实践活动，二者在时空重合中互为主客体推动因素，也彰显了新翻译史观下翻译事件与历史事件的相互作用与相互影响。屈文生（2021：159）指出，翻译与历史研究之间一组重要的概念就是翻译的历史性和历史的文本性。此处"文本"的概念并非物质客体，更多是话语或文化的建构。马克思主义翻译传播在新文化运动时期呈现独特的历史特征，同时新文化运动因为马克思主义翻译及马克思主义中国化之端倪而实现了其特定的文化建构过程。陈力卫（2019：13）指出，亚洲的近代化进程，是通过词语的交流得以实现的。新文化运动时期马克思主义翻译传播建构了特定的思想话语体系，新文化运动这一历史事件与马克思主义翻译事件共同推进了中国社会的现代化转型。

总之，马克思主义在中国的早期译介主要是各翻译主体基于各自立场所做的零碎萃取和转译，马克思主义早期译介传播是世界无产阶级运动影响与国内启蒙救亡现实之需共同影响之结果。这些间接、无意的零碎译介为新文化运动时期马克思主义的翻译传播奠定了基础，为进步知识分子认识和接受马克思主义做了一定准备，是马克思主义在中国翻译传播全景中不可忽视的一环。新文化运动的兴起为马克思主义翻译传播带来了全新的契机，二者在目标与实践相互契合的过程中开启了马克思主义中国化传播历程，并为后期马克思主义逐步成为中国主流意识形态打下了坚实的传播基础。

第三章　新文化运动时期马克思主义译介传播概述

翻译行为涉及的所有因素构成了翻译的宏观语境[1]。从传播学视阈来看[2]，思想翻译与其传播过程具有二位一体的契合点。传播过程包含五个要素的互动关联（即五 W 模式）：谁说（who says）、说什么（say what）、通过什么渠道（in which channel）、对谁说（to whom）、产生什么效果（with what effect），这正与宏观翻译研究中的翻译主体、翻译内容、翻译媒介、翻译对象、翻译影响等内容相呼应。从这个意义上讲，新文化运动时期马克思主义在中国的翻译与马克思主义中国化传播是融为一体的，即翻译了什么就传播了什么，翻译是传播的起点，传播是翻译的指向。本章将马克思主义翻译置于思想传播的框架内，以新文化运动代表性期刊《新青年》的创刊至停刊为节点，从翻译源头与译介模式、译介主体与翻

---

[1]　此处即指 "who says what to whom, with what communicative intention, in what spatiotemporal setting, with what linguistic means."（见 Baker 2006：58）

[2]　传播学奠基人拉斯韦尔在《社会传播的结构与功能》（1948）一书中提出传播过程五要素，之后信息论创始人维纳根据五 W 模式提供了一个线性传播模式图，传播学创始人威尔伯·施拉姆又将其改造为控制型传播模式，五 W 模式又增加了"传播的目的是什么"和"在什么场合下进行传播"这两个要素。经过心理学家、社会学家和社会心理学家的建设和完善，传播学现已成为一门对人类交往现象及其规律进行综合性与深层次研究的新兴学科。（吕俊、侯向群 2006：33—35）

译策略、传播媒介与诉求规划、翻译选择与动因影响等方面考察新文化运动时期马克思主义译介传播的概况，厘清其中隐含的马克思主义翻译传播脉络及时代特征。

第一节　翻译源头与译介模式

"时代是思想之母，实践是理论之源"[1]。马克思主义在中国的翻译源头和模式与其所处的时代背景及社会实践走势具有很大的关联性。新文化运动时期的马克思主义翻译与之前的马克思主义零碎译介虽有一脉相承的关系，但是已有了本质上的差异。新文化运动的阶段性划分及其特征与马克思主义译介传播模式紧密相关，尽管这一时期传入中国的马克思主义仍以日本的马克思主义相关著译作为主要源头，但是已出现译自英、俄、法、德文等语言的马恩文献及研读马恩原作的尝试；译介模式仍以转译、摘译为主，不过也开始出现马克思主义文献的完整翻译。

1915 年，陈独秀在上海创办《青年杂志》，次年迁往北京并改名为《新青年》。该杂志自创刊起就成为宣传新思想新文化的主要阵地，也拉开了猛烈抨击封建复古思想的新文化运动大幕。至1926 年《新青年》停刊，新文化运动逐渐淡出，中国民主革命也开始了新阶段的探索。新文化运动期间马克思主义的译介传播与新文化运动的阶段性特征相契合，大体可概括为三个阶段，各阶段翻译源头与译介模式也自有特色：

第一阶段从 1915 年《新青年》创刊到"五四运动"前，这一

---

[1]　见习近平总书记在 2016 年庆祝中国共产党成立 95 周年大会上的讲话。

阶段对马克思主义的译介传播处于准备时期。陈独秀在开篇《敬告青年》中即指出，"社会遵新陈代谢之道则隆盛，陈腐朽败之分子充塞社会则社会亡"，"国民而无世界知识，其国将何以图存与世界之中？"并鼓励青年"宇宙间之事理无穷，科学领土内之膏腴待辟者，正自广阔"。可见，这一时期重在宣传各种新思想、新文化，以摆脱封建礼教对青年的束缚，从而推动民众思想解放。尽管未出现专门、直接译介马克思主义的著述，但在关注国际形势与思潮发展的文章中间接介绍了马克思主义思想。

从译介源头看，对马克思主义的零碎译介主要源于日、英等著述。新文化运动开始至"五四"运动前《新青年》共有四篇文章提及了马克思及其思想：其一，陈独秀在创刊号《法兰西人与近世文明》中写道："欲去此不平等与压制，继政治革命而谋社会革命者，社会主义也……德意志之马克斯（Karl Marx）承法人之师说，发挥而光大之"；其二，李大钊在5卷5号《BOLSHEVISM 的胜利》中提到：Bolshevism 的胜利是"马客士（Marx）的功业"，Bolsheviki 的主义就是"革命的社会主义……他们是奉德国社会主义经济学家马客士（Marx）为宗主的"；其三，6卷4号起明译、英国著名俄罗斯问题专家 Angelo S. Rapport 著的《俄国革命之哲学的基础（上）》一文提到："Marx 学说的枢轴，是经济的进化，与生产力的发达"，并指出要实现社会的急剧变革，而非部分改良，且在必要时可以采用激烈的手段；其四，6卷4号高一涵译、日本吉野作造著的《选举权理论上的根据》在介绍拉色尔的学说时顺便提到："马克斯是讲国际社会主义的，不问是那一国的劳动家，都可以合在一块，去同资本家争斗"。这一时期的马克思译名还不一致，译介的思想源头主要是日俄及英法关于马克思主义的评价和研究，将马克思视为德国社会主义领袖和经济学家，关注的主要是马克思社会主义思想尤其是其革命思想。

从译介模式看，对马克思主义的零碎译介和传播以间接转译为主。此时并没有对马克思主义原著的直接翻译，而是仍沿袭之前从日、英相关马克思主义研究著述中择取感兴趣的思想片段的做法。思想翻译早期，按需所取的思想片段直接反映了译入语语境对异质思想的关注和诉求，译文的直接性、完整性和准确性反而并不是最重要的。尤其值得一提的是，对马克思主义的间接传播和铺垫还体现在对相关背景内容的热议和探讨上。虽然《新青年》在这一时期没有对马克思主义思想做专门介绍，但对西方政治、文化、社会、文学等方面的译介颇多，也有提及社会主义、共产主义及地区革命的讨论。更为重要的是，《新青年》将这些新的思想和文化见解与本国实际相关联，刊发诸多评论，引发读者对本国现状的思考，这无疑为后面马克思主义的传播热潮奠定了思想基础。陈独秀在创刊号《敬告青年》一文中提出"六义"[1]，又在《一九一六年》文中号召国人"除旧布新"，"从事国民运动，勿圃於党派运动"；而至 1917 年 2 卷 5 号，高一涵在《一九一七年预想之革命》一文中提出：自 1917 年始实行"政治精神与教育主义之革命"；1917 年 3 卷 2 号又刊发了陈独秀的《俄罗斯革命与我国民之觉悟》和吴虞的《消极革命之老庄》，从革命意义和封建礼制的影响等方面分析了国人的革命态度，同期在"国外大事记"栏目还刊登了"俄罗

---

[1] 陈独秀写道："若夫明其是非，以供决择，谨陈六义，幸平心察之。"即：一、自主的而非奴隶的；二、进步的而非保守的；三、进取的而非退隐的；四、世界的而非锁国的；五、实利的而非虚文的；六、科学的而非想象的。

斯大革命"，详述了俄国革命的因果，引导国人对革命的认识及理解。1918 年 10 月《新青年》5 卷 5 号发表了"关于欧战的演说三篇"[1]以及李大钊的《BOLSHEVISM 的胜利》，指出"Bolshevism 的胜利，就是二十世纪世界人类人人心中共同觉悟的新精神的胜利！"1919 年 4 月发行的 6 卷 4 号除刊登《俄国革命之哲学的基础（上）》一文，还转录了《每周评论》第十一号的《思想革命》一文。至此，"五四运动"之前，《新青年》借传达新思想之机让国人了解了当时国内外社会发展之势，初步启蒙并激发了国民的革命思想意识，从"传播新思想"到"建议国民运动"直至"论述革命思想"的一系列间接准备，为后面的马克思主义传播和接受做了思想上的准备。

第二阶段从"五四"运动开始到中国共产党成立。《新青年》6 卷 5 号[2]作为"马克思研究专号"刊发了八篇文章从不同立场集中探讨了马克思主义学说，标志着马克思主义引发了当时知识分子的集中关注，中国最早一批马克思主义者开始公开表明自己的立场。对马克思主义的热议探讨为中国共产党的建立奠定了理论基础，随着《共产党宣言》首个完整汉译本的问世，马克思主义在中国开启了完整翻译的传播历程。同时，中国共产党的成立进一步推

---

[1]　即李大钊的《庶民的胜利》，蔡元培的《劳工神圣》和陶履恭的《欧战以后的政治》。

[2]　学界对于《新青年》6 卷 5 号的实际出版时间尚存争议。刘维在 1960 年 8 月 4 日的《光明日报》上发文认为该卷号出版于 1919 年 9 月；杨琥也在 2009 年提出该卷号应在 1919 年 9 月初出版。笔者考察后发现，《新青年》6 卷 4 号于 1919 年 4 月 15 日发行，6 卷 6 号于 1919 年 11 月 1 日出版，而 6 卷 5 只标注 1919 年 5 月出版，没有具体日期。很可能因为当时"五四"运动引发激烈的社会反响，刊者有意做出特殊规划故推迟了出版时间。

进了马克思主义的翻译传播，《新青年》作为中国共产党上海发起组的机关刊物开始转变为社会主义刊物，大力传播马克思主义。这一时期《新青年》刊载的马克思主义文章数量激增，内容丰富且渐具系统性。而且，对马克思主义的译介并非简单的"拿来主义"，而是与中国的社会现实及需求紧密融合，在论争与辩驳中扩大了马克思主义传播及影响。

从译介源头看，对马克思主义的译介仍主要源于日、英文刊著述，尽管没有直接译自马恩原著的译文译作，但是除了间接转译自日文马克思主义著述外，开始直接参考马恩著作的英文版。"五四"运动后《新青年》对马克思主义的译介传播不但在数量和内容上更加丰富，对马克思的社会主义思想、唯物史观和经济学说都有介绍，且将之放置于当时的国情下进行更加深入的探讨。在此期间刊载的 58 篇译介传播马克思主义的相关文章中，有 24 篇是译文，主要源自俄、日及英美学者或期刊著作，其中关于俄国革命及苏维埃现状的文章除译自列宁的著作外，绝大部分都译自苏俄政府驻纽约办事处机关刊物英文周刊《苏维埃·俄罗斯》(Soviet Russia)[1]。可见当时虽对苏俄革命的关注颇多，但直接译自俄文著述的不多，更多的是转译自英文和日文的相关著述。"俄罗斯研究"一方面意

[1] 1920 年 9 月 1 日发行的《新青年》第 8 卷第 1 号开始增设"俄罗斯研究"专栏，至 1921 年 7 月 1 日发行的《新青年》第 9 卷第 3 号，共发表与俄罗斯相关的译文 35 篇，其中 21 篇由震瀛译自《苏维埃·俄罗斯》(Soviet Russia)，其他译者还有李汉俊、李达、陈望道等，译自日本及美国社会学者的著作。其中 1920 年 11 月至 1921 年 1 月的《新青年》集中刊载了 25 篇俄罗斯研究专栏文章，内容设计苏维埃俄国革命简史、列宁生平介绍、劳动组织、社会教育、政治情况、经济政策、女工问题、军队问题及罗素等名人对俄罗斯的评价和观察。俄罗斯研究专栏在当时产生了相当的社会反响，但也引起陈独秀、陈望道等人对于办刊宗旨的争论。

在让国人了解布尔什维克取得胜利后的俄罗斯发展现状，另一方面重在展示马克思主义在革命实践中取得胜利的示范，是马克思主义传播的重要内容。而译自日文的马克思主义思想主要源自日本著名社会主义者山川均和河上肇，甚至二人还专门受邀为《新青年》撰稿[1]。其余34篇则是关于马克思主义的论述和评介，这些文章结合中国当时的社会现实与需求对马克思主义进行了或支持、或反对、或观望、或实践的论述，既涉及了对马克思思想的理解与探讨，也不断将之与中国国情结合深化了其本土化内涵与实践意义。尽管这些马克思主义论述没有标明译介源头，但主要也是源于日文马克思主义著述。而且，这些文章的作者都是当时学界名人，如李大钊、陈独秀、李达、李季、刘秉麟、周佛海、顾兆熊、凌霜等，他们的论述（包括反对意见）无疑扩大了马克思主义的影响力和传播范围。

从译介模式看，一方面，马克思主义翻译传播从零碎、间接的译介开始转向对马恩代表性著作的完整翻译；另一方面，广泛存在对马克思主义的"译述混杂"现象。此时，《共产党宣言》和《社会主义从空想到科学的发展》都出现了首个汉译本，尤其是陈望道翻译的《共产党宣言》是马克思主义在中国的首个完整文献，该译本以《共产党宣言》英文版为底稿、参考《共产党宣言》日译本译出，在当时产生了广泛的社会影响，在中国马克思主义翻译传播史

---

[1]　9卷1号《从科学的社会主义到行动的社会主义》一文由山川均著，译者李达在文后有注："这篇文章是日本社会主义者山川均先生特意为本杂志作的"，陈望道也在文后附记写道："山川均、堺利彦两先生本来都要做一篇文章来，但堺先生要到北海道巡回讲演去了，没有空闲，所以现在本社只接到山川先生的一篇。"

上具有划时代意义。尤其是其中关于共产党人政党性质的论述及通过阶级斗争推翻资产阶级的统治和压迫并最终消灭阶级和国家的愿景展望，极大鼓舞了当时早期马克思主义者及进步知识分子创建新型政党的决心。以《共产党宣言》首译本为代表的马克思主义完整翻译标志着马克思主义只言片语在进入中国 20 余年后终于开始以完整的姿态为国人所了解，也代表着中国早期马克思主义者主动翻译传播马克思主义真经本源的规划。此外，如果说马克思恩格斯引导社会主义同工人运动结合起来并指出社会主义者的任务就是领导无产阶级的阶级斗争，那么十月革命的胜利则表明列宁将马恩的思想同俄国革命实践有效结合，进一步验证了马克思主义在不同语境中的普适性和灵活性。马克思主义经由十月革命从理念变为现实，从根本上激发了中国知识分子对马克思主义的兴趣和信心，也在很大程度上引导中国知识分子立足于中国社会革命实践译介传播马克思主义。这些知识分子将马克思主义思想片段融入自己的理解和主张，在"译述混杂"中阐明自己的立场、宣传马克思主义之于中国的解读，并"以俄为师"建立了自己的无产阶级政党中国共产党。可以说，这一时期马克思主义的译介模式既是五四运动推动下马克思主义传播热潮的体现，其与中国语境相融合的话语阐释方式也为中国共产党的建立奠定了理论基础。[1]

此处有必要补充的是，这一时期对马克思主义的译介传播有相

---

[1] 中共中央《关于建国以来党的若干历史问题的决议》有如下表述："中国共产党是马克思列宁主义同中国工人运动相结合的产物，是在俄国十月革命和我国'五四'运动的影响下，在列宁领导的共产国际帮助下诞生的。"

当一部分内容并没有清楚的翻译标记[1]，而是与作者的思想主张混为一体，译述融合。Toury 指出，"所有直译、意译、改写、改编、复写、重写等，甚至是完全捏造或虚构出来的译本，即没有原著的'假翻译'或'伪译'（pseudo-translation），也可以被视为翻译，成为考察的对象"（王宏志 2007：33）。马克思主义早期翻译有些隐身于著者述评之间，更多的是以译者名义进行的转述、节译和编译等改写方式。这些看似随意、无序的译介信息蕴含着思想交流的重要脉络，"述"与"译"、"著者"与"译者"的身份交融更是决定了思想传播早期翻译的间接性[2]和建构性。即马克思主义早期翻译并不是直接源于源文本的译文，而是伴随着译者的述评被间接转述（甚至是以"述"代"译"），译者以著者身份论述和评价马克思主义思想，通过隐性的翻译行为解释并建构起马克思主义的实践内涵。本文将引介马克思主义思想的片段或文本都视为翻译，不管是节译、编译、转译、重译哪种手段，还是译、述、评、介哪种方式，只要是行使了思想传播功能的文本都是研究这一时期马克思主义翻译的基础。

---

[1] 没有翻译标记的译文是指文内、文外均没有信息来明确说明"此为译文"，这类译文有可能确实是译文，但是为了引起读者重视并展现其影响力而略去翻译的身份，将其变为译者自有的思想，（如：李大钊《我的马克思主义观》一文）。也有可能是转录他人译文或观点，为了表示接受并赞同该思想而直接以述评的方式转引，（如张闻天《社会问题》一文）。虽然缺失翻译标记，但是二者承载的都是马克思主义思想，而且以不同方式促进了马克思主义思想的传播，因此，这也是马克思主义翻译过程的一部分，对于马克思主义的传播和接受起到了至关重要的作用。

[2] 此处的"间接性"是指马克思主义早期翻译不是直接来源于源文，而是夹杂在译者（或著者）的述评中间接引介的，即思想翻译的早期由于译者的干预和操控使信息传播出现不连续性。Pym（2007：62）指出，这种不连续性（discontinuity）正是翻译的一大标记。

第三阶段是中国共产党成立后直至《新青年》刊止。自 1921 年 9 月 1 日《新青年》第 9 卷第 5 号发行后，该刊停止了月刊发行，第 9 卷第 6 号直到 1922 年 7 月 1 日才发行，《新青年》开始改为季刊和不定刊发行。中国共产党成立后，《新青年》成为党的正式机关刊物，并以传播马克思主义为其使命。具有初步共产主义思想的知识分子尝试运用马克思主义剖析中国政治经济情况并指导中国国民革命，开启了马克思主义中国化的早期实践。此时对马克思主义的翻译传播更注重其在中国国民革命实践中的运用，列宁思想成为马克思主义传播的重要内容，马克思主义方法论开始引起国人关注。这一时期的马克思主义传播专题性更强，多以"专号"形式发刊，通过宣传国际无产阶级运动状况激发国内的无产阶级革命斗志。1926 年 7 月 25 日，《新青年》第 11 卷第 5 号（世界革命号）出版，此后《新青年》停刊，完成了其阶段性的历史使命。

从译介源头看，这一时期译介传播的马克思主义主要集中在共产主义、阶级与阶级争斗、无产阶级专政（劳工专政）、唯物史观及经济学说方面，并译述了马克思辩证唯物主义观点，表明国人开始关注并运用马克思主义方法论解决实际问题。译介源头以俄日学者为主，但已开始从德国马克思主义者及德语原著译介相关思想，主要引用了《共产党宣言》、《哥达纲领批评》、《空想的及科学的社会主义》、《资本论》及《法兰西内乱》等著作内容。值得注意的是，对列宁思想的译介成为这一时期马克思主义传播的重要部分，甚至出版了"列宁号"专门纪念并介绍列宁的思想及其对民族运动的启示。瞿秋白在《列宁主义概论》中指出"革命的理论必须和革命的实践相密切联结起来"，并对列宁的无产阶级革命论及无产阶级独裁制论做了详细的论述；陈独秀在《列宁主义与中国民族运动》中指出列宁主义就是更周密扩大的马克思主义，其最重要的就是无产阶级独裁制及反帝的国际民族运动。对列宁思想的深入讨论不但丰富了早期马克思主义者的革命实践观，也使马克思主义传播逐渐渗透进工农群众之中，扩大了马克思主义的群众基础。

从译介模式看，尽管这一时期对马克思主义的译介仍以转译和摘译为主，但是更注重对马克思主义实践价值和意义的探索，对马克思主义著作的完整翻译也受到进一步重视。中国共产党成立后，《新青年》成为传播马克思主义并探索国民革命路径的主战场，专题、专号成为常见的宣传方式。文学译作逐渐被《国际歌》《革命》《颈上血》这类诗作代替直至消失，"革命"、"运动"成为时代热词。中国共产党成立后刊出的三期月刊，即9卷4—6号，共14篇文章及7篇随感、通信、杂记论述宣传了马克思主义。自1923年6月，《新青年》10卷1—4号开始以季刊出版，11卷1—5号开始以不定期刊出版，直至1926年7月最后一期出版后停刊。10卷及11卷共110篇文章，译介传播了马克思列宁思想及国际共产主义运动和中国国民革命现状，其中有"共产国际号""列宁号""世界革命号"三期专号。正如10卷1号《〈新青年〉之新宣言》所称：《新青年》杂志是中国革命的产儿。当表现社会思想之渊源，兴起革命情绪的观感。《新青年》已成无产阶级的思想机关，如今更切实于社会的研究，以求知识上的武器，助平民劳动界实际运动之进行。"可见，此时《新青年》对马克思主义的传播意在将其运用于中国革命实践，开始探索以马克思主义指导中国无产阶级运动。尤其值得注意的是，这一时期对马克思主义的认知其实践性已经超越了其学理性。正如9卷4号存统在《马克思的共产主义》中所说："如果在中国实行马克思主义，在表面上或者要有与马克思所说的话冲突的地方，但这并不要紧，因为马克思主义的本身，并不是一个死板板的模型。所以我以为我们只要遵守马克思主义的根本原则就是了，至于枝叶政策，是不必拘泥的"。由此可见，马克思主义在与中国革命相结合的规划之初，就开始了其适应中国国情的中国化趋势。

中国共产党成立后对马克思主义的译介传播无疑提出了更高的需求和期待。早期中国共产党党员和当时进步知识分子纷纷发表对马克思主义的认识和解读，斗争意识和决心更加坚定。瞿秋白在《新青年》11 卷 4 号《中国革命中之武装斗争问题》中指出："中国革命的过去经验和现时形势，正从示威抵制的斗争之中，要再造成总罢业的革命高潮，各方面准备武装暴动，以实行革命战争。"《新青年》最后一期"世界革命号"将中国民族解放运动放置于世界革命运动大背景之中，奠定了以马克思主义指导中国革命运动的基调。中国共产党早期领导人刘仁静在《新青年》11 卷 5 号《世界革命与世界经济》一文第四部分"世界革命与中国革命之关系"中分析了中国国民革命在一战后迅猛发展的原因之一就是受到世界革命的影响，兴起的社会主义宣传迎合民众要求，激发了工人运动，中国幼稚的无产阶级在斗争伊始就得到了正确的政治指导，并指出了中国共产党在当时世界革命时期的任务。以马克思主义为指导成立的中国共产党坚持以马克思主义思想认识中国革命现状及走势，因此对马克思主义著作的研读成为时代之需。正是在这样的背景下，零碎间接的片段引介不足以展示马克思主义思想，对马恩原作的完整翻译在新文化运动后期显得开始迫切起来。作为马恩著作的首个完整中译本，陈望道翻译的《共产党宣言》被反复再版翻印，流传甚广。仅 1926 年 1 月至 5 月间该译本就再版了 10 次，至

1926年5月已至少出版17版次。此外，为躲避军阀及反动派的禁控，该译本的书名、译者名及出版社名称也多次更换，以隐性传播模式扩大了马克思主义的传播范围和影响。同时期，恩格斯的《社会主义从空想到科学的发展》一书也开始出现完整译本。1925年，《民国日报》副刊《觉悟》连载了署名丽英女士由英译本翻译的《空想的及科学的社会主义》译文，这是该书在中国的最早全译文。此后，该书还有多个完整中文译本相继问世，翻译来源除英文外，还有译自德、日、法、俄版本的译文。至此，马克思主义在中国的翻译传播开始渐显从间接转译到直接翻译、从片段零碎译介到完整翻译的趋势，在翻译源头和译介模式上回应了中国社会和中国革命的发展诉求。

第二节　译介主体与翻译策略

翻译活动的核心是译者，译者的主体认知与决策受其身份与所处环境制约，同时也决定了译介行为之可能；翻译策略既是译者翻译行为的表征，也蕴含着行为背后的动因与规划。新文化运动时期，译介传播马克思主义的主体主要是无产阶级知识分子，以《新青年》为代表的新兴期刊报纸和进步书社汇集起大批优秀知识分子，他们或是颇具影响力的学界精英，或是具有革新意识的留洋学生。这些人从不同立场角度译介阐释马克思主义，在或赞同、或反对、或犹豫怀疑、或试探观望的过程中拓宽了马克思主义的传播范围，也从中产生了中国最早一批马克思主义者。

从译介主体看，新文化运动时期的无产阶级进步知识分子成为译介传播马克思主义的中坚力量，他们自有的社会身份及影响力助推了马克思主义的传播，其立场观点导引了马克思主义在中国的定位。这一时期知识分子的教育背景和经历是中国近代史上较为特殊的，表现为"传统与近代新式教育参半，新旧学问兼备，中外思想的影响集于一身"（陈万雄 1997：182），因此，他们对于中西文化差异与冲突更为敏感，外语和西学优势使他们成为倡导以启蒙为目的的文化革命运动的中坚力量，同时他们译介传播的西学思想无疑构成了近代中国现代性启蒙的积淀。五四运动前，《新青年》创始人及主撰者陈独秀、李大钊最早关注到了俄国十月革命的胜利启示，并译介相关内容以此激发国民革命意识的觉醒。五四运动发生后直至中国共产党成立，马克思主义译介传播形成高潮，《新青年》在此期间刊载的 58 篇[1]译介传播马克思主义的相关文章中，有 24 篇明确标注是译文，译者有渊泉、李达、李季、张崧年、雁冰、周佛海、震瀛等人。其余 34 篇则是关于马克思主义的论述和评介，这些文章结合中国当时的社会现实与需求探讨了对马克思思想的认识和理解，也不断将之与中国国情结合深化了其本土化内涵与实践意义。这些文章的作者包括李大钊、陈独秀、李达、李季、刘秉麟、周佛海、顾兆熊、凌霜等人，作为学界颇具影响力的知识分子，他们的论述（包括反对意见）无疑扩大了马克思主义的影响力和传播范围。中国共产党成立后，《新青年》逐渐成为党的机关刊物，译介传播马克思主义的主体多是中共早期党员和当时进步知识分子，如陈独秀、瞿秋白、施存统、蒋侠僧、周佛海、郑超麟等，他们不仅分析解读马克思主义思想，还将其灵活运用于分析中国革命实践。此外，当时《新青年》的撰稿人还有鲁迅、胡适、刘半农、

---

[1]　此外，其间还有"随感录"中 16 篇以及"通信"栏目中的多处相关反馈。

周作人、陈望道等，这些学界精英凝聚的影响力及思想导向无疑扩大了《新青年》的传播效力，也直接扩大了马克思主义译介传播的范围和影响。

译介主体与其所翻译的异质思想存在互动反应，有的译者因为翻译传播马克思主义而接受了马克思主义，并在将其纳入自有思想体系后进一步译介传播马克思主义，也有的译者在译介传播马克思主义时存在误解和误判，对马克思主义持怀疑反对态度而与之渐行渐远。新文化运动时期诸多传播马克思主义的译介主体中，最值得一提的无疑是李大钊。李大钊作为中国最早的马克思主义者，在《我的马克思主义观》一文中公开宣布了其马克思主义阶级立场，明确了其马克思主义者的身份。通过对该文考证分析可见，文中的基本思想都是转述日本河上肇在《社会问题研究》连载的《社会主义的理论体系》一文相关内容，且李大钊也在文中标明"译语源自河上肇博士，节译部分是为了作为探讨唯物史观的研究资料"。不过译者以"我的马克思主义观"定位自己的政治立场和身份，足见当时李大钊已认同并接受了马克思主义。而同时期翻译《马克思的唯物史观》一文的渊泉虽然译介的也是河上肇的文章和观点，却并未因此成为马克思主义者。此外，早期的国民党进步人士胡汉民、戴季陶等人虽然也积极推动译介宣传马克思主义，但他们也并未成为马克思主义者。对马克思主义的译介传播（尤其是选择内容及释解方式）既反映了译者的立场和规划，受其认知水平及身份语境制约，也决定了马克思主义以何种姿态为当时的国人所了解。尽管存在质疑之声，但对马克思主义的译介探讨甚至是争论辩驳都在客观上扩大了马克思主义的传播范围并提升了其关注度。

　　译介主体是历史事件的叙事主线，新文化运动时期马克思主义的译介传播直接推动了中国共产党的创立，马克思主义译介主体成为中国共产党早期创立者的主力，马克思主义传播与中国共产党创立经由译介主体实现了关联与融合。李大钊在《我的马克思主义观》一文中详细论述了马克思三大原理，拉开了马克思主义在中国系统化传播的序幕，既是中国最早马克思主义者的理论宣告，也是对早期马克思主义者的启蒙引导。陈独秀在 1921 年 7 月《新青年》9 卷 3 号《社会主义批评》及"随感录"《政治改造与政党改造》中表明马格斯社会主义是科学、客观的，坚定了"以共产党代替政党"的决心并提出了关于建党的一些建议，以马克思主义指导建党也标志着他已从激进民主主义者转变成马克思主义者。《共产党宣言》首个汉译本的译者陈望道在日本留学期间就阅读过马克思主义书籍，他在 1920 年 8 月翻译出版的《共产党宣言》是国内首个完整的马克思主义文献汉译本，该译本一经出版就被抢购一空。《共产党宣言》首译本问世时正值上海共产主义小组成立之际，这是中国共产党成立前共产党在上海的发起组织。为了出版《共产党宣言》，在共产国际代表的支持和帮助下，陈独秀创办了红色出版机构社会主义研究社，陈望道翻译的《共产党宣言》作为"社会主义研究小丛书第一种"在社会主义研究社出版。该译本多次再版，对当时初步具备共产主义思想的知识分子和进步青年学生产生了重要影响，也为次年中国共产党的成立奠定了理论基础。可以说，正是在译介传播马克思主义的过程中，一些进步知识分子加深了对马克思主义的认知和理解，并在基于中国社会实践语境对马克思主义的阐释中逐步认同接受了马克思主义，成长为最早的马克思主义者。同时，在马克思主义的启蒙引导下以及对马克思主义的实践探索中，成长起中国最早一批建立马克思主义政党的共产主义者[1]，新文化运动时期的马克思主义译介传播与中国共产党的成立成长一脉相承、互融共生。

还值得注意的是，这一时期译介主体的实践性质也不容忽视，新文化运动时期马克思主义译介传播主要是个体翻译实践，而随着中国共产党的筹备创立也初显组织规划的印迹。以《新青年》6卷5号"马克思研究号"为例，译介马克思主义的译作者李大钊、顾兆雄、凌霜、起明、陈启修、渊泉、刘炳麟身份各异，既有李大钊这样真正的马克思主义者，也有自由主义者和无政府主义者，他们的译介行为主要是个体发起，并没有统一的规划，甚至他们对马克思主义的态度立场也颇具差异。但是，从另一个角度看，"马克思研究号"本身就是对马克思主义集中宣介的一种规划，包括后来《新青年》刊发的"共产国际号""列宁号""世界革命号"都是期刊编辑有意识的专题规划。这种组织规划的思想译介传播无疑比个体翻译实践更具影响力，从翻译选择到出版传播模式都不再是孤立事件，而是呈现异质思想翻译传播的体系化趋势并彰显目标性。最具代表性的就是陈望道翻译的《共产党宣言》译本，虽然该书由陈望道个人翻译，但是从选定译者翻译此书到后来的刊发规划及之后的出版再版，无不渗透着背后进步知识分子和早期马克思主义者的精心规划与支持，且该书的翻译出版也被纳入马克思主义翻译传播体系之中并为筹备中国共产党的成立提供了有力的理论支撑。自

---

[1] 中国共产党第一次全国代表大会召开时，参会代表主要是各地的共产主义小组成员，如上海共产主义小组的李达、李汉俊；北京共产主义小组的张国焘、刘仁静；长沙共产主义小组的毛泽东、何叔衡；武汉共产主义小组的董必武、陈潭秋；东京共产主义小组的周佛海，等等。

1920 年 9 月出版的 8 卷 1 号起,《新青年》成为上海共产主义小组的机关刊物,重点译介传播马克思主义,尤其开设了"俄罗斯研究"专栏,译介有关俄国革命和苏俄社会主义实践的情况,表现了"以俄为师"的理念规划;中国共产党成立后,对马克思主义的译介开始出现较为深入的思考和辩驳,对社会主义和共产主义的理论探讨显著增多,尤其在 1923 年 6 月《新青年》改为季刊后,成为中共中央的正式机关刊物,也开始较为全面系统地译介传播马克思主义,并开始将马克思主义与革命实践相结合进行分析,体现了以马克思主义指导中国革命的规划设想,"对马克思主义的传播也为马克思主义中国化奠定了理论基础"。(王连花 2011:49)

从翻译策略看,这一时期无论什么身份的译介主体,其译介传播的马克思主义都融合了对当时中国社会文化语境的考量,将马克思主义纳入中国自有的文化思想体系加以阐释分析,彰显了文化杂糅的本土化翻译策略。正所谓"目的决定方式,方式蕴含策略",新文化运动时期马克思主义的译介传播并非纯粹的思想译介,而是融合了传统文化中"经世致用"理念和现实语境中"救亡启蒙"之需的思想交流实践,表现出明显的工具性和目的性。此时的马克思主义被视为解决中国现实问题的理论工具和武器,译介主体意图借其指导中国革命,从而在根本上解决民族危机。在这样的背景下,马克思主义翻译策略既表现在其与中国传统思想文化的杂糅互融,也表现在基于中国社会语境对其进行阐释解读时的调整变通。

首先,这一时期对马克思主义的译介融入了中国传统思想文化的理念与智慧,使马克思主义与中国传统思想不但没有产生矛盾冲突,反而呈现杂糅互融之势。这一策略自然源于当时译介主体深厚的传统文化底蕴。余英时(2004:83)曾指出,"五四运动的倡导者一方面固然受到前一时代学人所鼓吹进化论、变法、革命等源于西方的社会政治思想的深刻而明显的刺激，但另一方面则在不知不觉中接受了他们对中国传统的解释……虽然他们之中，许多人都出国留学，直接或间接地受到了西方思想的冲击，但他们即便在国外的时期也不曾完全与旧学绝缘"。如陈独秀在《东西民族根本思想之差异》一文中，对东西方思想进行了深入分析，体现了其中国文化底蕴之深。再如蔡元培在《新青年》8 卷 1 号《社会主义史序》中就试图从中国传统文化中寻求社会主义在中国的理论根基，将《论语》、《孟子》等儒家经典中的思想与"均贫富，各取所需、按劳分配"等社会主义的观点进行了对比分析，使马克思主义更切合国人的认知心理而没有陌生排斥感。尽管蔡元培对社会主义的理解不够深刻，但其以中国传统文化为切入点来诠释社会主义，也恰恰体现了早期外来思想在中国传播过程中的一个特点，即传播者往往从自身传统文化出发去理解外来思想，使之能为我所用。（周凯2013：114）这样的翻译策略使马克思主义在被国人主动译介入中国之时就被纳入了中国自有的思想体系之中，以译化异，以熟悉的概念内涵化解了异质思想的潜在疏离感。

当然，由于这一时期直接翻译马克思主义原著的内容并不多，更多是译述自日、英、俄文献的马克思主义内容。因此，译者的翻译策略并不过多关注转译或转述后的译文准确性，更多的是摘取马克思主义中可以为我所用的内容，以佐证该思想对译介者立场的支撑以及该思想对中国现实语境的指导价值。从这个意义上来讲，新文化运动时期的马克思主义译介从来不是盲从与无条件的接受，运用中国传统思想文化及个体已有的认知体系来理解阐释马克思主义正是马克思主义实现本土化之源起。

其次，这一时期对马克思主义的译介传播也凸显基于中国社会语境进行阐释解读时的调整变通。马克思在创作其核心思想文献《共产党宣言》时就曾说过，"这个《宣言》中所阐述的一般原理整个说来直到现在还是完全正确的……这些原理的实际运用，随时随地都要以当时的历史条件为转移"。可见，马克思主义自创建以来就具有与时俱进、灵活适用的品格。新文化运动时期对马克思主义的译介既充分考虑了中国现实之需，也进行了灵活的择取变通。1919 年 8 月，李大钊在《每周评论》35 号刊发的《再论问题与主义》一文中就提到："一个社会主义者，为使他的主义在世界上发生一些影响，必须要研究怎么可以把他的理想尽量应用于环绕着他的实境。所以现代的社会主义，包含着许多把他的精神变作实际的形式使合于现在需要的企图……我们惟有一面认定我们的主义，用他作材料、作工具，以为实际的行动；一面宣传我们的主义，使社会上多数人都能用他作材料、作工具，以解决具体的社会问题"。1920 年《新青年》8 卷 2 号刊登的陈独秀《学说与装饰品》一文也提到："一种学说有没有输入我们社会底价值，应该看我们的社会有没有用他来救济弊害的需要"。1921 年《新青年》8 卷 6 号刊登的《社会主义与中国》一文中也指出：马克思、恩格斯"当他们著书立说的时候，为当时的环境所限……后来时过境迁，自然是有些不大中肯的地方……我们对于古人的学说，当参照现在的情形，加以考虑，断不可一味盲从"。1921 年《新青年》9 卷 4 号刊发的《马克思底共产主义》一文还指出："马克思主义全部理论，都是拿产业发达的国家底材料做根据的；所以他有些话，不能适用于产业幼稚的国家，我们研究一种学说一种主义，绝不应当'囫囵吞枣''食古不化'，应当把那种主义那种学说底精髓取出……我们在中国主张马克思主义，实在没有违背马克思主义底精髓，乃正是马克思主义精髓底应用……如果在中国实行马克思主义，在表面上或者要有与马克思所说的话相冲突的地方；但这并不要紧，因为马克思主义底本身，并不是一个死板板的模型……我们只要遵守马克思主义底根本原则就是了"。可见，五四运动后进步知识分子对马克思主义的认知并不拘泥于理论文字，在译介马克思主义时也是按需择取精髓，并结合中国的社会现状加以解读。

　　这种翻译策略的考量随着中国共产党的建立及中国革命现状发展也随之调整。如果说五四运动后对马克思主义的热议首先停留在对其理论观点的辨识和探讨上，之后则更多将之运用于分析指导中国工人运动及革命实践。1920 年《新青年》7 卷 6 号是"劳动节纪念号"，不但介绍了英、美、俄、日的劳动组织及运动情况，也集中反映了中国各地工人、劳动组织及工人运动的情况，其中的《劳动者底觉悟》一文，强调了工人阶级在社会中的重要地位，极大提升了工人的阶级觉悟意识。1925 年《新青年》第 11 卷（不定期刊）1 号"列宁号"刊载了陈独秀的《列宁主义概论》一文，其中提到："革命的理论必须和革命的实践相密切联结起来，否则理论便成空谈……列宁主义始终不就是马克思主义，列宁主义之中有许多成分是马克思主义中原来所没有的，或者虽有亦很不详尽，还未发展的……列宁主义是应用于俄国客观情形之马克思主义"。对列宁主义的认识水平在一定程度上说明了当时对马克思主义的认识水平，将马克思主义应用于中国的社会实践从而建构中国客观情形之马克思主义无疑受到了俄国革命的启发。这样的翻译策略对马克思主义在中国的译介传播具有重要的导向作用，用马克思主义的思想观点考察、分析、解决中国的社会问题，奠定了马克思主义中国化实践的理论基础。

新文化运动时期马克思主义译介主体承载着其翻译策略背后的动因与规划，从个体翻译到组织规划，从译述译评互融到马克思主义文献的完整翻译，都映射着中华民族探索西学救国的实践努力。正如李维武（2019：2）所指出，在中国早期马克思主义者那里，马克思主义不再只是作为一种学理介绍，或者只是从中作部分的思想吸收，而是理解为学理与信仰的结合、理论与实践的统一，成为了中国共产党人信奉的思想旗帜和行动指南。

第三节　传播媒介与诉求规划

自清末民初开始报刊和书局盛行，这为西方思想进入中国创造了便利条件，也提供了受众更广的平台。新文化运动时期再次掀起创刊建社的高潮，这为马克思主义译介传播提供了便捷的媒介载体，也借由新文化运动时期民众关注西方思想文化的契机扩大了其传播范围和受众基础。新文化运动时期的马克思主义传播媒介以期刊文章为主、书籍出版为辅，另外还有一些学社研究会的建立也在一定范围促进了马克思主义的译介传播。因为创社办刊的主体不同，宗旨也有差异，对马克思主义的译介传播规划也各不相同。但是，从新文化运动的整个阶段来看，这一时期经由报刊、书社传播的马克思主义实则回应了当时的社会诉求及译介者的主体规划。

首先，新文化运动时期马克思主义的主要传播媒介就是进步知识分子创办的期刊报纸以及出版机构，尤其是期刊报纸以其周期短、发行快、受众广的传播优势成为早期马克思主义译介的主要媒介载体，而其中《新青年》无疑最具代表性也最有影响力。《新青年》由陈独秀于 1915 年 9 月 15 日在上海创办，最初名为《青年杂志》，自第二卷起改名为《新青年》。《新青年》的创刊宣告五四新文化运动的开始，五四运动后《新青年》逐渐成为宣传马克思主义的主阵地，并在 1923 年 6 月后成为中国共产党中央机关刊物，直至 1926 年停刊。它是最早系统介绍和传播马克思主义的期刊，对当时青年的思想引导及民众思想解放都起到重要作用。《新青年》的创刊者和主要作者都是当时国内先进知识分子的代表且具有相当的学术影响力和社会感染力，这使得《新青年》在当时的青年及知识分子群体中知名度颇高，具有良好的受众基础，这也直接助推了《新青年》刊载的马克思主义的传播效力。此外，《新青年》既是马克思主义传播的重要窗口，也是中国共产党诞生的摇篮。（田子渝、王华 2015：3）李大钊、陈独秀既是《新青年》的创编主力也是中国共产党的主要创始人。陈独秀、李汉俊、施存统等五人于 1920 年 6 月在《新青年》编辑部宣告成立中国第一个无产阶级政党"社会党"，后在李大钊建议下改为"共产党"。同时，《新青年》的刊发内容也从"不谈政治"转向了"主谈政治"，陈独秀将上海共产主义小组早期成员陈望道、李汉俊、李达、沈雁冰等吸收进编辑部，确定了《新青年》的马克思主义传播方向。《新青年》还成为各地具有共产主义思想的进步知识分子和进步青年的联络处，正是在《新青年》人的积极联络和筹划下，中国共产党于 1921 年 7 月正式诞生，之后《新青年》还成为党的正式机关刊物。如果说马克思主义的译介传播为中国共产党的创立奠定了理论基础和人员准备，同时中国共产党的成立进一步推动了马克思主义的译介传播，那么以《新青年》为代表的传播媒介无疑是二者的催化剂和融合剂。

　　除《新青年》外，新文化运动时期还有一批报刊也译介传播了马克思主义，虽然在刊文数量及影响力方面不及《新青年》，但也是这一时期马克思主义传播媒介的代表。如《星期评论》、《民国日报》"觉悟"副刊、《晨报》副刊、《共产党》、《时事新报》"学灯"副刊等，这其中有积极宣传马克思主义的期刊，也有持反对意见的刊文，如邵力子所言："马克思主义研究会斗争的对象，在上海以《时事新报》及其副刊《学灯》为主，在北京以《晨报》为主。因为他们反对马克思主义，在青年中有影响"[1]，但是不管赞同与否，对马克思主义的译介讨论都在客观上推进了马克思主义的传播。正如中共中央编译局出版的《五四时期期刊介绍》（1959：1）所指出，五四运动时期出版的期刊"为数众多"，是研究马克思主义思想运动的重要资料。1917 到 1922 年六年中出版期刊 1626 种，平均每年出版期刊 271 种。（叶再生 2002：1032）如单是《新青年》第 7 卷第 2 号所刊登的"新刊一览"，就列有 35 种新报刊。当然，同时期北洋政府也以各种名义查禁进步的书籍和报刊。这些宣传新思想的刊物数量众多、范围广泛，形成了当时颇为壮观的媒介阵营，尽管有的刊物并非宣传马克思主义，但是其造成的新思潮传播势头为马克思主义的译介传播奠定了基础，营造了学思氛围。在传播马克思主义的期刊中，较有代表性的如《星期评论》，该刊创办于 1919 年 6 月，戴季陶、沈玄庐、李汉俊等人是主要撰稿人。尽管出版一年就因"本社言论受无形禁止"而停刊，且与《新青年》较为激进革命的风格相比《星期评论》更显保守温和，但其译介传播的马克

---

[1]　见邵力子 1961 年 9 月《党成立前后的一些情况》，载于《中国现代革命史资料丛刊"一大"前后》（二）第 61—75 页。

思主义及其主创人对马克思主义传播的贡献力不容忽视。尤以戴季陶、李汉俊为代表译介传播的马克思主义不但介绍了科学社会主义、马克思唯物史观及剩余价值论等内容，也报道了世界各国工人运动的情况，尽管在研究深度上有所欠缺，但是对马克思主义的译介视角及内容还是非常丰富的。该刊在 1919 年 10 月逐步变为赞同和接受马克思主义，译介马克思主义的内容也更为积极。尤其值得一提的是，陈望道最初翻译《共产党宣言》就是应《星期评论》的约稿，计划在该刊连载，而且戴季陶还提供了日文版底本供陈望道参考。《星期评论》建立的星期评论社也成为早期共产主义知识分子的聚集地之一，甚至《星期评论》停刊后很多作者还加入到《新青年》继续传播马克思主义，助力了《新青年》对马克思主义的传播力度。正如瞿秋白（1993：414）曾言，"五四运动之际，《新青年》及《星期评论》等杂志，风起云涌的介绍马克思的理论。我们的前辈陈独秀同志，甚至于李汉俊先生，戴季陶先生，胡汉民先生及朱执信先生，都是中国第一批的马克思主义者。可见，《星期评论》是新文化运动时期马克思主义译介传播的重要媒介。

此外，《民国日报》"觉悟"副刊也对马克思主义早期传播作出重要贡献。1919 年 6 月 16 日，"觉悟"副刊首次在上海《民国日报》第八版出现，早期共产主义知识分子邵力子任主编，陈望道助编。之后六年中，"觉悟"副刊从译载国外他人著译作到译载经典作家原著共刊发介绍社会主义革命理论的文章五十余篇。尤其值得一提的是，该刊 1925 年 2 月连载了丽英翻译的昂格斯《空想的及科学的社会主义》译文，这也是恩格斯《社会主义从空想到科学的发展》一书首个中文全译文。但"觉悟"副刊自 1925 年 5 月邵力子离沪后发生了很大变化，不再介绍马克思主义，甚至刊发反革命舆论。尽管后期的变化令人遗憾，但是其前期对马克思主义的传播影响不容忽视。该刊在上海发行，且基本天天发刊，从发行数量到发行时间再到发行范围都超过其他革命"月刊"或"周报"。1922年5月10日《晨报副镌》第四版还刊发了《觉悟汇刊》的广告："从一九二零年七月起，每月汇订成册。每册内容三十余万字，定价三角。前年七八九十十一及去年一月的已卖完，今年三月的已订好，欲购的从速"。版面扩大甚至发行合订本，且售卖很快，足见该刊在读者中的受欢迎程度，这种媒介影响力无疑扩大了马克思主义的传播范围。

较有代表性的期刊还有《共产党》月刊。1920年11月7日，以陈独秀为中心的上海共产主义小组创办了《共产党》月刊，至1921年7月7日停刊，《共产党》月刊共刊出6期，李达任主编。《共产党》发表的一百余篇文章中，主要包括如下内容：一是关于共产党建设的相关资料，包括列宁著作及国际共运相关文献的翻译，如《国家与革命》（节译）、《加入第三次国际大会的条件》《美国共产党宣言》《美国共产党党纲》等；二是关于俄国革命以及革命后苏联现状和布尔什维克领导人的介绍，如《俄国共产党的历史》《为列宁》《劳农制度研究》等；三是在"世界消息"栏目对各国社会党、共产党及劳工运动的报道和评论。其中翻译文献的主要来源，仍是来自美国的英文期刊，除了前述《苏维埃·俄罗斯》周刊外，还有美国社会主义期刊《阶级斗争》（*The Class Struggle*）、美国统一共产党党刊《共产党》（*The Communist*）等。《共产党》作为中共上海发起组的理论机关刊物，并不大范围公开发行，而是以秘密出版为主，因此，它宣传的马克思主义列宁思想主要是针对内部成员，为建党做了必要准备。

当然，如果进一步分析译介传播马克思主义的各报刊期刊还会发现，有些撰稿人不只在一种期刊报纸上发文，有些关于马克思主义的文章或译述会被他刊转载引用，甚至针对马克思主义还会有各异的阐释与解读。但正是通过当时不同报刊媒介的大力推介和传播，马克思主义才逐步引起关注、深入人心。如 1919 年 7 月 30 日《觉悟》刊文所讲："这新思想之形成、本来是极迟缓的。且新思想欲弥布于多数人心中，尤其迟慢。"从这个意义上看，这一时期大量的报刊期刊反复宣传译介马克思主义，凭借报刊期刊发行周期短、覆盖范围广、及时反馈快的优势极大推动了马克思主义在中国的传播。以《新青年》为代表的传播媒介搭建了马克思主义译介传播平台，而同时马克思主义的传播也深刻影响了传播媒介的导向趋势。正如齐卫平（2019：28）所指出，传播新思想的刊物大量涌现，为五四运动结缘马克思主义创造了条件。有两个事实可以证明。其一，《新青年》的创办者和作者群中为数不少的人成为中国第一批接受马克思主义的代表性人物。其二，在五四运动后，《新青年》的办刊方向转向宣传社会主义，1920 年 9 月改组成中国共产党上海发起组的机关刊物。《新青年》的发展过程也是早期马克思主义者孕育的过程，知识分子在这个过程中完成了脱胎换骨的思想蜕变。

还需注意的是，除了报刊期刊，这一时期译介传播马克思主义的媒介还有出版机构及马克思主义研究会社。自晚清民初兴起的出版机构是传播登载西学的重要载体，及至新文化运动时期，出版机构仍是译介宣传新思想的重要媒介，马克思主义的译介传播也有赖于当时的出版机构。以《新青年》为例，最初是由群益书社出版的，后编辑、出版双方由于办刊主张及定价等分歧出现矛盾而决裂，于是陈独秀组织筹建了新青年社，自主发行《新青年》杂志并出版了诸多书籍，其中有不少宣传马克思主义、社会主义和工人运动的书籍。而这一时期还值得一提的出版机构就是社会主义研究社，这是中国红色出版的源头，陈望道翻译的《共产党宣言》首译本就是由社会主义研究社出版发行的。陈望道受《星期评论》邀约翻译《共产党宣言》并计划在该刊连载，但是翻译完成后《星期评论》遭到查禁，而《共产党宣言》的价值对于筹备建党非常重要，因此这部译作亟须出版。在当时推动建党的俄共（布）代表维经斯基的支持和资助下，陈独秀等人在上海法租界租了一间房，建立了"又新印刷所"这一小型印刷厂，以社会主义研究社之名出版了10本社会主义小丛书，《共产党宣言》陈望道译本就是小丛书第一种。而该译本问世后，在接下来的十余年间不断再版重印，出版机构功不可没。据统计，该译本先后有人民出版社1921年版，上海平民书社、社会主义研究社、上海书店、同光书店、太原晋华书社1924年版，广州国光书店、上海平民书社1925年版，上海平民书社、广州国光书店1926年版，汉口党化社、汉口长江书店1927年版，上海春江书店1933年版，江西瑞金马克思主义研究会1934年版，汉口人民书店1937年版，延安青年出版社1937年初版、1938年再版，上海新文化书房1938年末版。[1]这其中绝大部分书店和出版社都是在中国共产党成立后创建的，其中最具代表性的就是中国共产党于1921年9月1日在上海创办的人民出版社，组织出版马克思列宁的著作，这也是中国共产党创办的第一个出版机构。该社成立不久，在第一份官方文件《中国共产党中央局通告》中就部

---

[1] 参见范强鸣（2012：19—35）。

署了人民出版社当年的出版计划，包括"马克思全书"15种、"列宁全书"14种、"康民尼斯特丛书"（即"共产主义丛书"）11种和其他9种。可见人民出版社在建立之初就定位为出版传播马克思主义，为党的理论建设服务。尽管受条件限制，当年没有按计划全部出版，但是仍出书17种，包括《共产党宣言》（陈望道译）、《工钱劳动与资本》（袁让译）、《资本论入门》（李汉俊译）等。这是马克思主义在中国首次有组织、有计划的出版，也开启了中国共产党系统化、体系化传播马克思主义的进程。除人民出版社外，中国共产党还在广州开办了平民书社，在上海创办了上海书店，销售宣传马克思主义著作，这种翻译、出版、推介、销售的系列规划极大地促进了马克思主义经典著述的传播，为进步青年和先进群众了解马克思主义奠定了基础。

同一时期为研讨、宣传马克思主义而成立的研究会社也是重要的传播媒介。其中影响力最大的就是李大钊于1920年3月在北京大学创立的"马克思学说研究会"，次年11月17日《北京大学日刊》刊登的研究会启事中申明："本会叫做马克思学说研究会，以研究关于马克思派的著述为目的"。当时研究会设立了专门的图书馆，名为"亢慕义斋"（意为"共产主义室"），收集了大量的汉、英、俄、德等有关马克思主义的著述著作。研究会不但翻译、刊印相关著述，组织研讨会研究马克思主义的基本理论及探讨国内外大事，还主办讲演会邀请知名学者和进步人士宣介马克思主义相关理论。马克思学说研究会是集中研究宣传马克思主义的理论团体，代表了当时马克思主义理论的最高水平，对马克思主义传播及其在中国的建构发展都具有开拓性贡献。除此之外，新文化运动时期全国范围内也相继成立了诸多宣传马克思主义的社团组织，如陈独秀等在上海发起成立的"马克思主义研究会",毛泽东等在长沙创办的"新民学会"及"文化书社"和"俄罗斯研究会",恽代英等在武汉创办的"互助社"及"利群书社",周恩来等在天津创办的"觉悟社",黄道等在南昌创办的"改造社"及《新江西》杂志,王尽美等在济南创办的"励新学会"等。随着马克思主义者队伍的壮大,各地相继成立了共产主义小组,这些学社组织深化了对马克思主义的认知理解,使马克思主义在中国的译介传播开始向纵深发展。正如石仲泉(2019:6)所指出:"在那时,凡是学校和知识分子较多的地方,几乎都有学习和研讨马克思主义思想的社团组织。这些团体如雨后春笋般涌现,其成员或是依托所办刊物发表文章和译作,或在内部开展学习和讨论,或是通过团体经销有关书籍、刊物,对宣传马克思主义发挥着重要作用"。

其次,新文化运动时期马克思主义译介传播的诉求规划与社会语境和译者立场紧密相关,当时译入传播的马克思主义意在回应当时的社会诉求及译介者的主体规划。五四运动后,马克思主义在中国的译介传播已不仅仅是新思想新思潮的介绍,而是成为中国无产阶级运动的理论指导并与中国革命进程紧密相关。对马克思主义的译介宣传更多关注实践层面,对苏俄社会主义实践报道很多,同时也开始关注国内工人阶级状况及工人运动走势。以报刊为主体的传播媒介扩大了马克思主义的传播范围和影响力,也使马克思主义开始由精英知识分子走向普通大众。当时中国的社会现状就要求马克思主义必须立足解决中国社会问题,因此,马克思主义是作为解决中国问题的理论武器和理论工具得以传播的,社会诉求决定了理论传播的初衷与定位,理论传播的目标也必然指向回应社会诉求。正如马克思在1844年《〈黑格尔法哲学批判〉导言》中所指出,"理论在一个国家实现的程度，总是决定于理论满足这个国家的需要的程度"（中共中央马恩列斯著作编译局 1995：11）。

　　同时，马克思主义的译介传播也必然体现译介者的主体规划，即通过马克思主义传播要实现其个人或组织的政治主张和革命规划。对马克思主义持怀疑和反对态度的知识分子通过抨击、诋毁马克思主义来彰显自己信奉的主义立场，即使是赞同支持马克思主义的进步知识分子在不同阶段、出于不同考虑对马克思主义的传播立场和传播角度也有差异。如李大钊对马克思主义做过最早的较为系统和深入的介绍，并重点探讨了阶级斗争学说和唯物史观的内容；陈独秀则更注重对国家时局的观察分析，从更为开阔的国家、阶级、政党和民众运动的视角表达其马克思主义主张和立场。中国共产党成立前进步知识分子对马克思主义的译介还以按需择取为主，而在中国共产党成立后，则以组织规划的形式开始推进马克思主义著述的完整、系统化译介传播。信仰马克思主义的进步知识分子在马克思主义引导下创建了中国共产党，并以马克思主义作为党的理论基础和行动指南，以此谋划中国革命的路径方向及实现民族自强的实践措施。从这个意义上讲，新文化运动时期的马克思主义传播是译介主体寻求救国之路的理论探索与实践规划，在基于中国现实语境下对马克思主义的译介阐释中逐步探索出一条马克思主义本土化及至中国化的道路，马克思主义在调适与融合中建构起异域理论与本土实践相契合的话语体系，新文化运动因为马克思主义的广泛传播而实现了质的提升。

　　从根本上讲，新文化运动时期以报刊期刊及出版机构为主的传播媒介既是为了回应当时汲取西方新思想以救国图强的社会诉求，也是进步知识分子探索变革路径的规划之举。在译介传播马克思主义的过程中成长起中国最早的马克思主义者，在探索马克思主义与中国实践相结合的过程中激发了中国无产阶级的革命觉悟。马克思主义译介传播联结起中国先进知识分子与中国工人运动的结合，如石仲泉（2019：13）所言，中国先进知识分子与工人运动结合后实现了双向飞跃，即一方面，中国先进知识分子通过"结合"开始实现自己的思想飞跃，成为中国第一批共产主义者；另一方面，通过接受马克思主义理论初步了解自己历史使命的工人阶级，开始实现由自在阶级到自为阶级的飞跃，使创建马克思主义政党有了先进阶级基础。

第四节　翻译选择与动因影响

　　新文化运动时期译介传播的马克思主义仍以章节片段的摘译和转译为主，尽管出现了《共产党宣言》和《社会主义从空想到科学的发展》两部著作的全译本，但正是那些被选择传播的马克思主义思想片段彰显了其背后的多重动因并直接影响了马克思主义在当时的传播模式及接受效果。翻译在本质上是决策之举（decision-making），即由译介者作出选择。因为这一时期译介传播的马克思主义并非直接译自原作，而多是转译自日文马克思主义著述和译作，因此可以说，新文化运动时期的马克思主义翻译选择是"建立在已有的选择基础之上（the selection is made already from a selection）"（Wolfgang Bauer, 1964：1）。此处暂不探讨中日马克思主义翻译传播之关联及对比情况，而是主要关注新文化运动时期在中国译介传播的马克思主义选择了哪些内容，为什么选择这些内容及其影响如何，以此由表及里探析马克思主义译介传播表象之下的动因及衍生的影响。

　　翻译选择并非译者的任意、无意之举，尤其在异质思想翻译传播早期，选择了什么、舍弃了什么体现了译入语语境的需求，选择次序及偏重更是决定了对异质思想体系的认知建构模式，这些考量远比译文准确与否更值得关注。经历了 20 世纪早期对马克思主义的零碎译介及短暂的沉寂之后，新文化运动时期的马克思主义翻译传播更具目的性和实践性，选择的内容渐呈体系化，阐释方式多为译、述、评、介相结合，翻译选择紧贴社会诉求及主体规划。正因为这一时期直接翻译的马克思主义内容有限，更多是转译、转述的间接介绍和评价，因此，此处有必要对翻译选择中的"翻译"范畴做一解释。Shuttleworth 和 Cowie（1997：181）曾指出，翻译是一个可以用许多不同方式理解、宽泛得令人难以置信的概念。对翻译的定义取决于研究目的和视角。Toury 认为翻译没有"固定的"身份，因为受到不同社会文化语境的影响和制约，所以翻译必然会有多种形态[1]。他把翻译定义为"不论何种情况，只要以翻译形式出现或是被当作翻译，任何目标语语句都可以视为'翻译'"，并进一步提出了"假定翻译（assumed translation）"的概念[2]。从这个意义上讲，所有的直译、意译、改编、转述、改写甚至是以翻译之名存在的文本都可视为翻译。新文化运动时期的马克思主义翻译传

---

[1]　参见 Gentzler（2005：126）。

[2]　对翻译的定义原文为："a 'translation' will be taken to be any target-language utterance which is presented or regarded as such, on whatever grounds"（Toury 1985：20），后来提出了"assumed translation"来指代这类翻译，原文为："...assumed translations; that is［...］all utterances which are presented or regared as such［as translations］within the target culture, on no matter what grounds"（Toury 1995：32），转引自 Pym（2007：58—59）。

播研究对象就是所有关于马克思主义的译述评介，对马克思主义的所有论述都视为传播内容意即翻译选择之内容。

新文化运动时期译介传播的马克思主义主要是其社会主义思想，尤其是关于阶级分析、阶级斗争及革命行动的内容，甚至无产阶级专政思想也现端倪，同时，唯物史观也开始受到关注，而经济学思想虽有涉及但是并未引起过多注意。译介传播的内容主要源自《共产党宣言》，也有出自《哥达纲领批评》、《经济学批评》序文及《资本论》等著作思想的内容。这一时期出现了两部马克思主义经典文献的完整译文，《共产党宣言》首个全译本（1920）和《社会主义从空想到科学的发展》首个全译本（1925）的问世及反复再版重译体现了国人对社会主义理论及实践的兴趣。五四运动前，社会主义思想在中国就有一定的传播基础。1916 年 12 月《民国日报》第 321 号在本埠新闻中列有《纪社会主义讲习会》一则新闻，讲道："中国不出五十年必至社会革命之阶级，若中国人不于此时预先将社会主义研究及社会问题解决疏非智者"，并提出若干宣传方式。可见，社会主义仍是最受关注的西方思想，尽管这时对社会主义的理解还存在混淆和误解。《新青年》早期以文学译介和思想传播为主，曾设"国外大事记"和"国内大事记"栏目介绍时政新闻，还设有通信和读者论坛栏目，回复读者反馈。胡适在《新青年》6 卷 3 号给读者对"译戏剧"提出质疑时的回信中曾说："我们的宗旨在于借戏剧输入这些戏剧里的思想"。这种以新思想为主的传播定位也决定了《新青年》译介传播的马克思主义是作为新思想被国人所了解和认识，甚至五四运动后，《新青年》在宣传推介马克思主义时也表现出包容、开放的态度，对其他思想主义并不一味否定，如在马克思主义研究号中就刊登了无政府主义者黄凌霜的《马克思主义批评》一文，还相继开展关于社会主义、无政府主义的讨论，在与非马克思主义思想的辩驳中对马克思主义有了更为深刻的理解。可以说，新文化运动时期选择的马克思主义思想内容不但最契合当时的社会需求，还在反复讨论与论争中逐步深入人心。

"五四"运动后，马克思主义对国人来说已不仅是新思想、新文化的一种，而逐渐成为"救国图强"的思想武器和实践指南，传播马克思主义是为了将其融入中国语境并实践其社会主义运动，对马克思主义的内容选择凸显实践诉求。1915—1917年关于社会主义学说及马克思主义的文章刊行极少，只有零散的宣讲社会主义的演说会或小册子发行。1918年开始，才出现6篇译介列宁其人其说及俄国革命胜利的文章，而进入1919年相关文章数量激增至63篇，而后马克思主义在中国的译介传播进入平稳期。因此，"十月革命的一声炮响"并没有马上给中国送来马克思主义，而是之后几年中国先进知识分子主动把经过实践验证的马克思主义思想逐步引介入中国。首先，马克思主义的科学社会主义思想对中国的革命实践最具启发与指导意义，因此相关的译介内容最多，并聚焦阶级斗争、革命措施及行动纲领、劳农专政等内容。随着《共产党宣言》序言及第一章的反复译介，"人类历史就是阶级斗争的历史"已为国人熟知，十月革命的胜利及国内外民族危机的加剧使无产阶级知识分子坚信阶级斗争已成为民族图存的唯一途径。1919年4月6日《每周评论》第6号发表了"舍"译的《共产党的宣言》一文，虽名为《宣言》，其实只摘译了第2章《无产者和共产党人》十条纲领及其前后几段话，着重论述了科学社会主义的理论核心——无产阶级专政的思想。译者在译文前按语里写道："这个宣言是马克思和恩格斯最先最重大的意见。其要旨是在主张阶级战争，要求各地劳工的联合，是表现新时代的文书"。彰显出这一时期国人急于实践马克思主义的迫切心情，"战争"一词的出现也体现无产阶级知识分子已经意识到无产阶级专政手段实施的必要性。此外，《新青年》还刊发多篇文章引用《法兰西内战》《哥达纲领批评》的论述来阐明阶级斗争必然导致无产阶级专政，并将阶级斗争与唯物史观联系起来，指出二者的内在统一性及无产阶级专政的必然结果。其次，唯物史观也引起了国人的极大注意。进入 1919 年后，唯物史观译介传播出现高潮，至《共产党宣言》全译文出版，仅题目中直接出现"唯物史观／唯物"字样的译文就多达 17 篇，还不算用唯物史观分析中国社会各种现象的文章及散见于其他马克思主义译文中的唯物史观，其中最引人关注的就是关于阶级斗争主线和经济发展原因分析的内容。如 1919 年 5 月，《晨报》副刊刊登了河上肇著、渊泉译的《马克思的唯物史观》一文，指出马克思唯物历史观比较有系统的东西"只有《共产党宣言》和《经济学批评》的序文"，译者在分析的同时还加入其个人观点："马克思的唯物史观，我想称他为经济史观。总而言之，观察社会的变迁，以物质的条件，再适切说起来，以经济的事情为中心，这就是马克思的历史观的特征了"。再如 1919 年 12 月 9—27 日，《觉悟》转载了《建设》第 1 卷第 5 号胡汉民的《唯物史观批评之批评》一文，该文连载了见于《神圣的家族》、《哲学的贫困》、《共产党宣言》、《赁银劳动及资本》、《法兰西政变论文》、《经济学批评》序文、《资本论》第一卷、《资本论》第三卷中的唯物史观思想，内容分析之广，实属少见。可见，译者不但以译评结合的方式融入了自己对于唯物史观的认识和理解，还体现了唯物史观体系化的建构过程。对于唯物史观的相关内容不但有重复译介、摘译和转译，还有批判的声音[1]。唯物史观的体系化译介不但引发了对马克思《共产党宣言》以外的著作的译介和分析，而且引发了对马克思学说整体体系的重新梳理和建构，对后来的马克思主义完整、体系化研究和译介影响深远。最后，这一时期也开始对马克思主义经济学思想有所关注，出现了一些译介马克思经济学说的译文。自1919年5月9日—6月1日《晨报》刊载了食力译的《劳动与资本》[2]一文，仅1919和1920年就有13篇文章专门译介马克思的经济学说，主要集中在《资本论》、商品生产、剩余价值和资本劳动等内容的译介。虽然马克思的政治经济学思想自成体系，但是其经济学思想在中国的译介和传播应该归于唯物史观广泛译介的影响，甚至可以说唯物史观的传播引发了马克思主义经济学思想的翻译。

新文化运动时期马克思主义译介传播的翻译选择顺序与其原著创作顺序并不一致，这也是思想翻译与文化碰撞中选择与取舍的必然结果。这一时期最先完整译入中国的马克思主义文献《共产党宣言》和《社会主义从空想到科学的发展》都是日本最先译介的马克思主义文献，受到日本的影响自不必说，当然也有其在中国语境下完整译介传播的必要性。一方面这两本书都是马克思科学社会主义

---

[1] 如1919年10月7—9日、12—14日，《觉悟》刊登了高田保马译、衡重译的《姑羅巴利教授的唯物史观评》一文，讲到了当时对唯物史观研究、辩护和搏击的著作特别多，"从没有像马克斯的唯物史观这样，同时候、受很敷浅的批评和犀利深邃的批评的。"在众多批评著作中，"加伯里教授所著的 Ole Premesse Filesof ohe bel Socialsmo 这一部书、议论确实、始终没有失他很严肃的'客观的态度'、要算批评马氏学说里面最有价值的书了。"该文对马克思唯物史观和辩证法进行了较为深入的批判。

[2] 即马克思的《雇佣劳动与资本》一文的译文，这也是目前可查的马克思最早的一篇中文全译文。

思想的代表性著作，尤其是《共产党宣言》更是浓缩了马克思科学社会主义思想精华，其中也论述了关于马克思唯物史观及经济思想的要点，是总体了解马克思主义的纲领性文献；另一方面则因为这两本书篇幅都比较短，且论述清晰、语言通俗易懂，便于阅读传颂，译介传播方便快捷。而中国共产党成立后，对马克思主义的翻译选择更具系统性和规划性，不但出版系列丛书，还结合中国语境探讨马克思主义的本土化实践，显然新文化运动时期的马克思主义翻译选择更重其实践性而非学理性。总之，最先、最多被选择的社会主义思想迎合了国人急于求变的愿景，并在反复的选择与阐释中以马克思学说最为重要且最具代表性的《共产党宣言》为载体经历了转述、摘译、节译到最后全译本问世，见证了马克思核心思想在选择与较量中被国人逐步认识和接受的过程。而后在俄国革命胜利、国内外民族危机四伏以及国内民主主义革命热情高涨的背景下，马克思主义关于人类社会历史发展规律的唯物史观开始引起国人注意并得到大量译介和传播，"阶级斗争贯穿人类社会发展的整个历史"这一历史观坚定了中国无产阶级知识分子的斗争信念，阶级斗争以及无产阶级夺取政权的革命措施在反复译介中逐渐得到强化。在探究唯物史观的经济观同时译介了马克思的政治经济学思想，剩余价值、资本、雇佣劳动等经济学概念开始被国人所了解，资本主义社会的经济发展规律从另一个角度证明阶级对立及斗争的必然走势。

如果说社会主义思想当初是随着进化论盛行而开始传播，那么唯物史观的译介则带动了经济学思想的传播并开启了马克思主义在中国的体系化建构过程。思想翻译的延续性使每一个阶段的译介都为下一个阶段奠定了基础，没有新文化运动时期看似零散实则丰富的马克思主义译介传播内容，就不会出现后来完整、系统的马克思主义翻译。从这个意义上讲，新文化运动时期选择译介的马克思主义奠定了马克思主义在中国的体系化建构基础，是马克思主义中国化历程中不容忽视的一环。

翻译动因是翻译选择的内在逻辑和根源所在，涉及多重因素影响。新文化运动时期翻译选择的马克思主义既有源自日本的马克思主义译述论著，也有关于俄国的革命实践理论，前者与20世纪初期就开始的零碎译介一脉相承，偏重学理阐释，而后者则是马克思主义经过革命实践印证后的现身说法，更具示范性和实践意义。根据Pym所总结的翻译原因[1]，可以从物质原因、最终原因、形式原因和效率原因四个方面分析新文化运动时期的马克思主义翻译。马克思主义思想经由日文著作转译入中国，而且随着翻译内容的深入和完善，翻译源头开始扩展到俄国和欧美，那么各种相关的源文著作实际都是马克思主义翻译得以发生的物质原因，而其中源自日文的马克思主义文献是最主要的物质原因；马克思主义翻译经过前期的选择、比较和权衡，开始受到越来越多的关注和认可，此阶段对马克思主义的翻译就是为了在中国实践其思想主张，以填补这一时期的思想空缺，实现救国图存的目的，这是最终原因。而Pym（2007：154）曾指出，如果最终原因占据主要地位，那么其影响力则远超源文本的物质原因。所以，为了译介实用有效的马克思主义思想，源文本是否是马恩原著也就不那么重要了，从日、俄间接译介马克思主义在根本上是马克思主义在中国得以接受和确立这一最

---

[1] Pym采用亚里士多德归纳的四大类原因来探析翻译事件及翻译现象发生的背景根源，本文借助这一分类来剖析五四运动后马克思主义翻译的根源。参见Pym（2007：149）

终原因所呼唤的。形式原因似乎更多是关于译文与源文之间的"忠实对等",但是其根本还是对译文的一种自我界定和认可。马克思主义早期翻译就是在摄取西学新思想过程中对马克思主义的译介传播,因此只要是对马克思主义的译介和评述,不管其准确与否,即使添加了个人评价和判断,都可视为对马克思主义的翻译。形式原因使马克思主义可以摘译、节译、释译等多种方式存在,并赋予了翻译中增减译及改译存在的合理性。效率原因就是作为翻译主体的译者,正因为译者的存在才使翻译活动得以发生,而且译者的行为直接影响到翻译的效力。译者的主体决策是翻译事件发生及发展的核心主线,所以马克思主义以何种方式被国人所认识和接受,在很大程度上取决于译者的操控行为。新文化运动时期具有进步意识的知识分子积极引介马克思主义,并将其与中国社会文化语境相融合,促进了马克思主义在中国的本土化建构,也成长起中国的马克思主义者。正是基于如上原因,马克思主义具备了充分的翻译动因,其翻译传播成为一种历史的必然。

新文化运动时期的马克思主义翻译是马克思主义中国化历程的开端,对中国社会发展及中国革命走势产生了重要影响,这一翻译过程与其翻译影响是融合共生的。首先,马克思主义翻译是由当时进步知识分子展开的,同时在译介传播马克思主义的过程中也培养了中国最早一批马克思主义者。思想的传播只有深入人心才能真正达成,中国只有出现了真正信仰马克思主义的传承者,马克思主义才能在中国立足扎根。新文化运动时期的马克思主义翻译传播不但影响了当时进步知识分子,还对当时尚为青年、后来成长为中国马克思主义者的一代领导人产生了深远影响。如新文化运动时期陈望道翻译的《共产党宣言》是第一部马克思主义文献全译本,毛泽东同志在 1936 年就曾对斯诺说过："有三本书特别深刻地铭记在我的心中，建立起我对马克思主义的信仰。我一旦接受了马克思主义对历史的正确解释以后，我对马克思主义的信仰就没有动摇过。这三本书是《共产党宣言》，陈望道译，这是用中文译出的第一本马克思主义的书……"尽管对于毛泽东看到的《共产党宣言》译本是否是陈望道所译有待商榷，但《共产党宣言》译本所产生的影响是毋庸置疑的。

其次，更为重要的是，马克思主义翻译传播为中国共产党的成立奠定了理论基础并为党的成长发展提供了理论指导。没有马克思主义，就没有中国共产党。五四运动后的马克思主义翻译传播催生了酝酿筹备建党的想法，《新青年》对上海、武汉、广州等地的党组织早期筹建都有着直接指导作用。陈望道翻译的《宣言》首个中译本与中国共产党的创立发展紧密相关。此译本一问世，就被中国共产党的上海发起组自觉作为自己的理论武器来研究和运用，重新考察中国的前途和命运问题。在中国共产党的历史上，有两个"宣言"就是直接参照《共产党宣言》拟定的，一个是 1920 年 11 月上海共产主义小组起草的"中国共产党宣言"、一个是 1929 年中国共产党红军第四军军党部拟定的"共产党宣言"，它们对于推动中国革命胜利起了重要作用。1920 年的"中国共产党宣言"实际上就是中国共产党的纲领草稿，其中包括三个方面：一是讲共产党人的最终理想目标，就是要创造一个共产主义的新社会；二是讲目前斗争的策略和任务，就是要以俄为师，组织无产阶级和劳动群众进行阶级斗争，铲除现在的资本制度；三是讲斗争的结果，即建立无产阶级专政，进行社会建设并最终实现共产主义。该文献是我们党对《宣言》思想的最初应用，对后来党的纲领路线的形成发挥了重大作用。可以说，中国共产党的诞生和发展是与《宣言》等马克思主义经典著作的翻译、研究以及传播、运用紧紧联系在一起的。

再次，新文化运动时期的马克思主义翻译传播是马克思主义在中国被逐步接受并成为中国主流意识形态的重要起点，为马克思主义在中国的体系化建构及阐释模式奠定了基础，开启了马克思主义中国化的早期实践。再以代表性期刊《新青年》为例，不管是对马克思主义基本原理的译介、对俄国革命和列宁主义及社会主义模式的描述、对世界社会主义运动的介绍，还是与反对马克思主义的思想派系展开的论战，"都有助于深化共产主义知识分子对马克思主义的认识，提高他们的理论水平，坚定他们的共产主义信仰，加速他们的转变。他们一旦掌握了这一强大的思想武器，同时又在中国近现代社会'中国化'历史语境的催化作用下，就会很快地产生把马克思主义理论运用于中国社会实践的想法，并付诸于实践"。（王连花 2011：53）同时，新文化运动时期的马克思主义翻译既充分体现了译者的主体阐释作用，也在各种论辩中奠定了马克思主义翻译传播注重灵活性、实践性的阐释原则，反对将马克思主义教条化，注重把握马克思主义的精髓并在实践中不断创新完善马克思主义，从而形成具有中国特色的马克思主义思想体系，这也在一定程度上奠定并引导了之后的马克思主义翻译传播模式。

最后，这一时期的马克思主义翻译传播是新文化运动的重要内容，对当时的文化变革和出新也产生了重要影响。马克思主义翻译传播引发的思想热议激发了当时知识分子以救国图强为目的的民族道路探索，也间接影响了文学翻译所承载的思想内涵，这对当时中国思想文化体系产生了一定冲击。而更为重要的是，马克思主义翻译作为思想文化交流的一部分，其译介产生的新词与新文化运动倡导的"白话文"运动一起对当时的民族语言发展起到了重要作用。利用翻译来发展国语在古今中外都十分普遍，最具代表性的例子就是马丁·路德翻译《圣经》，大力推动了现代德语的建立[1]。马克思主义思想中特有的概念和术语原是汉语中没有的，而日本在译介马克思主义的过程中创立了众多新的译名，于是国人在从日本译介马克思主义的过程中也随之带来了许多新的词汇和概念[2]，这对于丰富汉语表达具有积极的作用。同时，新文化运动倡导的白话文文体也为马克思主义翻译带来了文体上的变化，使其更易被理解和接受。采用白话文形式来译介马克思主义无疑使马克思主义更具可读性，也扩大了马克思主义的传播范围和受众对象。当然，马克思主义翻译对于新文化运动的促进和丰富还表现在译介新思想的同时，还输入了新的语言形式，而这对处于语言转型时期的民众具有一定的影响力。瞿秋白就提倡通过翻译的途径，把外语当中新的表现法输入汉语中，以丰富汉语的结构，"翻译——除出能够介绍原本的内容给中国读者之外——还有一个很重要的作用：就是帮助我们创造出新的中国的现代言语"（方华文 2008：232—233）。马克思主义

---

[1] Delisle & Woodsworth 的《历史上的翻译家》（Translators Through History）一书中专门讲到了翻译与国家语言的发展 "Translators and the Development of National Languages"。（见 Delisle & Woodsworth 1995：25—26）

[2] 关于经由日文译介入中国的马克思主义概念和术语可参考李博（2003）《汉语中马克思主义术语的起源与作用》一书。应该指出的是，不光是马克思主义翻译，经由日文译介的西方社会科学和自然科学书籍也带来大量的新词和概念，这是思想翻译传播中必然存在的现象，也彰显了翻译对民族语言发展所起的作用。

翻译所带来的语言上（包括语言形式上^[1]）、思想上及至文化方面的变化正是翻译对本土社会文化实施建构力的体现。

总之，新文化运动时期的马克思主义翻译是马克思主义在中国从无意被动被译入到有意主动去选择的过程，零碎译介逐步被系统完整译介所取代，其学理性让步于实践性，马克思主义中最契合中国语境诉求与译者规划的内容在反复选择与阐释中逐步融入中国思想文化体系，并在实践探索中逐步建构起马克思主义中国化内涵。新文化运动为马克思主义翻译传播提供了各种有利的历史条件，而马克思主义翻译也成为新文化运动的重要组成部分，二者互相促进，实现了思想传播与文化变革的融合。这一时期以日、俄、英为主的翻译源头及以转译、摘译为主的"译述混杂"译介模式呼应着译介主体的翻译立场及翻译策略，新文化运动时期兴起的期刊报刊为马克思主义翻译传播提供了有效的传播媒介和平台，社会诉求及译者主体规划决定了马克思主义翻译的内容选择及阐释模式，在"救国图强"等多层动因推动下马克思主义翻译传播对中国社会发展及民族革命进程产生了重要而深远的影响。新文化运动时期以翻译为起点和载体的马克思主义译介传播开启了马克思主义中国化实践历程，这一时期的马克思主义翻译、传播及其中国化实践是"三位一体"的融合，奠定了马克思主义从"译域"到"异域"的本土化传播及建构模式。

---

[1] 如标点符号的使用，马克思主义译文在这一时期开始出现标点符号的使用，使译文更加明晰易读。第一个从国外引进标点符号的是清末同文馆的学生张德彝。他在1868—1869年间完成的《再述奇》一书中记录了西洋标点的使用情况，但是他觉得这些标点繁琐，并非有意将之引入国内。

第四章　马克思主义经典文献翻译个案研究

文本是历史进程的反映和再现，马克思主义翻译文本记录了马克思主义在中国的传播印迹。新文化运动时期出现了对马克思主义文献的完整翻译，最先被选择完整译入中国的马克思主义文献不但契合了当时的社会诉求及规划，也对马克思主义在中国的体系化建构具有重要意义。新文化运动时期共有两部马克思主义经典文献被首次完整译入中国，即陈望道翻译的《共产党宣言》及恩格斯《社会主义从空想到科学的发展》一书的翻译。本章分别以两部文献的翻译作为个案，探究新文化运动时期马克思主义经典著作的翻译传播情况。

第一节　《共产党宣言》的翻译传播

《共产党宣言》（以下简称《宣言》）是马克思和恩格斯为世界上第一个无产阶级政党——共产主义者同盟撰写的纲领，是马克思主义思想的代表性文献。该书用德文写成，于 1848 年 2 月在英国伦敦问世。最初发表时宣称将用几种语言公布于世，至 19 世纪 90 年代就已经有 20 多种语言文字的译本。《宣言》对马克思主义学说做了概要、系统的阐释，是最早进入中国的马恩著作，也是中国人最初知晓和了解马克思主义的主要源头。《宣言》片段在 19 世纪末至 20 世纪初随着马恩之名被译介入中国，经传教士、资产阶级知识分子及无政府主义者等不同译者的选择和阐释，经历了节译、释译、转译等一系列重译过程，成为被翻译最多、重释最多的马克思主义文献。新文化运动前尽管没有《宣言》全译本问世，但是《宣言》的首尾段落及关于革命措施的"十条纲领"等内容被反复译介传播，从最早的只言片语到段落译介再到章节翻译，《宣言》的思想已在国人的反复择取与阐释中逐渐脱颖而出，为马克思主义在中国的早期翻译传播拉开了序幕。《宣言》早期的零碎译介和传播[1]为新文化运动时期《宣言》的进一步广泛传播及首个全译本问世奠定了基础，新文化运动时期《宣言》的译介模式映射了马克思主义在中国的本土化阐释及建构模式，其全译本的问世标志着马克思主义在中国的翻译传播进入了一个全新的阶段。

一、新文化运动时期《共产党宣言》的翻译评介

《宣言》在 20 世纪初经历了资产阶级知识分子的反复摘译与阐释后一度出现了暂时的平息，对社会主义的激辩热情转为观望犹豫的沉默。直到十月革命的胜利及五四新文化运动的兴起，一批具有先进意识的知识分子开始积极主动介绍马克思主义，《宣言》的翻译与传播也随之进入一个新的阶段。译者的主体意识形态决定了这一时期对《宣言》的译介在选择上具有明确的目的性、在理解上具有明显的操控性，《宣言》翻译出现了"译、述、评、介"互融的

---

[1] 关于《共产党宣言》在中国的早期译介传播情况可参见《〈共产党宣言〉在中国的早期翻译与传播》一文。（方红、王克非 2011：107—116）

趋势。

随着《新青年》创刊及 1917 年冬"马尔格士学说研究会"的成立，以及 1918 年 2 月《每周评论》的创办，《宣言》的翻译传播有了新平台，其译介也更有目的性和系统性了。如果说之前对马克思主义的译介更多是探索新思想，如今则是为了把新思想中最适合、最有用的内容引介入中国并进行实践，在内容选择和译介方法上既与之前的摘译、节译一脉相承，又开始向章节翻译与全文翻译过渡，并融入译者的诸多评介。

1919 年 4 月，《晨报》副刊刊登了渊泉所写的《近世社会主义鼻祖马克思之奋斗生涯》，介绍了马克思生平及主要著作的创作过程，在结尾提到《宣言》："而历史上学问上最有价值之《共产者宣言》（Communist Manifesto），即起草于此，一八四八年二月十四日发表于世，时马氏年仅而立也"。同年 4 月，《每周评论》刊登了署名为"舍"（成舍我）摘译的《共产党的宣言》一文，译介了《宣言》的十项纲领及其前后的几段话。这几段文字突出介绍了马克思主义关于阶级斗争的学说，为即将来临的革命风暴提供了理论指导。[1] 该文先对《宣言》的地位和价值进行了肯定，称之为"Marx 和 Engels 最先、最重大的意见"，并指出"其要旨在主张阶级战争，要求各地劳工的联合，是表示新时代的文书"。译者以"述、评"的形式明确强调了《宣言》中的阶级斗争观点，并采用了白话文形式迎合了当时新文化运动的潮流，对青年知识分子影响较大。对阶级斗争学说的强调体现了当时社会历史语境对革命斗争的选择与召唤，为后来的斗争做了理论上的宣传；对十条纲领的重译，也

---

[1]　参见《马克思恩格斯著作在中国的传播》（1983：247）。

不再是简单的介绍，而是为未来革命斗争提供可参考的行动纲领，做了行动上的准备，这些内容迎合了当时的社会诉求，无疑再次唤起人们对《宣言》的信赖和思考。

1919 年 5 月，《晨报》副刊登载了河上肇著、渊泉译的《马克思的唯物史观》一文，译介了《共产党宣言》第一节"有产者和无产者"中几段著名的论述。文章首先说明了译文的来源："此篇系日本研究马克思的大家河上肇所著的，简洁明瞭，颇有价值，特译出来，作研究的资料"。接下来介绍了《宣言》的成书过程并译介了《宣言》的起句和结论，通过转引他人的评述和一些补充信息，强调了其重要价值。与之前介绍《宣言》的文章不同，该文把《宣言》视为体现马克思历史观"比较有系统的东西"，文中摘译了《宣言》第一节内容，并称"这种思想，含有发源于他的历史观，是历历可考的"。可见，此时对《宣言》的译介已非孤立的文本解读，而是以译评结合的方式将其纳入马克思主义思想体系来讨论，这不但深化了对《宣言》的理解，也是马克思主义译介传播体系化的开始。同年 5 月，《新青年》第 6 卷第 5 号刊登了刘秉麟的《马克思传略》一文，介绍了马克思生平及《宣言》的成书及传播情况，并概述了《宣言》的结尾部分。

五四运动后，《宣言》翻译迎来高潮。1919 年 5 月和 11 月，《新青年》第 6 卷 5、6 号连续刊发了李大钊的《我的马克思主义观》一文，文中节译了《宣言》第一节的部分内容，所引部分与渊泉译的《马克思的唯物史观》一文内容大体相同。文中标明译语源自河上肇博士，节译部分是为了作为探讨唯物史观的研究资料。以"研究资料"来定位马克思主义，体现了早期马克思主义者探究思想内涵的决心和努力。本文概述了马克思主义学说的各个方面，并把《宣言》作为表现唯物史观的主要内容，着重分析了"阶级竞争学说"及第一节探讨有产者发展史所揭示的社会历史发展规律。在探讨《见于"共产者宣言"中的唯物史观》结尾时提到：

> 人人的观念、意见及概念，简单一句话，就是凡是属于人间意识的东西，都随着人人的生活关系，随着其社会的关系，随着其社会的存在，一齐变化。这是不用深究就可以知道的。那思想的历史所证明的，非精神上的生产随着物质上的生产一齐变化而何？

作者在援引译文的基础上进行了深入的评析，把《宣言》与马克思主义其他学说相结合，揭示了马克思唯物史观的经济史观内涵。尤其是关于"阶级竞争学说"的讨论，文中更关注阶级斗争与唯物史观的关系及其在马克思学说中的地位和意义[1]。李大钊的这篇文章基本上是转述河上肇在《社会问题研究》连载的《社会主义的理论体系》一文的相关内容，尽管文中观点与马克思原著的观点有很大出入，但仍是中国早期马克思主义者的代表之作，也是我国最早较系统介绍传播马克思学说的文章。

1919年8月，《南京学生联合会日刊》第50和52号刊登了张闻天的《社会问题》一文，文末引介了《宣言》的十条纲领。译文内容与《每周评论》刊登的"舍"摘译的《共产党的宣言》内容一致。同年11月，北大经济系学生李泽彰根据英文版译出了《宣言》

---

[1] 在唯物史观的决定论观点与作为历史的原则的阶级斗争理论的冲突中，李大钊明显地偏向阶级斗争一边，李的态度具有了唯意志论的特点。参见李博（2003：178）。

全文，题为《马克思和昂格斯共产党宣言》，在《国民》杂志第 2 卷第 1 号上发表了第一章，后为胡适劝阻，李撤回译文未再刊登，李的全译本也未见到。11 月 11 日至 12 月 4 日，《广东中华新报》刊登了匏安（杨匏安）的《马克思主义——一称科学社会主义》一文，文中第一段就写道：

> 马氏以唯物的史观为经，以革命思想为纬，加之以在英法观察经济状态之所得，遂构成一种以经济的内容为主之世界观，此其所以称科学的社会主义也。

可见，此时已将马克思主义的科学社会主义思想与其他社会主义主张区分开来。文中提到《宣言》如下："由发表《共产党宣言》之一八四八年，至刊行《资本论》第一卷之一八六七年，此二十年间，马克思主义之潮流，达于最高，其学说亦以此时大成"。《宣言》被视为马克思主义思想体系的开端和系统组成部分。文章结尾还写道："至其社会主义运动论，（即政策论）则见诸共产党宣言书中，及前此所述之共产主义，今且从略"。文中虽两次提及《宣言》，但作者将其归为马克思的经济学说，实则轻视了《宣言》中关于社会发展规律的分析和阶级斗争的唯物史观。随着马克思学说研究和传播的深入，对《宣言》的译介已不再是单纯的内容引述，更多的是把它放到马克思学说的体系中加以评析，并结合当时社会的需求突出了其中的有效内容。至此，尽管《宣言》尚未有全译本刊出，但是其核心内容被反复译介阐释，《宣言》的传播和接受已经具备了一定的社会和心理基础。

此外，《宣言》的译介传播也与五四时期马克思学说研究高潮有着紧密的联系，1920年3月成立的"北京大学马克斯学说研究会"对《宣言》的翻译传播起到了极大的推动作用。从其所发的一系列"研究会启事或通告"（林代昭、潘国华1983：338—353）可以看出，该会"以研究关于马克斯派的著述为目的"，研究方法有"编译"形式，"特别研究"包括《共产党宣言》研究。当时研究会对《宣言》的研究已经直接从源文本开始，并非之前的间接转译自日文著作。研究会也为《宣言》的译介提供了更多的翻译源文本渠道和合作翻译形式，研究会成立了专门的翻译室，下设英文、德文、法文三个翻译组，而且当时已经有从德文翻译的《宣言》油印本。[1]虽然油印译本没有流传下来，但其影响力是毋庸置疑的。研究会的会员人数从最初的十几个人增加到后来的几百人，他们还深入到革命运动中实践传播马克思主义，这是之前《宣言》传播从未有过的。

至此，《宣言》的主要内容及核心段落经反复译述已逐步深入人心，《宣言》的翻译传播也由争议辩驳过渡到认可接受并转为主动摄取，对《宣言》全译本的需求迫在眉睫。在《宣言》全译本问世前这一阶段的《宣言》译介呈现如下特点：翻译途径仍以日本为主，但也开始出现了从英、德、俄语源头译介《宣言》的尝试；翻译内容不只局限于首尾的段落和十条纲领，开始出现章节翻译和全译本（尽管有些译本没有发表），但阶级斗争学说和十条纲领仍然是译介重点，可见变革手段和措施仍最为关注，这也表明国人对马克思主义的"实用性"而非"理论性"更感兴趣[2]。最值得注意的

---

[1]　参见《马克思恩格斯著作在中国的传播》（1983：252）。

[2]　正如Li Yu-ning（1971：110）所说，This seems to suggest that from the beginning the Chinese were attracted more by the practical than the theoretical aspect of Marxism.

是，此时对《宣言》的译介不是孤立的句段翻译，而是加入了著译者对《宣言》的概述、阐释、评价等内容，并将《宣言》纳入了马克思主义思想体系整体观之。《宣言》翻译与新文化运动的重合，激起了思想传播的热议，使其成为新文化运动重要的组成部分，而同时新文化运动也推动了《宣言》的翻译和传播。《宣言》译者都是当时极具影响力的学者文人，他们中的一部分人在译介传播马克思主义的同时成为中国最早的马克思主义者，进而又促进了《宣言》更全面、深入的传播。《宣言》在"外有社会诉求、内有译者规划"的双重召唤下成为马克思主义在中国最先、最重要的思想文献，从零碎萃取到内涵阐释、从学理辨析到实践运用，《宣言》的译介过程实则蕴涵了马克思主义在中国早期翻译传播的脉络和模式。在筹备建党伟业、筹划民族革命之路的实践推动下，《宣言》思想成为理论指导与实践指南，《宣言》全译本的问世也就是水到渠成、应运而生之物了。

二、《共产党宣言》首个全译本分析

1920 年 8 月，《共产党宣言》在中国的翻译传播实现了历史性转折，陈望道翻译的《宣言》全译本作为"社会主义研究小丛书"第一种由上海的社会主义研究社正式出版。这是《共产党宣言》的第一个中文全译本，也是马克思主义著作在中国的首个中文译本，由此开启了马克思主义在中国的完整翻译与传播历程。

《宣言》首译本的问世是社刊出版规划与译者个体实践合谋而成，该译本的翻译传播意义重大、影响深远。陈望道应上海《星期评论》社约稿，参照英文和日文版本翻译《宣言》。《宣言》首个完整日译本由幸得秋水和堺利彦共同翻译，于 1906 年 3 月出版。两位日译者在译序中说明他们的译本是根据 1888 年版英文版《宣言》为底本译出，这一英文版本是由马克思的朋友、翻译了大部分《资本论》的塞缪尔·穆尔所译，且由恩格斯亲自校订，因此，译文质量也最为可信。陈望道以《宣言》日译本及英文版为底本而非从德语原版翻译《宣言》，这自然受委托者的规划影响，但也体现了马克思主义早期译介中重实用、图快捷之考虑。但书稿译成后，《星期评论》却停刊了。后在上海共产主义小组（对外称"马克思主义研究会"）及共产国际代表的筹划资助下，该译本又经陈独秀和李汉俊校阅后由上海社会主义研究会列为"社会主义研究小丛书第一种"正式出版。该译本第 1 版书名错印成"共党产宣言"，是平装本竖排版，全书以三号铅字刊印，封面是水红色，中央印有大幅马克思半身坐像，这也是马克思图片首次在国内刊发。发现书名印错后，立即印出第 2 版，将书名改为《共产党宣言》，并将封面的水红色改为蓝色。该书出版后即赠售一空，反响强烈。《星期评论》的编者沈玄庐在同年 9 月的《民国日报》副刊《觉悟》上专门刊登了题为《答人问〈共产党宣言〉底发行所》公开信，以此回应读者的热情，信中写道："你们来信问陈译马克斯《共产党宣言》的买处，因为问的人多，没功夫一一回信，所以借本栏答覆你们问的话：一、'社会主义研究社'，我不知道在哪里，我看的一本，是陈独秀先生给我的；独秀先生是到《新青年社》拿来的，新青年社在法大马路大自鸣钟对面。二、这本书的内容，《新青年》、《国民》——北京大学出版社、《晨报》都零零碎碎地译出过几本或几节的。凡研究《资本论》这个学说系统的人，不能不看《共产党宣言》，所以望道先生费了平常译书的五倍功夫，把彼全文译了出来……。"该译本不但是研究马克思主义学说的重要资料，也深深影响了一批后来的马克思主义者。该译本出版正值中国共产党创立之前，各地兴起的马克思主义研究会及共产主义小组加速了《宣言》的传播范围，对党的创建者及党的创立建设过程作了理论上和思想上的准备，也为建党实践及党的后续发展提供了理论指导和行动指南。之后，该译本不断再版，成为之后近二十年流传最多最广的马克思主义经典著作。1921年9月，中国共产党在上海成立了人民出版社，决定重印《共产党宣言》，至1926年5月，此书已印行17版，单是平民书社从1926年1月至5月就翻印了10次。北伐战争期间，该译本曾在北伐军内散发，人手一册。为了避开北洋军阀和后来国民党反动政府的耳目，该译本的书名、译者名字和出版社名字更换多次。如1921年该书出版时，译者改为"陈佛突"，1923年又改为"陈晓风"；书名也不断更换，如有时叫《宣言》，有时又叫《马克思恩格斯宣言》等。据不完全统计，该译本有十多种版本，且其在国民党统治区的流传也非常广泛，对后期的中国革命影响重大。

陈望道《宣言》译本是以日译本为底稿，同时认真地参考了英文版《宣言》而译出，在译名选择及译文表达上自然受到日译本的很大影响，但同时该译本也体现了新文化运动时期的文体特色，在翻译选择及内涵阐释上体现了译者的主体策略。接下来就从译文文体特色、术语译名阐释、译文对比分析等方面一窥《宣言》首个全译本的翻译情况。

首先，陈望道《宣言》译本既体现了《宣言》原文的文体特色，也夹杂了新文化运动时期的语言特点，在整体上再现了《宣言》简洁有力的文风。马克思是当代具有最简洁、最有力的语言风格的作家之一，而《宣言》无疑是该文风最具代表性的马克思主义著作。正如叶永烈（2005：98）所言，"世上能够读懂读通皇皇巨著《资本论》者，必定要具备相当的文化水平和理解能力，而《共产党宣言》却是每一个工人都能读懂、能够理解的。"[1]因此，《宣言》虽为较正式的政治性宣言，但却具有大众化、口语化的特点。陈望道《宣言》译本的语言也突出了清晰明了、表达有力的语言特色，如通过重复、排比等修辞手法加强表现力，通过添加感叹词及口语化译词强化情感表达。而且，由于新文化运动白话文的影响，该译本语言还呈现文白相间的话语特色，如陈望道在《宣言》全文中共用了216个"底"字代替"的"，彰显了时代文字特色。同时，陈望道《宣言》译本中还留存了大量英文表达，这固然受日译本的影响，但是与日译本并不完全相同的英文词语也证明了译者在参考英文版《宣言》后所做的取舍。经笔者统计，该译本中的英文共有45处[2]（日译本的英文共有49处），保留的英文以专名（包括人名、地名、书名等）、术语和重要概念为主，且多集中在第一章和第三章，这是因为这两章提到了大量西方社会阶层和角色以及社会主义代表性人物和文献，保留英文专名也是意在留存术语文献的学术参考价值。还需一提的是，尽管《宣言》的序言非常重要，是正文不可分割的部分，《宣言》日译本也将恩格斯所作的英译本序言译出附上，但陈望道的《宣言》译本并没有翻译任何序言，这固然有时间紧张的原因，但《宣言》首译本舍弃了序言内容更多说明翻译需求优先于翻译的完整性，在当时的社会语境下，《宣言》主体内容无疑是最为需要的。

---

[1]　叶永烈：《红色的起点》，广西人民出版社2001年版，第98页。

[2]　此处英文统计不是按单个的英文单词计数，而是以出现的具有完整意义的词或短语来统计的，如：最后一句话：Working men of all countries, Unite! 就记做一处。

其次，在术语译名的阐释上，陈望道《宣言》译本承袭了日译本的诸多译名，但也有译者自己结合英译本理解后的译词重选。陈望道译本中保留了许多与日译本基本一致的术语译词，如第一章及第四章中的如下译词就与日译本译词一致：

> 怪物，欧洲，徘徊，共产主义，神圣同盟，急进党，在野的政党，在朝的政敌，事实，共产党员，意见，目的，趋向，废墟，农奴，特许市民，殖民地，贸易，工厂组织，近世产业，国民解放，制造家，中等阶级，复杂，刺激，自治团体，交换机关，财产关系，劳动阶级，革命阶级，危险阶级，伦敦，历史，制造工业，商业，航海，共产党，谬见谬想，劳动者，权力阶级，等等。

可以说，当时马克思主义的专名译词很多都是由日本译入中国，并通过转述、述评等方式进一步在中国广泛传播。《宣言》首句译文中的译名也颇具代表性，陈望道译为："有一个怪物，在欧洲徘徊着，这怪物就是共产主义"，日译本译为："一个の怪物欧洲を徘徊す。共产主义の怪物はれ也"，英译文为："A spectre is haunting Europe—the spectre of communism"[1]。英文中的"spectre"和"haunting"两个词在日译本和陈望道译本中都译成了"怪物"和"徘徊"，可见陈望道直接采取了日语译名。通过原文分析可知，此句并非是马恩二人对共产主义的主观评价，而是意指当时共产主义"暗流涌动"的客观发展态势及当时欧洲各国当权者对共产主义的

---

[1] 如今该句话汉语的官方译文为："一个幽灵，共产主义的幽灵，在欧洲游荡"，显然已采用了新的译词"幽灵"和"游荡"。

态度，因此将原文中带有中性及贬义的表达转译为何种情感译词实则体现了译者对当时共产主义走势的研判。

陈望道《宣言》译本中也有一些术语译名不同于日译本，其意义所指及思想内涵体现了译者的权衡考量，最具代表性的就是第一章的译名"有产者及无产者"（今译作"资产者和无产者"）。陈望道在标题译名下首先解释了题目中"有产者"和"无产者"的内涵，原文为：

> "有产者就是有财产的人，资本家，财主。原文 Bourgeois
> 无产者就是没有财产的劳动家。原文 Proletarians"。[1]

考察英文版及日文版《宣言》译本就会发现，对于这两个词的解释确实存在，只不过是以章后注释的形式附上，但陈望道没有用文后注释，而是直接加在原文中，直观易懂。日译本将第一章译作"绅士和平民"，并在文后翻译了英译本中的注释，除此之外还添加了"译者云"的一段翻译按语："绅士的原语是 Bourgeois，有译作'富豪'，有译作'豪族'，也有译作'资本家'。我们经过种种推敲把它译作'绅士'，'绅士'本来是指君子，这里不是指品格高尚的君子，只是日语中老爷的意思，表达与劳动者相对立的中等以上的阶级。有些场合也译作'市民'或'绅商'"（此处为作者译）[2]。

---

[1] 马格斯、安格尔斯著、陈望道译：《共产党宣言》，社会主义研究社 1920 年 9 月版，第 2 页。以下凡引此书，即在文中标注页码。

[2] 幸德秋水、堺利彦（共译），《共产党宣言》，罗府日本人劳动协会发刊 1926 年版，第 39 页。书中附有译者说明，此译本为幸德秋水与堺利彦所译的最早的《共产党宣言》日译版本。

日译本在文中大多时候采用了保留英文原词或音译成片假名的异化翻译策略，但对这两个关键的译词采用了归化策略，并专门加注来说明译者意图。而陈望道此处添加的注释不是直接解释英文词汇，倒似乎是给自己的译名做了正名，以"有产者，无产者"代替了日译本的"绅士和平民"译名，避免了直接选用日译本译词可能引起的歧义。对译名的选择取舍及契合语境的补充注释恰恰证明了译者在翻译过程中所做的主动调适。

再如《宣言》中的"Class struggle"一词。陈望道译本中一直使用的都是"阶级争斗"（如今都译作"阶级斗争"），而历时考察《宣言》在中国的译介历程就会发现，这一译词实际经历了从最初的"阶级竞争"到"阶级战争"再到"阶级争斗"最后到如今的"阶级斗争"的变迁过程，译词呈现表达尖锐化的趋势[1]。"阶级竞争"一词是受到当时进化论思想的影响，把人类社会的矛盾归为自然界的物种竞争，同时也反映了当时新兴资产阶级寄社会进步的希望于变革和温和的竞争，没有意识到也并不赞同阶级间的斗争。"阶级战争"的译名开始把对立阶级的矛盾上升到了宣战的程度，但显然以"战争"的表象抹杀了二者长期对立状态的本质。"阶级争斗"强调了阶级间对立的状态，但把阶级对立的矛盾简单化、普遍化了。"阶级斗争"既强调阶级对立矛盾的不可调和性，也表明阶级矛盾解决的方式就是斗争。[2]此外，为了考虑韵律节奏、语言的

---

[1] 参见陈力卫（2008：189—210）《让语言更革命——〈共产党宣言〉的翻译版本与译词的尖锐化》，载孙江（编）《新史学》第2卷。

[2] "争斗"与"斗争"在古汉语中就已存在，意义与今天不完全相同。"争斗"强调矛盾的普遍性，包含"斗争"的含义，而"斗争"一词的语义更为激烈，凸显矛盾对立的尖锐性。

生动及直白易懂等翻译效果，陈望道译本还对日译本译词做了调整确立了自己的译名。如"同業組合、被雇職人"都被替换为简短的"行东、佣工"；"陣營、渣滓、革命要素"被形象地翻译为"营寨、赘疣、革命种子"；"生產機關、社會組織、農業的革命"这样略显抽象的译词变为更为具体的"生产工具、社会的状况、土地革命"。将"土地革命"的概念融入《宣言》思想之中，使《宣言》思想对中国更具现实指导意义，对后来的中国革命实践影响深远。

思想翻译始于核心概念的译介，术语概念的译名选择直接关系到思想翻译的效果和影响力。陈望道的译词选择固然有其局限性影响，但是《宣言》译本的核心译名代表了当时对《宣言》思想的理解水平和解读方式，也渗透着译者借译名选择及阐释尝试建构起异质思想本土化内涵和体系的意图。"名"与"实"的内涵建构是《宣言》思想经由翻译进入中国获得重生的过程。译者对概念的理解和翻译不是从源文到译文的文字层面的转换，而是在概念的意义重构中渗透和融入了本土思想文化内涵[1]，同时异质思想概念的意义重构又丰富了本土文化的思想内涵。思想翻译中在目的语语境下对概念术语的意义重构，正是翻译链接时间、空间实现思想交流和交融的过程，译者则借翻译途径"为自己的文化引进一种概念系统"[2]。毫无疑问，陈望道《宣言》译本的概念译名确立开启了马克思主义中国化概念内涵及中国化话语体系的建构历程。

---

[1] 翻译中的理解过程不是水平式的转换而是渗透式的侵入。"The direction of comprehension, therefore, will not be lateral—a slide from *a* to *b*, from text to interpretation, from source to translation along horizontal lines—but ingressive". Steiner（2002: 395）.

[2] 参见许国璋"关于索绪尔的两本书"，《国外语言学》1983 年第 1 期，转引自王克非（1992）。

最后，陈望道《宣言》译本中核心思想的翻译不但蕴含着译者的翻译策略，也是探究《宣言》思想内涵重构的重要线索。虽然《宣言》最初是以德文写成，但陈望道《宣言》译本的生成经历了从"德文（1848）→ 英文（1888）→ 日文（1906）→ 中文（1920）"的转译历程。这种转译可能会影响译文的准确性，且带有"选择之选择"的烙印，但基于源语文本的译文对比分析会展示首个《宣言》汉译本究竟以何种方式在中国语境下再现《宣言》的内涵体系。以《宣言》中的十条纲领为例，英译本、首个日译本及陈望道译本的译文分别如下：

【英译文】

1. Abolition of property in land and application of all rents of land to public purposes.

2. A heavy progressive or graduated income tax.

3. Abolition of all right of inheritance.

4. Confiscation of the property of all emigrants and rebels.

5. Centralization of credit in the hands of the State, by means of a national bank with State capital and an exclusive monopoly.

6. Centralization of the means of communication and transport in the hands of the State.

7. Extension of factories and instruments of production owned by the State; the bringing into cultivation of wastelands, and the improvement of the soil generally in accordance with a common plan.

8. Equal liability of all to labour. Establishment of industrial

armies, especially for agriculture.

9. Combination of agriculture with manufacturing industries; gradual abolition of the distinction between town and country, by a more equable distribution of the population over the country.

10. Free education for all children in public schools. Abolition of children's factory labour in its present form. Combination of education with industrial production, &c., &c.

【日译文】

一、土地所有權の廢止、及び一切の地代を公益事業に用ねる事。

二、重さ累進率の所得税。

三、一切相續權の廢止。

四、移民及び叛逆者の財産沒收。

五、國家の資本を以て全然獨佔の國民銀行を作り、信用機關を集中統一する事。

六、交通及び運輸機關の國有。

七、國有工廠及び國有生産機關の擴張。荒蕪地の開墾、及び割一制度に應ずべさ一般土地の改良。

八、平等に就動の便を興ふる事。產業的（殊に農業的）軍隊の設立。

九、農業と製造工業との聯絡。全國の人口を按排し、漸次に都會と地方との區別を廢する事。

十、公立學校に於て、一切の兒童に無料の教育を施す事。現

在行はれ居るが如さ兒童の工廠勞動を廢止する事。教育
と産業との聯絡等。

【中译文】

（一）废止土地私有权将所有的地租用在公共的事业上。

（二）征收严重累进率的所得税。

（三）废止一切继承权。

（四）没收移民及叛徒底财产。

（五）用国家资本，设立完全独占的国民银行，将信用机关集
中在国家手里。

（六）交通及运输机关，集中在国家手里。

（七）扩张国有工场及国有生产机关；开辟荒地，改良一般土
地使适于共通计划。

（八）各人对于劳动有平等的义务。设立产业（尤其是农
业）军。

（九）联络农业和制造工业；平均分配全国底人口，渐次去掉
都会和地方的差别。

（十）设立公立学校，对于一切儿童施以免费的教育。废止现
行儿童底工场劳动。联络教育和产业的生产等等。

将陈望道译文与其英、日源语译文对比可见，中译文的译词几乎与
日译本是一致的，仅有个别译词有所调整，如"土地私有权、继承
权、叛徒"。可以说，中译本参照日译本转译了十条纲领，二者传
播的思想意义是相同的。但进一步分析会发现，日译文完全忠实于
英译文，采用了"名词化"的叙事性翻译，而中译本则将之变更为
"动词化"的施事性翻译，每一条措施中都有明确的施为动词，英

文中的抽象名词在陈望道译文中都被转化为具体的动词。不同的翻译策略产生的翻译效果也大不相同，这种翻译转换无疑增强了十条纲领的行动力度，使其更具实践性和号召力。那么这种翻译转换是不是由于语言差异而产生的必然选择呢？并非如此。新文化运动期间也有十条纲领的摘译，如 1919 年 4 月《每周评论》刊登了"舍"（成舍我）摘译的《宣言》的十项纲领，其中二、三、四条分别译为：

（2）第一条若不能积极进行，则或由国家递增岁入的租税。

（3）遗产归公。

（4）迁居国外及叛党之财产，一律充公。

将之与陈望道译文对比会看出显著差异，即此译文缺少施为性动词，行动力度明显弱化了，纲领性的措施并不能激发读者的实践热情。而陈望道译文明显激活了《宣言》理论的革命实践性，凸显了《宣言》翻译在中国的践行规划。

再以《宣言》的结尾段落为例，英译本、首个日译本及陈望道译本的译文分别如下：

【英译文】

The Communists disdain to conceal their views and aims. They openly declare that their ends can be attained only by the forcible overthrow of all existing social conditions. Let the ruling classes tremble at a Communistic revolution. The proletarians have nothing to lose but their chains. They have a world to win.

WORKING MEN OF ALL COUNTRIES,

UNITE!

【日译文】

共産黨は其主義政見を隠蔽するを陋とす。故に吾人は公然茲に宣言す。曰く、吾人の目的は一に現時一切の社會組織を顛覆するに依て之を達するを得べし。權力階級をして共産的革命の前に戰慄せしめよ。勞動者の失ふべさ所は唯だ鐵鎖のみ。而して其の得る所は全世界なり。

萬國の勞動者團結せよ!!（Workingmen of all countries, unite!）

【中译文】

共产党最鄙薄隐秘自己的主义和政见。所以我们公然宣言道：要达到我们的目的，只有打破一切现社会的状况，叫那班权力阶级在共产的革命面前发抖呵！无产阶级所失的不过是他们的锁链，得到的是全世界。

万国劳动者团结起来呵！（Workingmen of all countries unite!）

《宣言》英译文结尾用了简短的6句话做了强有力的总结和号召，传达了强劲的情感意义。从词义上看，英文中"disdain, declare, overthrow, unite"都表明了坚定的行动立场，尤其"forcible"一词更具行动力度。中译文译词与日译本译词基本一致，但是"overthrow"的译词不同，日译为"颠覆"，陈望道译文为"打破"，显然"打破"不如"颠覆"力度大，而且"forcible"一词并未译出。可见，首个中译文尽管突出了《宣言》的实践性，但是革命力度及彻底性并未受到足够的重视，《宣言》对中国革命的指导尚在酝酿中。此外，英文中出现的代词"they, their"在日、中译文中出现了转换，从第三人称被转译为第一人称的"吾人（我们）、吾人の（我们的）"，这既是叙事视角的转变，也是译者立场的转换。日译者[1]和中译者都将自己视为共产党人，这不仅仅是受到转译的影响，更多的是译者政治主张的明示。《宣言》全文中多处以"我们、你们、他们"来叙述阶级对话及对立[2]，既体现了《宣言》的口语化文体，也融入了身份认同的感情色彩，译文对代词的翻译及相应的调整也反映了译者的立场和情感。《宣言》英文版最后一句所有单词都以大写呈现，且是单独分行的感叹句，是全文感情抒发与行动召唤的高潮。受语言类型的限制，日、中译本对此无法原样复制，只是对应译为感叹句并附上英文原句，传达了原文号召性的呼语情感。日译文添加了两个感叹号以示强调，中译文用了一个感叹号，二者都在句尾附加了感叹词加重语气。保留最后一句的英文呼语既体现了翻译源语的文献价值，也强化了异质思想的核心内涵，给读者留下深刻印象。通过源语溯源与译文比较可见，译者的翻译调整及策略选择凸显了《宣言》核心思想的内涵建构模式，译文对异质思想的解读必然融入译者（包括其背后社会文化因素影响下）的立场判断与情感导向，陈望道译文对《宣言》核心思想的阐释是马克思主义在中国建构中国化内涵的雏形，对之后的《宣言》翻译也有重要导向。

总之，陈望道《宣言》译本是中国首次完整译出的马克思主义文献，也是中国早期马克思主义者策划翻译的第一部马克思主义经

---

[1] 幸德秋水在1901年4月9日的《万朝报》上就发表过《我是一个社会主义者》，以此表明自己的阶级立场。

[2] 《宣言》第二章就通过第一、二、三人称的转换对资产阶级对共产党人的诬陷进行了反驳和辨析。

典著作，在当时的历史时期对于中国共产党的成立及中国社会的发展走势都具有重要的引领作用。该译本出版后近二十年还多次重印再版，对马克思主义的早期传播及中国早期马克思主义者的培养具有深远影响。思想翻译传播早期，译文的准确性并不是最重要的，翻译选择及其阐释方式是影响异质思想传播与接受的重要因素，同时也反映了当时社会语境及译介主体的需求规划。陈望道《宣言》译本的问世表明国人对科学社会主义思想的优先选择和关注，也彰显了思想翻译的早期规律和特点，奠定了中国马克思主义思想体系的基础及译介模式。《宣言》的本土化建构赋予了其民族特性，而正是基于中国语境的《宣言》思想重构才赋予了《宣言》的世界性及普遍性意义。

第二节 《社会主义从空想到科学的发展》的翻译传播

《社会主义从空想到科学的发展》（以下简称《发展》）一书是马克思恩格斯科学社会主义思想的入门之作。该书改编自恩格斯所著的《反杜林论》一书，恩格斯应拉法格请求，将批判杜林主义的《反杜林论》书中最重要的理论部分（包括引论第一章、第三编的一二两章）进行了删减和修改，编撰成《发展》一书。该著作于1880 年由拉法格译成法文、并经恩格斯亲自校阅后出版，随后被译成多种语言在世界范围内广泛传播，成为马克思主义最具代表性的经典著作之一，对马克思主义尤其是科学社会主义思想的传播和普及具有重要意义。

《发展》一书最初为纯学术性著作，为了直接在群众中进行宣传，恩格斯对该书的形式和内容进行了补充和修改，使其对工人来说没有太多阅读和理解的困难，而且还不断被翻译再版取得意外的成功。正如恩格斯在 1892 年该书英文版导言中所说："这样，连同现在这个英文版在内，这本小书已经用 10 种文字流传开了。据我所知，其他任何社会主义著作，甚至我们的 1848 年出版的《共产主义宣言》和马克思的《资本论》，也没有这么多的译本。在德国，这本小册子已经印了四版，共约两万册"[1]。此外，恩格斯还在导言中声明，"本书所捍卫的是我们称之为'历史唯物主义'的东西"[2]，"一切重要历史事件的终极原因和伟大动力是社会的经济发展，是生产方式和交换方式的改变，是由此产生的社会之划分为不同的阶级，是这些阶级彼此之间的斗争"[3]，并进而呼吁欧洲工人阶级运动的推进。由此可见，《发展》不但浓缩了马克思主义理论体系的核心观点，还对工人阶级运动及阶级斗争具有实践指导意义，从其传播范围和影响力来看起到了其他著作（包括《共产党宣言》和《资本论》）不可替代的作用。

　　《发展》与《宣言》都是最早进入中国的马克思主义经典著作，但是相比于《宣言》的广泛传播及影响力，《发展》一书的译介传播似乎并未引起足够的关注。《发展》一书的思想片段随恩格斯之名于 19 世纪末初入中国，最早见于 1899 年《万国公报》刊载的《大同学》一书第三章《相争相进之理》和第八章《今世养民策》。《大同学》译自英国社会学家本杰明·颉德 1894 年所著的《社会进化》(*Social Evolution*) 一书，该书是当时的畅销书，多次再版重印。书中间接引述了马恩思想片段，其中《今世养民策》(Modern

---

[1]《马克思恩格斯文集》第 3 卷，人民出版社 2009 年版，第 500—501 页。

[2] 同上，第 502 页。

[3] 同上，第 509 页。

Socialism）中首次提及恩格斯之名并援引了《发展》一书中的原文
如下：

> 德国讲求养民学者，有名人焉。一曰马克思。一曰恩格
> 思。……恩格思有言，贫民联合以制富人，是人之能自别禽兽，
> 而不任人簸弄也。且从今以后，使富家不得不以人类待之也。
> 民之贫者，富家不得再制其死命也。此言也，讲目下之情形，
> 实属不刊之名论。[1]

"养民策"即指"科学社会主义"。根据原书脚注，这段话引自恩格
斯《发展》一书 1892 年英文版，这也是恩格斯著作在中国的最早
译文片段。1912 年，中国社会党刊物《新世界》第 1、3、5、6、8
期刊载了标注为"德人弗勒特立克恩极尔斯原著 余姚施仁荣译述"
的《理想社会主义与实行社会主义》连载译文，节译了《发展》一
书第一、二节和第三节的部分内容。该译文共分三编，第一编为
"理想社会主义"，第二和第三编均为"实行社会主义"。《新世界》
是中国社会党绍兴支部主办的刊物，该刊自称"社会主义杂志"。
《新世界》将《发展》一书视为社会主义的代表性著作，而且把社
会主义看作是能够解决中国实际问题的新学说。当然，将社会主义
的目标视为"造成太平大同之新世界"也体现了当时资产阶级知识
分子对社会主义认识的局限性。

新文化运动期间，《发展》的译文数量及传播范围都较之前有

---

[1] 李提摩太、蔡尔康合译：《大同学》，南方日报出版社 2018 年版，第 56—
57 页。

明显的增长。民国九年八月二十日（即 1920 年 8 月 20 日），上海
群益书社和上海伊文思图书公司联合出版了郑次川翻译的《科学的
社会主义》一书初版，该书翻译了《发展》第三章的内容。郑次川
在为该书所做的"序"中指出，尽管我国文明绵延已久，但是都没
有著书立说者如马克思恩格尔，究其原因主要是"学说恒与环境相
因缘，无斯环境求其有斯学说"[1]，而该学说"所以令实际合于理
想。不唯无害且有益焉。故不可拒亦不当拒也"[2]。可见，在译者
看来，《发展》一书所著述的科学社会主义不但适合当时的国情语
境，且应该充分了解，不该拒绝。同年 12 月，《建设》杂志第三卷
第一号刊载了标注为"阴格尔著苏中译"的《科学的社会主义与唯
物主义》一文，该文是原译者日本社会主义者河上肇所做的补记，
主要介绍了唯物史观的要领及唯物史观与社会主义的关系。根据河
上肇序言所述，该文"是从马克思亲友阴格尔所著《丢林科学底
变革》第三篇《社会主义》第二章《社会主义底理论》，和他所著
《由空想向科学发展底社会主义》底第三章，两下翻译来的"。文
中结尾还特别指出，恩格斯认为该书所展开的看法大部分是由马克
思建设和发展的，以此阐明此书与马克思思想的紧密联系。由此可
见，《发展》一书的译介也是新文化运动时期马克思主义传播的主
要内容。

　　经过早期的片段节译及章节翻译，加之新文化运动催生的对
马克思主义著作的译介热情，《发展》一书开始进入完整翻译阶

---

[1]　郑次川译:《科学社会主义》，上海群益书社、伊文思图书公司 1920 年版，
　　第 1 页。
[2]　同上，第 2 页。

段。1925 年 2 月 19 日至 3 月 13 日，上海《民国日报》副刊《觉悟》杂志连载了署名丽英女士翻译的《空想的及科学的社会主义》一文，这是《发展》一书在中国的首个全译文。此后，《发展》在中国的译介开始以完整翻译和单行本形式传播，且译语来源除英文外，还涵盖德、日、法、俄版本。其中，1928 年，上海创造社和上海泰东图书局先后出版了由朱镜我翻译的《社会主义的发展》和黄思越翻译的《社会主义发展史纲》，这两本书都是《发展》的全译本。1929 年，上海沪滨书局还出版了林超真根据法文版翻译的《宗教、哲学、社会主义》文集，其中收有《发展》全文及其英文版导言。这些译本的集中出版说明《发展》一书在当时的中国社会语境下受到认可和关注，不同译者试图从不同源语底本对《发展》一书进行阐释解读以全面理解其理论内涵并探索其实践价值。

接下来，本文拟从新文化运动期间翻译出版的《发展》多个汉译本中选择最具代表性的两个译本加以概述分析，其一是丽英翻译的《空想的及科学的社会主义》，这是《发展》一书的首个完整汉译文，具有开创性意义；其二是黄思越翻译的《社会主义发展史纲》，这是当时译自日译文的《发展》全译本，彰显了这一时期日本对中国《发展》一书的翻译传播影响。

一、丽英译《空想的及科学的社会主义》的概述分析

丽英翻译的《空想的及科学的社会主义》是《发展》一书在中国的首个全译文，于 1925 年 2 月至 3 月在《觉悟》上连载刊登。该译文除恩格斯所写的导言未译，正文内容全部译出，这也是《发展》一书唯一以报刊连载形式发行的全译文。译者"丽英女士"是

我国早期马克思主义学者柯柏年[1]的笔名之一，柯柏年译介《发展》一书并非偶然，将该译文发表在《觉悟》杂志也是译者与期刊编者的共同策划，是当时《觉悟》副刊传播马列主义的主要内容之一。由于其独特的传播模式，该译文的传播力和影响力不容小觑，一方面，《觉悟》杂志即时、快速的日刊模式及其既有读者群体扩大了该译文的受众范围；另一方面，译者、推介者及报刊发行者合力规划并助推了该译文在当时的传播效力。该译本体现了当时国人理解及阐释科学社会主义的方式和途径，同时也是马克思主义在中国早期系统化传播的重要组成部分。

柯柏年作为中共党员翻译《发展》一书，既有其语言能力的优势，同时也源于其长期研读马列原著并充分意识到该书的价值与意义。译文完成后没有以单行本发行，而是投给《觉悟》，显然是译者意识到该刊传播马克思主义的规划，因为《觉悟》在创刊的前六年中，"刊登介绍社会主义革命理论专文约在五十篇以上"[2]，足见其鲜明的社会主义思想倾向。1925 年 2 月 19 日，柯柏年《发展》一书的译文以《空想的及科学的社会主义》之名首刊于《觉悟》的"名著"栏目，译文以连载形式刊发至 3 月 13 日（并非每日连载）。译文署名"昂格斯著 丽英女士译"，且在译文前附有署名"存统"

---

[1] 柯柏年（1904—1985），原名李春蕃，是我国较早一批从事马列著作翻译和传播的学者之一，也是我国著名的翻译家、社会科学家和外交家。柯柏年三个字的汉语拼音字首中 "K" 代表 Karl Heinrich Marx（卡尔·海因里希·马克思），"B" 代表恩格斯早期的一个笔名 Bender，"N" 代表 Lenin（列宁）。柯柏年曾用笔名有：马丽英、丽英、列英、福英等（"马"代表马克思，"丽"和"列"代表列宁，"英"代表恩格斯，"福"代表恩格斯的名字弗雷德里希）。参见李珍军（2016：57）。

[2] 参见晨朵：《〈觉悟〉副刊对传播马列主义的贡献》，《复旦学报》（社会科学版）1983 年第 2 期，第 76 页。

所写的一段按语：

> 　　这是所谓科学的社会主义三大经典（资本论 共产党宣言
> 和本书）之一，为研究资本主义和社会主义的人所必读之书，
> 亦为最易明瞭社会主义要领的入门书。全书共分三章，第三
> 章曾由某书局翻译出版，可惜译得不甚高明；此系全译，译
> 者对于科学的社会主义又素有研究，故意义文字都较前者为
> 善。中国今日才得见此书的全译，可说是中国学术界的不幸。
> （存统）

　　"存统"系施存统（1898—1970），是中国共产党最早一批党员。
施存统不但参与筹建了"马克思主义研究会"和中国共产党的成
立，他旅日期间还广泛涉猎马克思主义书籍，对马克思主义著作
颇为了解。从其所写按语可见，他不但十分清楚《发展》一书在
马克思主义思想体系中的地位和分量，直指该书是"最易明瞭社
会主义要领的入门书"，且对译者和译文都给予了高度评价，指出
译者对科学社会主义素有研究，译文较之前的译本质量更高。施
存统在案语最后的感叹一方面表达了对当时科学社会主义思想在
中国传播现状的担忧，一方面也将该文目标读者定位为中国学术
界的知识分子，以此倡导学术界对该书的重视。施存统为柯柏年
《发展》译文所写的按语不但强调了恩格斯《发展》一书的重要
地位，还突出了译者的研究背景及其译作的上乘质量，为译文奠
定了一定的传播和受众基础。在新文化运动时期，以学理研究之
名传播马克思主义思想，既为教化民众，提升知识分子的变革觉
悟和意识，也借助译者、出版者的影响力将科学社会主义思想融

入文化运动之中，为马克思主义在中国的体系化建构做了铺垫和准备。

　　从翻译源头看，译文中多处出现英文单词（多为人名），加之柯柏年有从英文原著阅读马恩著作的经历，所以该书多被认为是从英文版译介而来[1]。但是不可忽视的是，该译文的推介者施存统对《发展》日译本颇为熟悉。柯柏年将该书译为《空想的及科学的社会主义》，这与1921年出版、1924年再版的堺利彦日译本《空想から科学へ（空想的及科学的社会主义）》译名颇为相似，且当时的日译本也译自英文版。而且，丽英译文的章节划分及标题也与日译本较类似，恩格斯原文并无小节划分也无标题，所以从这点来看，丽英译文也受到了日译本的影响。

　　从翻译策略看，术语译词的选择既带有新文化运动时期的语言特征，也体现了译者对《发展》一书的概念内涵理解，融合了行业专业术语与口语化表达并存的特征，以再现《发展》的学理内涵。首先，丽英译文中有些译词至今仍在使用，如：资本家、阶级对立、理论形式、物质的经济的事实、商业计算、合作社、劳动市场、形而上学、素朴、上层建筑、剩余价值、物质事实、商品生产、商品交换、所有权、劳动过剩、托拉斯等等，说明这些译词在当时已成为固定译名广为接受，并逐步稳定沿用至今。其次，丽英译文译词与如今译词有明显差异，通过译词比较可追溯其背后动因。以如下部分译词对比为例（见表一）：

---

[1]　如薛俊强（2013：52）在《恩格斯〈社会主义从空想到科学的发展〉研究读本》一书中写道："……连载了丽英女士（柯柏年）根据英译本译的《空想的及科学的社会主义》……"

表一　丽英《发展》译文与今译本[1]部分译词比较

丽英译本	今译本	丽英译本	今译本	丽英译本	今译本
智识	思想	实物	现实	生产方法	生产方式
道理	理性	天然的平等	自然的平等	商工市民	资产阶级
现实图画	现实化的反映	学理	原理	机器工业	大工业
（被）掠夺者	（被）剥削者	隆盛	幸福	社会改良	社会改革
不公正	非正义	膨胀	扩张	发达	发展
近代	现代	狂的思想	疯狂的念头	智识领袖	精神领导
付现	现金交易	知识	智慧	劳动组合	工会
工钱劳动	雇佣劳动	智识程度	知识水平	混合酒	混合物
道理	思维着的知性	产业革命	工业革命	进化法则	运动规律
游星	行星	智识	知识	交换方法	交换关系
劳动工具	劳动资料	社会构造	社会制度	支配阶级	统治阶级
害毒的循环	恶性循环	鬼物	幽灵	领有形式	占有形式
主从关系	人身依附关系	恐慌	危机	独占	垄断
生产机关	生产资料	生存竞争	生存斗争	掠夺	剥削

从表一可见，丽英译文有些译词虽与今译本表述有异，但意义内涵基本一致。如"学理、狂的思想、天然的平等、不公正、发达、付现、现实图画、膨胀、鬼物"等等，这些译词的差异更多是受当时语言表达习惯影响。同时，有些译词源于日译本，如："智识""领有形式""混合酒""循环""劳动组合""恐慌"等译词都是源于日译马克思主义著述。其中，"智识""劳动组合"等词在陈望道翻译

---

[1]　今译本指编译局的 2009 年最新译本，此处参见《马克思恩格斯文集》(第3卷)。

的《共产党宣言》中也曾出现，是当时马恩文献日译本中常见且稳定的术语译词。此外，有些译词体现了当时社会思潮发展趋势及语境需求，如："社会改良""进化法则"和"生存竞争"今分别译为"社会改革""运动规律"和"生存斗争"，"改良""进化"和"竞争"无疑是当时中国社会的流行语，承载着当时进步知识分子的变革之心与探索规划。当然，有些译词有其理解的局限性，也是术语概念在特定语境中建构其内涵的尝试。如："道理"一词在今译本中译为"理性"或"思维着的知性"，显然"道理"并未揭示出理性思维的抽象内涵。再如，"游星、害毒的循环、支配阶级、领有形式、独占、恐慌"今译为"行星、恶性循环、统治阶级、占有形式、垄断、危机"，丽英译文中的这些译词更注重具像化表述，对于相关概念尚处于感性和朴素的认知，即突出译词的形象性，而随着对术语概念内涵的深入理解，如今的译词更具概括性及抽象性。此外，"社会构造"今译为"社会制度"，"劳动工具"今译为"劳动资料"，"生产机关"今译为"生产资料"，"交换方法"今译为"交换关系"，显然如今的译词才揭示出"制度、关系"等概念本质。再如丽英译文中的"掠夺者与被掠夺者"今译为"剥削者与被剥削者"，"掠夺"与"剥削"的内涵有着明显差异，前者强调的是行为，而后者更凸显主体间的社会经济关系。这样的译词迁变恰恰见证了《发展》中的术语概念随中国社会历史语境的变化与需求，不断激活其关联意义并建构起中国化概念体系的过程。

从译文体例和格式看，丽英译文列有章节题目，而《发展》一书的原文中并没有，恩格斯只用"一、二、三"标识出该书的三章，各章没有题目，章内也没有小节的划分。堺利彦曾在 1921 年为《发展》日译本所做的"译者序"中说明：本文各章的标题，以及各章内容的分段和小标题，是为了方便而由译者加上的"[1]。通过文本比对可见，丽英译文的章节划分及题目受到日译本极大影响。现将丽英译文与堺利彦译本[2]的标题列出如下（见表二）：

表二　丽英译文与堺利彦日译本章节标题比较

丽英译文章节标题	堺译本章节标题
第一章　空想的社会主义	**第一章　空想的社会主义**
一　法国革命底结果	一　フランス革命の结果
二　近世无产阶级底前驱	二　近世无产阶级の前驱
三　三大空想家之出现	三　三大空想家の出现
四　革命后对新社会之失望	四　革命后に于ける新社会
五　未成熟的思想	五　未熟な思想
六　圣西门	六　サン・シモン
七　傅立叶	七　フーリエー
八　欧文	八　ロバート・オーエン
九　折衷的社会主义	九　折衷的社会主义の混成酒
第二章　马克斯底二大发现	**第二章　マルクスの二大发现**
一　辩证法与形而上学	一　辩证法と形而上学
二　形而上学底思考方法	二　メタフイジクスの考へ方
三　辩证法底思考方法	三　ヂアレクチクスの考へ方
四　唯物史观	四　唯物的历史观
五　剩余价值说	五　剩余价值说
第三章　科学的社会主义	**第三章　科学的社会主义**
一　唯物史观	一　唯物史观
二　近代社会主义	二　近世社会主义
三　社会的生产与资本家的领有	三　社会的生产と资本家的领有
四　无产阶级与资产阶级	四　プロレタリヤとブルジヨアジー
五　生产界之无政府状态	五　生产界の无政府状态
六　产业租的预备军	六　产业界の预备军
七　恐慌	七　恐慌
八　资本之大合同	八　资本の大合同
九　劳动阶级政权	九　劳动阶级政权を握る
	十　◇◇◇◇◇◇◇◇◇◇
	十一　自由の王国
	十二　结论—历史的进化の概括

[1]　参见堺利彦译本《空想から科学へ——空想的及科学的社会主义》(1924：3)。

[2]　此处以堺利彦译本1924年版《空想から科学へ——空想的及科学的社会主义》为例。

从表二可见，丽英译文的章节题目与日译本的题目基本一致。日译本章节题目中以片假名译介的人名国名和专有术语，丽英译文都将之译为明确的中文术语，这也表明当时如"辩证法"和"形而上学"等术语译词已经确立。题目中有一处明显的差异，即日译本中第三章第十小节的题目被隐去以"◇◇◇◇◇◇◇◇◇◇"代替，也就是该译本曾受到发卖禁止的部分"国家死灭说"。《觉悟》在3月13日刊载丽英译文第三章第九节时标了"续"的字样，但是之后却没有刊载最后的三小节译文。未刊载部分主要论述了"国家不是被废除的，它是自行消亡的"以及"社会占有生产资料后，商品生产将被消除，社会生产内部的无政府状态将为有计划的自觉的组织所代替，个体生存斗争停止了，人类将实现从必然王国进入自由王国的飞跃"等内容，并在最后指出"无产阶级运动的理论表现即科学社会主义的任务"。丽英译文没有刊载完并非译者没有翻译完，很可能是《觉悟》杂志对于"国家消亡"的预测并不完全赞同，毕竟当时进步知识分子的救国主张并非要消灭国家。从这个角度来讲，科学社会主义的思想主张在当时仍更多停留在学理层面。当然，章节的划分及标题添加是译者主观所为，意在将文本内容梳理得更清晰易懂，但小节分割不可避免会将部分内容割裂，破坏论证的严密性。个别小节标题不够严谨，如丽英译文第三章第一小节"唯物史观"与第二章第四小节"唯物史观"题目相同，难免会误导读者，也在论述逻辑上略显混乱。

从翻译选择及译文阐释看，丽英译文体现了译者与报刊编者共谋规划的传播初衷，即一方面作为面向学术界知识分子的研究资料，另一方面兼顾普通大众的理解能力普及社会主义思想的传播。《觉悟》在刊载《发展》一书的译文同时，还刊登了诸多宣传青年活动及社团的消息，以及"北京民国日报发刊词"等推动民众运动和国民革命的宣传资讯，以此或直接、或间接助力社会主义思想的传播[1]。而且，基于《觉悟》的办刊宗旨及潜在读者群，意在通过马克思主义经典文献的翻译培养并激发进步青年的觉醒意识及从"空想"到"科学"的社会主义认知。首先，丽英译文只翻译了该书正文，并没有翻译包括英文版序言在内的各版序言及相关附录[2]。堺利彦在根据英文版翻译的日译本中翻译了该书的英文版序言，标题为"序论 唯物论と宗教思想"，并为避免阅读时头重脚轻将该篇长序置于正文译文之后。因为丽英译文在报纸上刊载，自然不便登载序言、附录之类文本，只选择正文也是合乎情理的；但另一方面，在异质思想译介之初，译者出于实用高效的考虑而优先选择翻译书籍正文而放弃其他副文本也是非常普遍的。其次，丽英译文对《发展》一书中具有特定思想文化内涵的语句以"释义"的方式进行了归化处理，以便让读者快速理解作者的本意。如第三章中出现的"马尔克"这一特殊制度形式，丽英译文在第三章第五节将之译为"共有自治制"。对于"马尔克"一词，丽英译文并未直接音译，否则读者看到该词也会不知所云，译者将其以解释的方式译为"共有自治制"，以"共有自治"释义，以"制"定性。"马尔克"

---

[1] 如《觉悟》在 1925 年 3 月 3 日刊载《空想的及科学的社会主义》第二章第五节"剩余价值说"的同页，就曾刊出这样一段话："中国在这时代，自己经济的基础这样薄弱，而所受国际经济的压迫这样深重，若能够有所树立，除非是建一社会主义的国家，依科学的组织用集合的（Collective）方法，解决生产问题不可。生产问题解决，其他一切问题，都可迎刃而解。这是我所希望于研究社会主义一般之青年的"。

[2] 恩格斯在 1892 年撰写的英文版导言中曾提到，本版添加了附录《马尔克》，"是为了在德国社会党内传播关于德国土地所有制的历史和发展的一些基本知识而写的"。（薛俊强，2013：179）

作为德国土地所有制的特殊形式只是作为例证示范，对于当时国人理解科学社会主义思想并非必须，且受报刊篇幅版式限制，这样的翻译选择无疑是最有效的。再如丽英译文第三章第六节"产业租的预备军"中，讲到"相对的剩余人口——或产业的预备军——与资本集积底范围和力度，常保持其均衡，这法则紧缚劳动者于资本家"这一规律时，打了这样一个比方"其坚固比火神底紧缚盗火之神于岩石还要紧"，此句话今译为"比赫斐斯塔司的楔子把普罗米修斯在岩石上钉得还要牢"。在当时语境下，国人对西方神话并不了解，若直接音译"赫斐斯塔司、普罗米修斯"这两个名字一定会让读者迷惑，丽英译文将二者释义为"火神"和"盗火之神"让读者很容易了解二者所司之职及身份，也传达了这个类比隐喻的内涵。恩格斯此处引用希腊神话人物"普罗米修斯"并非随意为之，普罗米修斯盗取火种是为了给人类带来光明，以此类比"劳动者被紧缚"或预示着终有一日无产阶级将挣脱束缚为全人类带来自由。而丽英译文作为首个《发展》全译文，刊载于报刊就是急于向国人介绍科学社会主义的经典大意，清晰达意是首要考虑，对其中的思想内涵及补充释义也以"简洁直接"的方式进行处理，以利于异质思想传播之初的快捷高效。

从翻译影响及效果来看，丽英译文基本准确传达了原文的思想要义，作为《发展》首个全译本为学术界研读该书、为知识分子和普通大众了解科学社会主义的核心思想提供了宝贵的学术资料和阅读契机。由于译者本人对马克思主义的认知和研究较为深入，甚至可以说该译文代表了当时中共党员和进步知识分子对《发展》一书的最高阐释水平。然而，正如施存统在"译前序"中推介所言，此书是为中国学术界研究、明瞭社会主义要领而重译，显然其学理性覆盖了实践性，这也在一定程度上背离了《发展》一书"是为在群众中直接宣传的小册子"的初衷，使该译本具有一定的历史局限性。此外，受到新文化运动的影响，丽英译文处于从文言文向白话文过渡阶段，半文半白的表达带有明显的时代特征。而且，有些译语译词还处于摸索阶段，但在这些不够精准的译词背后，我们仍能读出译者极为认真的学术研究态度及其意在以此译本引导国人辨明马克思主义之源流的译介初衷。丽英译文依托《觉悟》副刊的影响力，其受众范围远超当时的书籍译本。《觉悟》副刊的具体发行量尚无从统计，但其发行时间早，覆盖面广，一再增版扩印，可见其在当时报刊界的分量之重[1]。《发展》一书作为紧跟《共产党宣言》完整译入中国的马恩著作，对当时国人了解和认知马克思主义起到重要的导向和引领作用。当时中国知识分子及中国社会对《发展》一书所传载的科学社会主义思想及唯物史观很感兴趣，对人类社会发展规律的理性追索无疑使马克思主义在中国的译介传播开始逐步融入中国思想文化体系。同时，当时的中国知识分子已经历"五四"新文化运动的洗礼，"科学、民主"精神深入人心，在他们看来马克思主义不仅是来自西方的新知识，而且是有望引领并重塑中华民族的新思想，深入研究马克思主义并用适合中国国情发展的

---

[1] 《觉悟》是在我国最大工商业城市上海发行的，它基本天天发刊。首先在发行时间上，大大超过了其他革命的"月刊"和"周报"。其具体发行数量目前尚未见资料，陈望道回忆说"几万份"，一般地说来，也总超过了其他革命报刊；《觉悟》副刊的发行面，从它支持群众运动几及全国各主要省市，可想见其发行影响之广；《觉悟》的篇幅，在 1919 年只占四开一版的半页，1920 年初起扩大为四开二页；5 月 20 日起，又改成八开对折四页，据称是为便于读者保存；从 7 月份起，每月又发行《觉悟汇刊》一册，"每册内容三十余万字"；从 1924 年 2 月起，又改为十六开八页；5 月以后又扩大为十六页。据此，在中国早期传播马列主义各刊物中，影响最大的不能不归于《觉悟》副刊。（参见晨朵，1983：78）

方式阐释该主义无疑成为当时的迫切需要。

　　总之，丽英（柯柏年）翻译的《发展》全译文不但开启了《发展》一书在中国的完整译介历程，也是马克思主义在中国早期传播的重要组成部分。丽英《发展》译本看似是译者的个人翻译行为，实则是当时马克思主义在中国初现体系化传播的规划之一，推进了马克思主义在中国早期的学理探究与理论体系建构。《觉悟》在刊载马克思主义著述的同时，也关注着中国探索民主之路的群众运动动向，融二者之力探索救国之路，这无疑对马克思主义从学理走向实践具有一定的启示意义。《发展》一书源于学术性著作，又以直接在群众中传播为目的，这种学术性与实践性的天然混杂决定了其多元定位。丽英译文是早期中共党员对《发展》一书的学术性探究，同时体现了当时中国共产主义者在中国社会文化背景下认知马克思主义的阐释实践。

二、黄思越译《社会主义发展史纲》的概述分析

　　丽英《发展》全译文于 1925 年问世后，1928 年又有《发展》的两个全译本出版。1928 年 5 月，上海创造社出版了由朱镜我翻译的《社会主义的发展》一书，这是《发展》的首个单行本全译本。由该书的"译者序"可知，"本译书是从杜克（Dunker）所编的'社会主义的发展'内翻译出来的，文义与辞句很有负于堺氏的日译及爱凡林（E.Aveling）的英译；这是译者应该在此地表明而且致谢的地方。至于注释及分节方面则概从'杜克'氏的区分，译者不曾加以更改。卷头的细目则参照堺氏的日译，间加译者的私见而成的"[1]。还断定此译书对于"未死的而且要想努力于新社会的建

---

[1]　朱镜我：《社会主义的发展》，上海创造社 1928 年版，第 7 页。

设的青年在踏进实践的行动的时候"或许会有贡献,已经有意将科学社会主义思想与中国革命和建设实践结合起来思量。同年8月,上海泰东图书局出版了黄思越根据堺利彦日译本翻译的《社会主义发展史纲》一书,这是《发展》一书堺利彦新版日译本在当时中国最新、最完整的中译本。该译本问世时虽然社会主义思想在中国已有一定译介基础,但正值国民革命失败后共产党员和革命群众受迫害之时,《发展》一书全译本的集中问世,不但记载着《发展》一书在中国完整、系统的译介传播历程,也极大鼓舞了当时的民族革命热情,为中国共产党的成长和中国革命发展提供了理论基础和行动指南。

黄思越是当时留学日本的进步知识分子,从日译本重译该书既有语言娴熟之便利,也有从日译本获得学术研究资料、回应民族需求的初衷。该译本"重译者跋"的结尾写道:"共和纪元十有七年三月二十日,日本普选初次举行之日,思越重译既竟,跋于日本古江户城中思越室"[1]。可见,黄思越是1928年3月在日本完成了该书的重译,这实际与朱镜我译本的翻译时间是一样的,只是出版时间相差数月。从他对"震动全球之社会主义运动"的关注,也可见其关注时事政治态势发展的民族革命热情。该译本由上海泰东图书局[2]发行,该书局的立场也映射出其出版规划及作者群体特征。

[1] 因倪斯著:《社会主义发展史纲》,黄思越译,上海泰东图书局1928年版,第82页。

[2] 泰东图书局于1914年在上海创立,"创立之初的泰东图书局基本是为政学系服务的,因此他们出版了大量的有关政治方面的书籍。'护国运动'以后,股东们都到北京做官去了,于是泰东图书局便交由股东之一的赵南公主持。泰东图书局创立时确立的出版理念有关,以及赵南公本人的政治倾向和出版个性使得它得以继续出版具有进步社会思想和论述中国社会问题等政治方面的书籍。值得注意的是,泰东图书局在当时出版这类书籍,在上海乃至全国也是不多见的。"(参见张勇,2005:104)

黄思越翻译的《社会主义发展史纲》正是泰东图书局致力出版的进步社会思想。当时正值大革命失败后左翼文化运动逐渐展开，这是以倡导无产阶级革命文化为目的、大力传播马克思主义的政治文化运动。当时"左翼知识分子和受左翼影响的文化人陆续翻译马克思主义经典著作，较为系统地介绍、传播、应用马克思主义。1927年大革命失败后到1939年解放社成立前后，有关马克思主义理论文本大多是左翼人士或受左翼思想影响的文化人的译着"[1]。可以说，译者意图与出版机构的规划相契合促成了该译本的问世。

黄思越翻译目的明确，对当时最新的《发展》日译本了解深入。《社会主义发展史纲》首先译介了堺利彦于昭和二年（1927年）八月所著的"译者序"，介绍了《发展》一书的由来及其各版本出版发行情况，并介绍了该书日译本在日本的译介出版情况，指出此新版乃由德意志原文直接译出。关于本书的重译目的及考虑，黄思越讲道：

> "因倪斯为仅次于马克斯之社会主义者作家。此小册子与《资本论》《共产党宣言》共为马克司派社会主义三大杰作，风行欧美……近在日本尤有一日千里之势。大抵资本主义盛行之地，即其流行尤速……汉民族百不如人，即区区学术研究，亦在在落伍。进来震动全球之社会主义运动，虽稍有所闻，而为其主义之不朽杰作，乃尚绝少介绍，因是模糊影响，错误百出。排之者大都吠影吠声，不闻其造因，和之者大都扣数扣

---

[1] 崔凤梅、毛自鹏：《论左翼文化运动对延安时期马克思主义中国化的贡献》，《学术探索》2014年第11期，第124—125页。

舍，不究其真相，纷纠日亟，滋祸无穷。大凡一主义之形成，必有其相当原因，相当过程，亦必生相当结果。不导其源，不畅其流，而欲其免于决川溃堤，是乌可得，故余为学术研究不能不重译此书，甚望排之者与和之者之各深加以研究也。"[1]

可见，黄思越主要出于学术研究目的重译此书，以此不朽杰作来纠正对社会主义的模糊和错误认知，在学术上不至于继续落伍。同时，他也认识到了该书的流行之势，尤其在日本的传播已是一日千里，社会主义运动已成为震动全球的大事，中华民族亦应对其充分了解。此外，黄思越对待科学社会主义的态度理性客观，他既充分肯定了该书的价值和地位，也呼吁赞成和反对社会主义的人都不应盲从，而应该追源溯流搞清该主义的真正内涵。可以说，经历了新文化运动以来的"问题与主义"之争，中国进步知识分子对于马克思主义的态度更趋理智，对马克思主义的理解与接受并非简单"拿

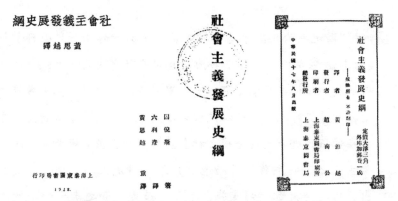

黄思越译本《社会主义发展史纲》封面、内页及底页

---

[1] 因倪斯著：《社会主义发展史纲》，黄思越译，上海泰东图书局，1928年8月版，第81—82页。

来主义"，而是更多从其本源追溯思想实质、从现实语境探索理性启示。

从译介源头看，黄思越是以日译本为底本并参考英文版翻译了此书。黄思越通过翻译堺利彦的"译者序"梳理了该书日译本的译介历程，明治三十九年（1906 年）首译刊载于《社会主义研究》杂志第四号，大正七年（1918 年）在订正后出了新译本。堺利彦早期译文都是从英文版译出，而此最新译本则是从德文译出，文中除原注外，还有译者自己加入的注解。需要注意的是，堺利彦特别提到"前之单行本因检阅而被涂抹部分，在此新版依旧削去，盖甚遗憾而无可如何者也"[1]，可见，《发展》一书在日本的译介传播始终受到当局的限制。黄思越在翻译此书时，将日译本中的缺失部分都补全出来，"原译本被涂抹部分，一一依据英译本补足，并于栏外加以小注，以便读者"。[2] 从翻译源头看，该译本融合参考了译自德文的日译本和英译本，呈现翻译源头交错的现象。另外，《发展》日译本的发行传播情况对于黄思越对《发展》一书在中国的定位预期有很大影响。黄思越指出，"堺利彦初译载于《社会主义研究》杂志，大正七年（即 1918 年），再加订正，揭载于《新社会》杂志，未及终篇（尚余第三章），突遭发卖禁止之处分……据堺氏推测，《新社会》为评论杂志，因受处分，若在研究学术杂志，则不妨揭载。堺氏因力订旧译，成为研究学术小单行本而公刊之"[3]。堺利彦"以学术之名译书推广"的策略无疑对黄思越的翻

---

[1] 因倪斯著：《社会主义发展史纲》，黄思越译，上海泰东图书局，1928 年 8 月版，第 6 页。

[2] 同上，第 82 页。

[3] 同上，第 81 页。

译策略也有一定导向，因此，黄思越宣称该书就是为学术研究，以此正名，以促传播。在思想传播早期，译者往往以新知识之名传递新思想，既为减少接受阻力，也可引发读者兴趣。

从译本格式体例看，黄思越译本尽管译自日译本，但与堺利彦日译本也存在一些差异。首先，书名相差较大。堺利彦译本单行本初名为《由空想向科学》，后改为《社会主义之发展》，这正是黄思越译本之蓝本。而黄思越将书名定为《社会主义发展史纲》，"史纲"之名更具学术特质，这既体现了译者"以学术研究为目的"的重译策略，自然也使该译本在大革命失败后的白色恐怖中多了几分隐秘性。

其次，各章标题及章内小标题也不完全相同。堺利彦在译序中曾说过，都是原文所没有的，而是译者自己加的。现将黄译本与堺译本的标题列出如下（见表三）。

通过对比可见，两个译本的章节题目基本一致。堺利彦在以英文版为底本的译本中还以片假名译介"辩证法、形而上学"，在以德文版校译的新译本中则直接使用了汉字译名，也表明此时"辩证法"和"形而上学"的日译名已经确立。但是第三章第五节题目分别为"无产界无政府状态"和"生产界无政府状态"，"无产界"意指主体世界，而"生产界"意指客体世界，二者显然不同。此外，还有一处明显的差异，即早期日译本中第三章第十小节的题目被隐去以"××××××××××"代替，而堺利彦新译本则直接将此小节删掉。黄译本则将之补出译出，即"国家死灭说"，无所顾忌地将该小节标题译出，以学术研究之名为自己的完整翻译正名。看似简单的分节和添加标题，实则深刻影响了对《发展》一书的理解和诠释方式。

表三 黄思越《发展》译本与堺利彦日译本章节标题比较

黄译本章节标题	堺译本章节标题 [1]
第一章 空想的社会主义	**第一章 空想的社会主义**
一 法兰西革命之意义	一 フランス革命の意义
二 近世无产阶级之先驱	二 ブルジョアと、ブロレタリアの先驱
三 三大空想家之出现	三 三大空想家の出现
四 革命后新社会之失望	四 革命后に于ける新社会の失望
五 未熟的事实与未熟的思想	五 未熟な事实と未熟な思想
六 圣西门	六 サン・シモン
七 蒲利尔	七 フーリエ
八 罗伯欧文	八 オーエン
九 折衷的社会主义混成酒	九 折衷的社会主义の混成酒
第二章 马克斯二大发现	**第二章 マルクスの二大发现**
一 辩证法与形而上学	一 辩证法と形而上学
二 形而上学的思案	二 形而上学の考へ方
三 辩证法的思案	三 辩证法の考へ方
四 唯物史观	四 唯物史观
五 剩余价值说	五 剩余价值说
第三章 科学的社会主义	**第三章 科学的社会主义**
一 唯物史观之前提	一 唯物史观の前提
二 近世社会主义	二 近世社会主义
三 社会的生产与资本家的领有	三 社会的生产と资本家の领有
四 无产阶级与有产阶级	四 プロレタリヤとブルジョアジー
五 无产界无政府状态	五 生产界の无政府状态
六 产业预备军	六 产业预备军
七 恐慌	七 恐慌
八 资本集中	八 资本の集中、生产力の国有
九 劳动阶级掌握政权	九 劳动阶级の政权掌握
十 国家死灭说	十 自由の国
十一 自由之国	十一 历史的进化の概括
十二 历史的进化概括	

---

[1] 此处以堺利彦译本 1930 年版本（《社会主义の发展——空想から科学へ》）
为例。其中个别章节题目与其之前以英文版为底本的日译本略有出入，如
1927 年译本中第一章第一节为"フランス革命の结果"，第二节为"近世无
产阶级の先驱"，第四节为"革命后に于ける新社会"，第五节为"未熟な
思想"，第八节为"ロバート・オーエン"，第二章第二节为"メタフイジ
クスの考へ方"，第三节为"ヂアレクチクスの考へ方"，第三章第一节为
"唯物史观"，第六节为"产业界の预备军"，第八节为"资本の大合同"，
第九节为"劳动阶级政权を握る"，第十节为"××××××××××"，
第十一节为"自由の王国"，第十二节为"结论—历史的进化の概括"。

再次，译文中保留的外文词语及加注不尽相同。堺利彦依据德文版校译的日译本中共有37处外文词汇（之前依据英文版翻译的译本共有8处英文词汇），黄思越译本中则多达85处外文词语，除法文及德文词外，绝大多数是英文词语。受语言形式影响，日语中多以片假名音译外来词，堺利彦译本中的外来词也都译成了片假名，外文词汇保留少。但是，黄思越在翻译《发展》一书时不但将这些词译出，且保留了外文原词句，为读者提供了可供参考的原文词语。黄思越根据英文版添加了他认为必要的外文词语，译者在译文中自主添加的外文词无疑增强了该译本作为研读文献的学理性。此外，黄译文中还有多处加注，既有原著中自有的"原注"，也有堺利彦添加的"译者注"，还有黄思越自行加注。黄思越译本中共有40处注，除6处标注原注外，其余34处都为译者加注。而堺利彦以德文版为底本的新译本中共有49处注，原注5处，译者加注44处。黄译本中的加注显然受到日译本影响，这些注释以解释说明译文中关键术语内涵及来源为主。堺利彦在翻译该书时，不但参照德英原版对旧译加以校阅，还广泛阅读相关日文译著及德英文献以加深理解，其中部分论述甚至无形中已通过翻译转化为译者的思想。其添加的大量注释不但凸显了译者的解读与阐释，也为读者提供了额外的文献参考，间接增强了黄译本的学术研究价值。

从术语翻译来看，黄思越译本术语与如今通行的术语有部分是一致的，说明这些译词在当时已趋于规范、稳定并沿用至今，但很大部分译词存在差异，一方面是受时代和译本底本影响而表述不同，但内涵所指基本一致，另一方面则是术语译词表述不同，意义所指也有很大差异。如"有产者、无产者、有产阶级"这些译词频繁出现，说明当时"资产"这一概念尚未明晰，译者还是从"有、无财产"的角度进行阶级区分，对其属性认识还不够深入。"社会组织、社会构造"如今都译为"社会制度"，尽管这些译词表达出了原文的字面意思，但显然如今的译词才揭示出"制度"这一本质体现，这样的译词迁变恰恰见证了《发展》中的术语概念随中国社会历史语境的变化与需求，不断激活其关联意义并建构起中国化概念体系的过程。此外，黄思越译本中体现了译者试图结合原著与译入语语境进行再解读的主体规划。如第一章第二小节中的"商工市民"一词与日译文译词一致，英文原词为"burghers"[1]，今译为"资产阶级"。"burghers"一词本意为"市民"，日译本添加的定语"商工"二字无疑定义了这一市民群体的身份及定位，而黄译本则对引自日译本的"商工市民"又进行了新的内涵阐释，从事"商工"之人在日本或被视为下层社会的代表，但在当时的中国则是"有产"的体现。可见，即使同一译词在不同语境中也有其各异的内涵所指，突破语言界定而被赋予特定的社会意义。

当然，黄译本中有些译词从日文到当时的译本再到今译本中的历时迁变，也体现了国人对《发展》一书中马克思主义经济学思想的理解与建构不断深入的实践过程。如黄译本第三章第四节中"工资劳动者"一词，日译本为"赁银劳动者／赁金劳动者"[2]，今编译局译本译为"雇佣劳动者"。该词的英文为"wage-worker"，日、中译本都以"劳动者"对译"worker"似乎无可争议，而"wage"的译语则有差异。日译本的"赁银／赁金"都是指"支付雇请劳动报酬的钱"，幸德秋水和堺利彦在《共产党宣言》首个日译本中

---

[1]《发展》一书英文版参见网址 https://www.marxists.org/archive/marx/works/ 1880/soc-utop/ch01.htm（2020/9/11）

[2] 以英文版为底本译为"赁银劳动者"，以德文版为底本译为"赁金劳动者"。

也将此词译为"赁银",但是陈望道在参考首个日译本翻译的《宣言》中将此词译为"工银",黄思越与陈望道一样都没有直接采用日语译词,黄思越用"工资"一词显然受到新文化运动倡导的白话文影响,也蕴含着经济学思想对当时国人潜移默化的影响。"工资"取代了"金银"成为为现代工人支付的劳动报酬,凸显了"劳动者出卖劳动力作为商品挣取工资"的实质。而如今的"雇佣劳动"译词则淡化了原文"wage"作为"报酬"的含义,激活了其背后"雇佣"的对象关系,突出了二者的阶级属性划分;同时,将有产阶级与无产阶级二者置于"雇佣"行为的主客体对立状态。可见,术语译名随社会诉求及时代发展相应变迁,在从字面意义到内涵意义、从表征到本质的探析中逐步建构起适应译入语语境的话语体系。

术语概念的译名选择直接反映译者对于术语内涵的理解和阐释,同时关系到思想传播的效果和影响力。思想早期译介传播中,各译本之间的译语传承不容忽视,沿用下来的译词经过各时期历史语境下的选择与阐释逐步建构并固定其意义内涵,而不同译本正是通过译语间的关联迁变记载下异质思想逐步被理解与接受的脉络。翻译中的理解不是从源文到译文的水平式转换,而是在意义重构中逐步渗透融入本土思想体系[1]。黄思越译本的术语译名有些得以保留至今,是马克思主义术语经由日本进入中国并被固化接受的印证,有些译词则逐步被替换,在反复诠释中被赋予新的概念内涵,而留在译本中的这些译词无疑记录下了《发展》一书本土化传播历

---

[1] 对本句的理解参见"The direction of comprehension, therefore, will not be lateral—a slide from *a* to *b*, from text to interpretation, from source to translation along horizontal lines—but ingressive"。Steiner（2002：395）

程中探索的足迹。

　　从译文阐释方式来看，黄思越译本的解读具有互文意识，译者参考该书多语版本并将之与马克思其他经典著作相关联，无形中拓展了《发展》一书的阅读维度，并推动了马恩著作所承载的科学社会主义思想的体系化建构。尽管黄思越译本只翻译了该书正文和堺利彦的译者序，却舍弃了日译本中的英文版序言内容及附录《马尔克》，但这正是译者根据文中思想的可理解性及中国社会的语境需求而做出的取舍。在翻译过程中，除以堺利彦新译本为底本，黄思越还对照了之前堺利彦以英文版为底本翻译的日译本及英文版《发展》。如第三章第二节"近世社会主义"中的"注一"（第48页）就写道：

　　　　余依英译本之前译如次。"资本家的生产方法，与封建制度不适合，与封建制度付与个人之特权不适合，与一切社会之阶级的等别及地方的团结不适合，更与为其社会组织骨格之世袭的主从关系不适合。"依此可更明瞭原文意味。

可见，黄译本立足于文本的可读性而选择更易理解的源文本。另外，第二章第四节"唯物史观"中的两处注释信息："'过去一切历史……为阶级斗争之历史'见于马克斯与因倪斯共著之《共产党宣言》"以及"此部分参照马克斯所著《经济学批判》序文中，有名之唯物史观要约的叙述一节，意味更为明白如左……"。（第40页）其中提到的两本著作《共产党宣言》和《经济学批判》都是马克思主义重要文献，以马克思主义经典文献解读《发展》内涵从而加深理解，这在一定程度上反映出译者对《发展》一书的阐释已置于马克思主义思想体系之中。这种互文提示无疑会在一定程度上激发国人的研读兴趣，也映射出当时中国知识分子对马克思主义的理解与接受开始出现体系化的探索与建构。

从翻译效果及翻译影响来看，尽管文中存在个别误译（如三次将"卢梭"错译为"罗素"），但整体翻译水平较高，理解深入，可读性强，是《发展》一书在中国翻译传播的重要代表性译本，对当时知识分子理解科学社会主义思想提供了很好的文献资料，并对马克思主义学理探究及理论体系建构具有重要意义。目前尚无法统计黄思越译本的发行数量及受众反映，但从 20 世纪 20 年代《发展》一书多个译本集中问世及之后译本受此译本影响可见，当时中国知识分子及中国社会对《发展》一书所传载的科学社会主义思想及唯物史观很感兴趣，对人类社会发展规律的理性追索无疑使马克思主义在中国的译介传播开始逐步融入中国思想文化体系。在当时的知识分子看来，马克思主义不仅是来自西方的新知识，而且是有望引领并重塑中华民族的新思想，深入研究马克思主义并用适合中国语境的方式阐释该主义无疑成为当时的迫切需要。由此来看，黄思越《发展》译本只是《发展》一书进入中国的一个片段，而正是不同阶段不同译本的片段汇集展示了《发展》在中国的早期译介全貌。黄思越译本意在为学术研究而重译，是当时对《发展》一书的学术性阐释与探究。以理性引导实践，这是新文化运动时期马克思主义译介传播的重要组成部分，也是马克思主义在中国体系化建构中不可忽视的一环。

总之，黄思越《发展》译本在译介源头及内容选择方面受到日译本影响，在术语翻译及阐释模式方面又体现了译者的主体规划意识，从译介影响及传播效果来看助力建构了科学社会主义及唯物史观在中国的译介传播脉络，对马克思主义在中国的学术及实践研究均具有相当的历史意义和理论价值。黄译本问世时正值国内革命低谷，革命实践失败重新引发了国人对革命进程的探索。同时，马克思主义经由"五四"新文化运动时期的宣传已经具有一定的传播基础，但是对马克思主义的理解还存在诸多模糊甚至错误认识。《发展》一书对马克思两大发现的论述，尤其是唯物史观引导下从历史发展规律洞悉人类社会变迁并深入探析社会发展的思想体系，引起中国进步知识分子的极大关注。黄译本从堺利彦最新日译本译出，体现了当时日本社会主义者对《发展》一书的最高阐释水平。同时，黄思越又在译文中添加诸多注释，意在为理论水平不高的中国读者提供必要的解释说明，以助其辨析该主义之原因、过程和结果，这对于当时马克思主义在中国的翻译传播无疑具有重要的学术意义。

《共产党宣言》与《社会主义从空想到科学的发展》都是在新文化运动时期被首次完整译入中国。前者首个全译本于中国共产党成立前问世，既是五四运动后马克思主义传播高潮的集中体现，也对中国共产党的成立及早期马克思主义者的成长具有重要意义；后者多个全译本于国民革命时期及国民革命失败后相继译出，体现了当时知识分子从不同视角对社会主义思想及唯物史观的反复诠释之兴趣与热情，为马克思主义思想的体系化建构奠定了基础。《宣言》与《发展》两部经典著作全译本问世是新文化运动时期马克思主义翻译传播的大事。最先被译介的往往是最被需要的，显然马克思主义进入中国的顺序不同于其创作顺序，优先选择的科学社会主义思想及唯物史观影射了新文化运动时期国人从人类社会发展的大背景探索追寻变革图强之路，并从学理探究向革命实践过渡，不断尝试建构中国语境下马克思主义思想内涵。马克思主义文献的完整翻译是马克思主义在中国翻译传播的重要节点，标志着马克思主义在中国开启了完整、系统化的翻译实践，蕴含着马克思主义中国化历程的重要脉络。

第五章 马克思主义核心概念的翻译阐释

核心概念是思想的灵魂与主线，概念翻译见证了思想文化交流中概念价值的意义重构。在思想概念翻译的过程中，译者不但根据目的语语境调整概念内涵使其顺利融入已有的价值体系，同时也为目的语已有的思想概念体系引进了新因子。新文化运动时期的马克思主义思想主要源自日本的著述译作，也开始从英、德、法、俄马克思主义文献翻译，翻译主体在向日本摄取马克思主义思想概念的同时，也附带来了一批日译词[1]。核心概念的译介不但是思想翻译与传播的前提和基础，也彰显了译者的翻译策略和社会语境在接收外来思想时的整体规划，核心概念的阐释方式在根本上奠定了异质思想的重构模式。

意义体系的建构与语言文化有着密不可分的关系，概念译名与所处语言中其他的词语组成了一个意义网络，并共同构成了一个思想体系。严复在译词创制上曾言"盖翻艰大名义，常须沿流讨源，取西字最古太初之义而思之，又当广搜一切引申之意，而后回观中文，考其相类，则往往有得，且易合而不易离"[2]，可见严复主张

---

[1] 关于汉语中日译词的分析研究颇多，而对汉语中马克思主义翻译带来的日译词研究最具代表性的就是德国学者李博于20世纪70年代著述的《汉语中的马克思主义术语的起源作用》一书。Li Yu-ning（1971）也在 The introduction of socialism into China 一书中列举了源自日本的马克思主义术语。

[2] 见《严复集》第三册518页。

从中国自有的词汇术语中创制对应新概念含义的译名，这也是最初译介西学概念的做法。同时，概念译名的语义内涵建构又与译入语社会语境紧密相关，译名所达之意必然反映在当时社会语境下对思想内涵的解读方式及预期。新文化运动时期对马克思主义核心概念的翻译阐释既是在译入语中寻求能指，也是建构所指的过程。

新文化运动时期马克思主义核心概念的翻译基本传承了日本的译名，也就是说中国在从日本译介马克思主义的过程中，不但接受了其思想内容也接受了其表达基本概念的物质的语言形式。这些语言形式既包括日本学者、翻译家和政论作者在接受西方社会思想过程中创造出的新词汇，也有继承中国古汉语形式的词汇，只不过日本赋予了其新的含义并以新姿态返回到了汉语中成为专门的马克思主义概念术语（如"资本""人民"等），但是这些词汇已与中国同形的词汇有了截然不同的内涵。而进入中国的马克思主义术语的意义又重新被建构，根据中国的社会语境做了相应的调整（如中国的"革命""矛盾"等词在译介马克思主义时与日本和俄国的对应词相比在内容和功能上有了一定的变化和发展），建构起了中国马克思主义思想体系中的概念内涵。

可以说，核心概念的翻译阐释是异质思想内涵建构的重要内容。新文化运动时期对马克思主义的翻译传播集中在其科学社会主义思想及唯物史观内容上，选择了哪些内容及如何阐释其中的核心概念直接决定了马克思主义思想内涵的重构。接下来就从唯物史观的译介与传播、社会主义的内涵与争论来探析马克思主义思想内涵及其核心概念的翻译与意义建构。

第一节　唯物史观的译介与传播

　　马克思主义唯物史观揭示了人类社会历史的发展规律，提供了观察和解决问题的历史观和方法论，是马克思的两个主要发现之一。马克思在《〈政治经济学批判〉序言》中阐述了其唯物史观形成、运用和得以证明的过程，并说明了其方法论的唯物主义基础。《序言》中这一段论述，是马克思本人对历史唯物主义基本原理所作的最完整最简明的概括，是理解唯物主义历史观最重要的经典文本依据。（田心铭，2015：19）此外，《哲学的贫困》《共产党宣言》《资本论》等马克思主义文献中也有论及唯物史观。尽管没有专门的唯物史观著作，但可以说马克思主义唯物史观实则渗透在马克思主义绝大多数文献中，是马克思主义思想体系的基础和方法论。从这个意义上讲，对唯物史观的译介传播并非是单一的文本翻译，而是追溯提取散见于马克思主义著述中的历史观与认识论。

　　20世纪初，唯物史观的思想片段就被零碎译入中国。五四运动后，随着马克思主义译介传播的高潮，唯物史观开始受到进步知识分子的关注，成为当时传播的焦点。"这一理论焦点的获得也是从20世纪初中国人有关社会主义思潮的介绍中，借助十月革命的催化作用，在新文化运动的激荡中逐渐积淀下来、清晰起来的"。（周嘉昕，2011：39）新文化运动时期对唯物史观的译介传播主要源头仍是日本，以河上肇为代表的日本马克思主义者对唯物史观进行了较为深入的阐释研究，深刻影响了中国进步知识分子。同时，唯物史观关照下对人类社会历史发展规律及其发展走势的剖析对于当时急于求变的国人具有很大的启示和吸引力，历史维度的宏观研判迎合了中国社会的现实需求并对中国革命具有指导意义。当时译介传播的唯物史观主要源于日文著译，不可避免地受到日本对马克思主义唯物史观的理解和解读的影响，而经过译者"译述混杂"的解读和呈现及层层转述后，新文化运动时期译介传播的唯物史观已彰显出进步知识分子立足解决现实问题的初衷与规划。接下来就从这一时期唯物史观的翻译选择及其阐释模式入手，结合实践语境需求及思想观念的传承与融合探析唯物史观在当时的译介传播情况。

　　首先，唯物史观何以可能？唯物史观在新文化运动时期备受关注且成为中国早期马克思主义者的共同思想旗帜，一方面源于其内在的理论逻辑具有普适性意义及实践动力，另一方面也在于中国的现实语境为唯物史观的译介传播提供了条件和基础。唯物史观在某种意义上是马克思主义的代名词，它贯穿于马克思主义思想体系中，既是涉及历史、政治、经济的理论，也是观察分析人类社会发展规律和走势的方法论。唯物史观对整个人类社会发展具有深刻的洞悉力与很强的解释力，且由于其并非一成不变的教条主义，而是随着社会历史发展具有动态调适的特性，因此对世界社会主义运动及探索民族发展变革都具有实践启示和指导意义，对新文化运动时期处于历史转型的中国也具有极强的现实意义。同时，中国当时所处的内外环境及其自身发展阶段召唤着唯物史观作为救国救民的真理，来解决现实问题并找到发展出路。唯物史观的译介传播是对20世纪之交盛行的进化论思想的深化，李维武（2017：28）曾言，唯物史观在中国思想世界崛起的思想前提，与其说是19、20世纪之交进化史观的盛行，不如说是新文化运动中对进化史观的反思。唯物史观不是抽象的理论，其运用必须依托现实基础，而当时的中国社会无疑赋予了唯物史观这一基础。唯物史观为救亡图存的国人指明了革命实践之路，也为中国共产党的成立成长奠定了理论基础。唯物史观还与中国传统哲学相呼应，正如李泽厚（1988：10—15）所指出，马克思的唯物史观与中国传统儒家思想的深层心理结构即"实用理性"，有着内在的勾连，而唯物史观对经济基础的说明和包含的理想目标与中国传统文化亦有相通之处。将唯物史观融入中国哲学思想无疑丰富了中国自有的思想体系，而唯物史观在与中国哲学思想的互通互融中也形成了马克思主义的中国化内涵。

其次，唯物史观何以示人？新文化运动时期译介传播的唯物史观杂糅在社会主义思想中，经早期马克思主义者及进步知识分子译介选择及反复阐释，从多维视角呈现了中国语境下的唯物史观内涵及意义。正如德里克（2005：18）所言，"唯物史观即使在1918年之前就已经进入中国的史学词汇表，它也没能对中国历史的概念化形成任何重要的影响。就思想的意义而言，它的起源应该回到1918年。"李大钊作为最早系统阐释唯物史观的革命者，自1918年开始就通过《新青年》和《每周评论》等期刊译介俄国十月革命及其理论思考。1919年五四运动后，唯物史观译介传播出现高潮，尤其是《新青年》六卷五号"马克思研究号"集中刊发了多篇译介唯物史观的文章，是这一时期最具代表性的唯物史观译述。其中部分文章对唯物史观的译介内容如下：

如顾兆雄的《马克思学说》一文。该文第二部分"唯物的历史观及批评"从"马克思以前的关系学说""'唯物的历史观'的大意""'唯物历史观'的应用""'唯物历史观'的批评"几个方面集中探讨了唯物史观。对于唯物史观的大意文中指出，"唯物的历史观"，是一种科学的历史观察法，是一种空前的社会哲学……"唯物的历史观"说，凡社会秩序的基础，全在这社会里的"出产"（Production，日人译作"生产"）和那出产品的交易形式。至于那出产品如何分配与社会内各阶级，这个阶级如何成立，全看社会里出产何物，如何出产，与出产品如何交易而定。所以欲观察人类社会，那最根本最原始的物件就是经济。一切社会生活的基础，只是共同出产。社会里一切变动的最终的原因，须在一时代的经济里寻找。对于唯物史观的应用，文中指出"这个应用，便是那所谓的'科学的社会主义'"。而对于唯物史观的批评，则分析了引起社会冲突的现世社会经济的内部矛盾，并质疑"旧社会秩序必要自己废除"的"必要"之内涵。在文章最后的"批评"一节，指出"马克思的学说虽然包含许多的错误，他在历史上的大意义，却是终古不能磨灭的……社会科学与社会运动受了他的教训，然后才考量现代社会制度的调剂方法"。尽管文章没有标记对唯物史观的译介源于何处，但从其中英文词汇及提及的日译名，可见作者应是参阅了日本学者的唯物史观论述，抑或转述自其他译文。作者没有盲目全盘接受唯物史观，而是在概述大意及其应用的基础上批判地评价了唯物史观。

再如凌霜的《马克思学说的批评》一文。尽管题为批评，作者在文末表明自己的立场，实则为传播新思想新学说。文章首段说明"作者批评马氏的学说，对于他的经济论和唯物史观，以德人E. Bernstein 的批评为根据"。文中第二部分"唯物史观"论述如下："马氏历史哲学的方法和原理的发明，可算是他最大的创造，为学问界开一个新纪元。他所说的生产者在历史进化上的重要，可谓发前人之所没发。况且他能证明他们在社会的机体形式和意义的影响。所以姑无论他有时出自假托，到底可算是他著作中最重要的一部分。有人将马氏这种发明，和达尔文的发明相比，较马氏的《政治经济学的批评》（ *Zur Kritikder politi schen Okonomie* ）出世，恰和达氏的种原论同时。马氏在他的历史的哲学序中，说明社会机体进化的原理，和达氏所发明的生物机体进化的论据，很是相近。"作者从德文译介了相关观点，并认为唯物史观主要载于《政治经济学的批评》一书。

同期的《马克思研究》专栏收录了三篇探讨唯物史观的文章，分别是陈启修的《马克思的唯物史观与贞操问题》（录自《新中国》原题《女子贞操的金钱价值》、渊泉的《马克思奋斗生涯》（《录晨报》）、渊泉的《马克思的唯物史观》（《录晨报》）。陈启修用唯物的历史观观察女子贞操内容的变化，并指明中国衰微的根本原因在女子没有自觉，不明贞操观念，展示了唯物史观分析中国现实问题的范例。渊泉的两篇文章都发表于《晨报》，前者重点介绍了马克思的生平及其《资本论》一书，后者集中介绍了唯物史观。渊泉在开篇就写到，"这篇是日本研究马克思的大家河上肇所著的，简洁明了，很有价值，特译出来，作研究的资料"。文中分别介绍了《共产党宣言》和《经济学批评》的序文中传载的唯物史观，并对马克思的历史观作出了概括和说明，"马克思的历史观，已如上述，普通称他为唯物史观，我想称他为经济史观。何以有唯物史观的名称呢？因为他说明社会上历史的变迁，注重在社会上物质的条件的变化。何以我又想称他为经济史观呢？因为他说明社会上历史的变迁，注重在社会上经济条件的变化。总而言之，观察社会的变迁，以物质的条件，再适切说起来，以经济的事情为中心，这就是马克思的历史观的特征了"。这篇文章译自河上肇的唯物史观研究资料，渊泉翻译的目的也是作为有价值的研究资料。这篇文章被收入《新青年》后又被多次摘述转载，成为当时颇具影响力的唯物史观文献，对后面的唯物史观译介传播产生重要影响。

其中最具影响力的唯物史观译介就是李大钊的《我的马克思主义观》（上）一文，《新青年》6卷6号刊登了《我的马克思主义观》（下），上篇重在介绍"唯物史观"和"阶级竞争说"，下篇主要介绍了"经济论"。《我的马克思主义观》（上）共分七部分，第四部分介绍了唯物史观的历史发展背景及要领，第五部分专门叙述了"马氏独特的唯物史观"。文中提到："至于他的唯物史观，因为没有专书论这个问题，所以人都不甚注意……他那历史观的纲要，稍见于一八四七年公刊的'哲学的贫困'，及一八四八年公布的'共产者宣言'。而以一定的公式表出他的历史观，还在那一八五九年他作的那'经济学批评'的序文中。"接着把见于《哲学的贫困》、《共产党宣言》和《经济学批评》序文中反映马克思历史观的部分做了节译，并在文中标明"以上的译语，从河上肇博士"。节译部分是为了作为探讨唯物史观的研究资料，译文之后，李大钊针对引文所蕴含的历史观进行了要领归纳和分析。马克思的唯物史观散见于三本著作中，包含"社会关系与生产力有密切的联络""那思想的历史所证明的，非精神上的生产随着物质上的生产一齐变化而何？"和"不是人类的意识决定其存在，他们的社会的存在反是决定其意识的东西"一系列论述，李大钊在分析中总结"马克思唯物史观有二要点：其一是关于人类文化的经验的说明；其二即社会组织进化论，他实际是归纳了经济决定性和生产力发展决定生产关系变革的规律"。在对唯物史观和阶级竞争说进行评论时，李大钊既肯定了它们的理论价值也提出了问题，尤其关注到了文本创作的语境问题，"我们批评或采用一个人的学说，不要忘了他的时代环境和我们的时代环境就是了"，这也反映出他的马克思主义译介观。翻译中可以译介的是文本，但却无法复制文本形成的语境，所以认识到思想翻译中的语境差，就会更灵活阐释思想概念，使异质思想通过译者的调和与目的语语境协调互融。

以上译介传播的唯物史观内容又被其他进步知识分子转述摘取和阐释，从"译"到"述"再到"论"和"析"，使唯物史观在中国的传播影响逐步扩大并深入。

再次，唯物史观何以解读？新文化运动时期进步知识分子在译介传播唯物史观的同时，从不同维度视角对唯物史观进行了阐释分析，使唯物史观在中国形成了基于实践的多维解读，切合了唯物史观的开放性和动态性，形成了中国化的唯物史观意义建构。正如李维武（2017：30）所指出，"对唯物史观的多维度阐释中，有五位代表性人物的工作尤其值得注意：李大钊从历史学维度阐释唯物史观；陈独秀从政治哲学维度阐释唯物史观；蔡和森从人类学古史研究维度阐释唯物史观；李达以《现代社会学》建构唯物史观中国化表述体系；瞿秋白从唯物史观走向辩证唯物主义。"这些不同阐释或许会导致唯物史观解读的主观性甚至歧义，但同时也丰富了中国语境下唯物史观的内涵。

李大钊是中国最早的马克思主义者，也是积极宣传唯物史观的代表性人物。他在《新青年》上先后发表的《我的马克思主义观》和《由经济上解释中国近代思想变动的原因》分别译介宣传了唯物史观并运用唯物史观考察分析了中国的现实问题。在他的专著《史学要论》（1924）中，从历史学维度阐释了唯物史观，认为历史观既是对历史的哲学思考，具有哲学的内容，又贯穿于历史学研究之中，是历史学的一部分。李大钊提出上层的变革依靠经济基础的变动，故历史非从经济关系上说明不可。尤其值得一提的是李大钊在《新青年》8卷4号刊发的《唯物史观在现代史学上的价值》一文，文末有言："唯物史观在史学上的价值，既这样的重大，而于人生上所被的影响，又这样的紧要，我们不可不明白它的真意义，用以得一种新人生的了解。一切过去的历史，都是靠我们本身具有的人力创造出来的，不是那个伟人圣人给我们造的。现在已是我们世界的平民的时代了，我们应该自觉我们的努力，赶快联合起来，应我们生活上的需要，创造一种世界的平民的新历史。"可见，作者从历史维度解释了世界发展带给平民的机会，也号召平民行动实践起来创造新的历史。李大钊在多部论述和著述中分析了唯物史观的思想来源和形成过程，将唯物史观看作不仅是一种理论，更是一段历史，是人类思想发展的成果，结合历史观呈现的唯物史观才是丰富生动且富有解释力的。

陈独秀作为中国共产党的主要创建者和早期领导人，也积极宣介唯物史观，他重视现实政治问题，他对唯物史观的理解阐释与政治哲学紧密相关。他将唯物史观视为科学，用唯物史观分析考察中国的现实问题并谋求解决方案是合理可靠的。陈独秀从唯物史观对国家、政党、阶级、政权、革命等问题进行了分析，尤其对阶级斗争问题极为关注。他对唯物史观的阐释和解读更多是为了认清形势、改变现状，对当时的工人阶级进行了阶级意识启蒙，对中国共产党的发展及革命路线具有引导作用。由于陈独秀的特殊身份，他从政治哲学视角阐释唯物史观不但丰富了国人对唯物史观的理解，也对中国共产党早期的政策和策略产生了积极影响。可见，理论阐释方式和视角不但决定了理论如何被国人理解，也决定了理论的影响力和导向。

蔡和森对唯物史观的阐释和理解体现在其与毛泽东的书信往来中及其《社会进化史》（1924）一书，他提出将唯物史观作为中国共产党的哲学基础，并从人类学古史研究维度对唯物史观进行了分析。蔡和森（1980：74）认为自己是极端马克思派，极端主张：唯物史观，阶级战争，无产阶级专政。在他看来，唯物史观揭示了人类社会进化规律，《社会进化史》一书即基于此考虑而写。尤其值得一提的是，蔡和森不只局限于马克思文献中的唯物史观，还关注到恩格斯《家庭、私有制和国家的起源》中的唯物史观，并以唯物史观探析中国历史尤其是中国古史的研究，同时以古史研究进一步深化了对唯物史观的认识。

李达是早期马克思主义者中对唯物史观有最为深入研究的代表性人物。他不但在湖南多所大专学校讲授唯物史观，还写成了《现代社会学》（1926）一书，以"社会学"之名论述唯物史观。李达对唯物史观阐释系统透彻，"不仅综合了唯物史观派从不同维度对唯物史观的理解和阐释，而且更新了李达自己对唯物史观的理解和阐释"（李维武，2017：41），既有综合又有创新，关切历史又联系现实，学理性与实践性相呼应，是当时对唯物史观最为丰富、深入的解读。李达所阐释的唯物史观为中国马克思主义哲学发展奠定了基础，丰富了马克思主义的实践内涵，对于马克思主义中国化建构具有重要的理论和现实意义。

瞿秋白对唯物史观的理解具有更广阔的视野，与其他知识分子不同的是，他对唯物史观的理解和解读主要受到苏维埃俄国马克思主义者（尤其是普列汉诺夫和列宁）的影响。他积极译介传播马克思主义，将唯物史观纳入马克思主义哲学体系，以辩证唯物主义为基础来阐释马克思主义哲学。瞿秋白主张用辩证唯物主义来考察人类历史和社会现象，这样才能真正实践唯物史观。在他《社会哲学概论》（1924）一书[1]中，强调马克思主义哲学首先是一种宇宙观，其次才是历史观。只有先讲清楚辩证唯物主义才能讲清楚唯物史观，唯物史观在本质上就是辩证唯物主义对人类历史和社会现象的说明。瞿秋白将唯物史观与辩证唯物主义联系起来，开创了唯物史观阐释的新维度，这对于深化唯物史观理解及马克思主义哲学在中国的体系化建构具有重要意义。

总之，新文化运动时期唯物史观的译介传播既是马克思主义翻译传播的一部分，也是马克思主义在中国语境下体系化建构的雏形。这一时期对唯物史观的译介主要源于日本的唯物史观著译文献，也受到俄国及欧洲对唯物史观的阐释的影响。国人不但译介了马克思主义文献中阐释唯物史观的句段，还结合自己的立场和理解及中国社会现实从多维度深入探析了唯物史观的内涵及意义，丰富了唯物史观在中国语境下的思想内涵，也推动了唯物史观的中国化传播历程。从唯物史观的译介传播可见，新文化运动时期对马克思主义内涵的理解已不是简单的文字阐释，而是积极主动的择取和实践，对唯物史观不拘一格的阐释方式恰恰激活了马克思主义与时俱进的品质及其中国化进程中迸发出的生机和活力，在理论探索与实践应用的融合中进一步推动了马克思主义的中国化进程。

第二节　社会主义的内涵与争论

尽管新文化运动时期马克思主义在中国的译介传播出现前所未

---

[1]　参见《瞿秋白文集》（第2卷）。

有的盛况，但是并非所有人都完全相信并接受马克思主义，对马克思主义的质疑、争论从未停止。异质思想的译介传播既包括正面推介和积极接受，也包含批判质疑和对立辩驳，而且往往是在权衡、怀疑、论争与辨析中加大了关注的兴趣并深化了对思想内涵的理解。马克思主义最先译介入中国的就是其社会主义思想，新文化运动时期针对社会主义思想内涵的争论最为激烈，对社会主义的质疑实则是对马克思主义的抵触和反对。从本质上看，社会主义内涵之争是捍卫马克思主义思想本源、为马克思主义中国化开辟路径的必经之路。

一、"问题与主义"之争

新文化运动时期，马克思主义受到了极大的质疑并因此引发了诸多争辩，其中最具代表性的是李大钊与胡适二人"关于主义"的问答之争。"问题与主义"之争实则影射了对马克思主义能否解决中国问题的质疑，也标志着马克思主义译介传播由"独白"走向了"对话"。

1919 年 7 月，《每周评论》第 31 号第一版刊登了胡适的《多研究些问题、少谈些"主义"》一文，拉开了针对"研究实际问题与纸上空谈学理主义（即实用主义和马克思主义理论）"传播的争论。胡适尤其提到了"社会主义"这个名词，并以马克思的社会主义为例说明"抽象名词内部意义大不相同、空谈主义只是骗人的危险把戏"。胡适在文末提到，"我并不是劝人不研究一切学说和一切'主义'。学理是我们研究问题的一种工具。种种学说和主义，我们都应该研究。有了许多学理做材料，见了具体的问题，方才能寻出一个解决的方法。但是我希望中国的舆论家，把一切'主义'摆在脑背后，做参考资料，不要挂在嘴上做招牌。"尽管胡适这番话本是为挪揄王揖唐之流蹭社会主义热度之人而言，并非明确反对社会主义，但是他所提出的"多研究问题，少谈些主义"的主张无疑引发了对当时流行的社会主义的热议和再思考。

随后，李大钊和胡适分别在该报 35、36 号发表了《再论问题与主义》《三论问题与主义》两篇文章对此进行论争。李大钊在《再论问题与主义》中指出，"问题与主义有不能十分分离的关系。大凡一个主义，都有理想与实用两面。社会主义，亦复如是。所以现代的社会主义，包含着许多把他的精神变作实际的形式使合于现在需要的企图。这可以证明主义的本性，原有适应实际的可能性，不过被专事空谈的人用了，就变成空的罢了。"可见李大钊认为"主义"是不可或缺的，而且包括社会主义在内的各种主义都需要将之应用于实践语境才有效，关键在于传播与解读社会主义的人如何探索这种实践性。之后，胡适在《三论问题与主义》一文中对此又进行了回应，在他看来"主义就是一种救时的具体主张的简称。主张成了主义，便由具体的计划变成一个抽象的名词。我所说的是主义的历史，他们所说的是主义的现在作用"，并在文末表明自己的立场，"多研究些具体的问题，少谈些抽象的主义。一切主义，一切学理，都该研究，但是只可认作一些假设的见解，不可认作天经地义的信条；只可认作参考印证的材料，不可奉为金科玉律的宗教；只可用作启发心思的工具，切不可用作蒙蔽聪明，停止思想的绝对真理。如此方才可以渐渐养成人类的创造的思想力，方才可以渐渐使人类有解决具体问题的能力，方才可以渐渐解放人类对于抽象名词的迷信。"可见，胡适对于包括社会主义在内的各种主义并不盲从，而是将其作为参考印证的材料和启发思考的工具，立足于解决具体问题，传递了思想译介传播中本土化阐释的原则及注重实践实用性的理念。此后，胡适在该报37号又发表了《四论问题与主义——论输入学理的方法》一文，说道："我虽不赞成现在的人空谈抽象的主义、但是我对于输入学说和思潮的事业是极赞成的……且输入学说时应该注意那发生这种学说的时势情形"。可见虽然胡适通过评判"主义"之说，对马克思主义提出了疑议，但他其实并非完全反对马克思主义，反而是赞成引进新的学说和思潮，而且对待新学说并不是盲目接受，而更注重新学说是否合时宜。

　　"问题与主义"之争是马克思主义在中国传播中的第一次论战，通过论战对"主义"持不同观点的人开始分化，马克思主义者愈发坚定自己的信仰。1919年11月，《新青年》6卷6号发表了李大钊的《我的马克思主义观（下）》，随后胡适马上写成《新思潮的意义》一文，发表在1919年12月《新青年》7卷1号上。各自以公开方式表明了自己的立场，也使马克思主义在中国经历了第一次考验。此外，当时译介的马克思主义与其他思想形成交叉和沟通（虽然马克思主义有些内容被错误解读或与其他思想混为一谈），出现了一些分析、评价甚至批判马克思主义学说的文章[1]，而这些都是马克思主义被接受和认可过程中不可或缺的环节。

　　"问题与主义"之争影响意义深远，在推动马克思主义传播的同时，也促使进步知识分子出现分化，有些人更加科学地认识和评

---

[1]《新青年》6卷5号"马克思研究"专栏刊发了数篇译介马克思主义学说的文章外，对此学界颇为重视。但是同期还有顾兆熊的《马克思学说》和凌霜的《马克思学说批评》等文章，从批判的角度译介了马克思主义，应该说不同声音的讨论和评价不但不会限制和压抑马克思主义的传播，反而丰富了马克思主义的传播，在客观上促成了马克思主义热议局面的形成。

价马克思主义和社会主义，而持改良主义及实用主义立场的人被分化出去。正因为这些不同声音的存在，才使马克思主义在争议中更具活力，正面肯定与反面批判两方面共同推进了其融入中国语境的进程。正如胡适所言："反对便是注意的证据，便是兴趣的表示"[1]。经过二人对"问题与主义"的反复论争，马克思主义尤其是其社会主义思想在当时的影响力及关注度明显提升，对社会主义与中国具体问题的呼应关系的重新思考激发了马克思主义在新文化运动时期的实践动力，对马克思主义中国化具有相当的启示意义。

二、关于"社会主义"的论战

五四运动后，随着社会主义译介传播的深入，"社会主义"出现了三种发展趋势：以唯物史观和阶级斗争论为核心的马克思主义，宣扬社会民主主义的基尔特社会主义和受无政府主义思潮影响的无政府主义。新文化运动时期围绕着"社会主义"的内涵及发展方向爆发了激烈的论战，在这一过程中，中国早期马克思主义者对基尔特社会主义及无政府主义予以了坚决的批判反击，划清了科学社会主义与其他所谓社会主义的界限，坚定了马克思主义者的理论信念，扩大了马克思主义传播阵地。

首先，与无政府主义划清界限。20世纪初期，无政府主义者曾译介传播马克思主义思想片段，对马克思主义在中国的早期翻译传播做出一定贡献。十月革命后，无政府主义者一直攻击马克思主义的译介传播。黄文山（号凌霜）作为无政府主义者，是当时关注

---

[1] 参见胡适《新思潮的意义》一文，发表于 1919 年 12 月 1 日《新青年》第七卷第一号。

社会主义思潮并积极参与讨论的北大学生。1919 年 2 月 20 日，黄文山在《进化》1 卷 2 期发表了《评〈新潮〉杂志所谓今日世界之新潮》一文，攻击马克思主义。同年，又在《新青年》6 卷 5 号发表了《马克思学说的批评》一文，指出"世人对于这些学说^[1]的批评多得很。那攻击社会主义的人，不必说了……无政府党对于他的政策论，绝对的不赞成，早已成为历史上有名的争论。"此文中对马克思社会主义学说的批评主要"以俄人 Z. Kropotkin 的批评为根据"，文中指出"马氏所谓共产主义即今日的集产主义，和他同时在万国劳动会相对抗的无政府党巴枯宁（Bukumiu）自称为集产主义，实即今日的共产主义"，还针对《共产党宣言》中提出的十项条件，提出了无政府党人对这些政策措施的质疑，即"国家的组织从历史上观之，无非建立私权，保护少数特殊幸福的机关。现在教育、国教和保护领土种种大权，都在政府掌握之中。若更举土地、矿山、铁道、银行、保险等等给了他，谁保国家的专制，不较现在还要厉害。"并认为"且社会主义，不应当压制个人的自由。社会是对个人而言，既称为社会主义，那么，社会的物，概当属诸公有，不要为个人所私有，这才对的。马氏的集产说，以衣食房屋之类，可以私有，是明明尚有个人财产，根本上已和社会主义的定义不对。"可见，当时的无政府主义者不但将马克思社会主义思想错误地定位为"集产主义"，还认为社会主义限制了个人自由，他们并没有理解社会主义的真实内涵，而只是借助社会主义推介无政府主义思想。

---

[1]　此处指前句"马克思的学说大约可分为三大要点：（一）经济论；（二）唯物史观；（三）政策论。"

1920 年上半年，无政府主义者凌霜、区声白、朱谦之等人还以《奋斗》为阵地对马克思主义加以批评，掀起了无政府主义者与马克思主义者的论战。同时期，马克思主义者积极撰文阐释马克思主义尤其是其社会主义思想的核心内涵，反驳了无政府主义者对科学社会主义的误解与诋毁，深化了阶级斗争论、唯物史观及剩余价值论的解读。可以说，"无政府主义代表了'主义'的空想状态。无政府主义者推崇社会和个人，反对政府和国家；崇尚绝对自由，在经济上反对任何形式的集中，在组织上坚持绝对的个人主义，在政治上反对任何形式的强权。无政府主义者模糊了'主义'的最终目标和实施手段，没有正确认识和处理好'主义'的工具作用和理想作用"。（王海军、郝思佳，2019：78）无政府主义者对马克思社会主义思想的质疑和曲解激发了马克思主义者对社会主义的深入解读，浮于形式的无政府虚幻想象解决不了中国的现实问题，社会主义的阶级斗争学说及无产阶级夺取政权的论述为中国革命指明了实践道路，在比较与权衡中无政府主义逐渐淡出历史舞台，马克思社会主义学说脱颖而出。

其次，关于"社会主义"的论战激发了对中国实行社会主义的深入思考，对基尔特社会主义及其他反对派坚决反击。关于"社会主义"的论战始于张东荪、梁启超等人发表的一系列反对社会主义的言论，对马克思主义的攻击及歪曲论述对当时的马克思主义传播产生了影响，论辩反击势在必行。1920 年，罗素访华讲学，罗素是基尔特社会主义的支持者，该主义借社会主义之名维护资本主义的思想。同年 11 月，陪同罗素在华期间演讲交流的张东荪在《时事新报》发表了《由内地旅行而得之又一教训》一文，指出"救中国只有一条路，就是增加富力，而增加富力就是开发实业。中国现在没有谈论什么主义的资格，没有采取什么主义的余地，因为处处都不够。"这一番话激起了众多推崇社会主义的知识分子的反驳，针对"中国是否能够实行社会主义"展开了激烈的辩驳。其实，1920 年 10 月《新青年》8 卷 2 号就刊登了张崧年、凌霜等人翻译的罗素的介绍及其所著的多篇文章，罗素曾到访苏俄，主张共产主义，但是他反对劳动专政，在《民主与革命》一文中曾说"像布尔什维克底那些方法应为寻常英民所疏远。在英国，社会主义可以和平手段而来。"同年 11 月，《新青年》8 卷 3 号也刊登了多篇罗素所著文章的译文，《民主与革命》续篇还提到，社会主义有各种的形式，将来各国社会主义胜利之后，各采各的形式，那不是不可能的。凡社会主义的制度最主要的目的是自由，这个比秩序和增加生率能率更为重要。可见，此时对社会主义的理解已出现极大偏差，社会主义面临着"改良民主道路"和"暴力革命道路"的选择，对社会主义的阶级斗争思想产生了怀疑，社会主义译介传播面临着极大危机。

中国思想界关于"社会主义"的大讨论成为这一时期社会主义思想译介传播的重要内容。《新青年》《改造》等期刊专辟"社会主义"讨论专栏，梁启超、蓝公武、张东荪、李大钊、陈独秀、李达、瞿秋白、李季、江亢虎、蔡元培等知名人士纷纷发文参与到讨论之中。其中最值得一提的是《新青年》8 卷 4 号和 5 号关于社会主义的论述，8 卷 4 号开篇就是陈独秀汇总的《关于社会主义的讨论》，汇总了当时关于张东荪言论引发的讨论及书信往来，共包含十三个小节：一、东荪先生"由内地旅行而得之又一教训"；二、正报记者爱世先生"人的生活"；三、望道先生"评东荪君底'又一教训'"；四、力子先生再评"东荪君底'又一教训'"；五、东孙先生"大家须切记罗素先生给我们的忠告";六、独秀致罗素先生底信;七、东孙先生"答高践四书";八、东孙先生"长期的忍耐";九、东孙先生"再答颂华兄";十、东孙先生"他们与我们";十一、杨端六先生"与罗素的谈话";十二、东孙先生致独秀底信;十三、独秀复东孙先生底信。从文中可以看到东孙君的言论动向代表了当时学界部分人对社会主义的怀疑,正如陈望道发出的诘问"东孙,你旅行了一番,看见社会沉静,有些灰心,想要走你旧路了吗?我怕东孙君转向,社会更要沉静;又怕东孙君这时评就是转向的宣言"。陈独秀甚至还专门致罗素书信写道:"'中国第一宜讲教育,第二宜讲开发实业,不必提倡社会主义',我们不知道这话真是你说的,还是别人弄错了呢?我想这件事关系中国改造之方针很重要,倘是别人弄错了,你最好是声明一下,免得贻误中国人,并免得进步的中国人对你失望。"这些书信言论记录反映了当时关于社会主义的争辩,尽管观点不一,但是这样的讨论无疑推进了对社会主义的深入思考,尤其是社会主义在中国的实现方式及途径,对社会主义的译介传播及其中国化内涵建构都具有重要意义。

"社会主义"论战既要反驳歪曲诋毁社会主义的言论,还要从正面论述"实行社会主义"之必然与可能,展示马克思社会主义之本原。《新青年》8卷5号继续刊登了论述社会主义的文章,时任旅日共产主义小组组织者的周佛海在该期发表了《实行社会主义与发展实业》一文,指出"社会主义为救现代社会一切恶弊的万能药。中国现在有实行社会主义的必要和资格。叫资本家来发展实业,决没有好结果;实业就没有发达,也可以行社会主义。不过这个社会主义,要绝对地不受一切旧政党——无南无北,不管它是护法还是违法——支配，不受一般臭伟人政客以及一切过去人底操纵，这才算真正的社会主义。"厘清了实行社会主义与发展实业之关系，坚定表达了可以在中国实行社会主义的立场。同期还发表了李达的《马克思还原》一文，文章开篇就指明了此文的目的，"马克思的社会主义，已经在俄国完全实现了。可是还有许多人正在那里怀疑，实在有替他们解释的必要，所以特意的写点出来看看。"李达在本文中详细论述了马克思主义的本体，接着说明了马克思主义堕落的原因和历史，并说明了马克思主义复活的事实，使世人了解真正的马克思主义。李达从七个方面列举了马克思社会主义的概观，并指出"马克思社会主义的性质，是革命的，是非妥协的，是国际的，是主张劳动专政的"，"马克思社会主义是科学的，其重要原则有五：一，唯物史观；二、资本集中说；三，资本主义崩坏说；四，剩余价值说；五，阶级斗争说"。因为马克思主义经历了堕落受到曲解，所以作者在文末还大声疾呼"马克思还原"。李达这篇文章对于当时的"社会主义"论战具有重要意义，拨乱反正与探析本原是为马克思社会主义正名，对马克思社会主义核心思想的总结与还原尽显自身优势。

以张东荪为代表的基尔特社会主义者片面强调现实国情的严重性及社会发展阶段的不可逾越性，以此反对中国实行社会主义。在基尔特社会主义者看来，资产阶级及其发展的实业是通往社会主义的过渡，这种观点反映了基尔特社会主义者对共产主义理想的疑虑，对社会主义本质认识不足，暴露了资产阶级改良派的本性。马克思主义者的论辩反击清除了基尔特社会主义等反对派对马克思主义思想的译介传播的误导和影响，在反复论辩中加深了对中国实行社会主义的思考。当然，经过"社会主义"论战，马克思主义者也意识到共产主义这一最高理想在短期内是不切实际的，从而调整了革命纲领，制定出最高和最低纲领。可以说，"社会主义"论战明确了马克思社会主义必须要切合中国实践语境的根本原则，坚定了马克思主义中国化的发展方向。

总之，"问题与主义"之争和"社会主义"论战是新文化运动时期马克思主义逐步融入中国社会文化语境的关键环节，也是马克思主义译介传播的重要内容。五四运动激发了国人对于西学适用性与实用性的思考，论争论辩代表了当时知识分子多方位探析解读马克思主义的尝试。马克思主义是与时俱进、开放包容的思想，马克思社会主义为当时的中国社会现实提供了解决问题的途径与革命实践的道路，但这些并非一蹴而就被国人接受，正是在反复比较与论争中才逐渐透析其思想本原，也是在反复论证与回应中推进了马克思社会主义与中国语境的融合。"问题与主义"之争和"社会主义"论战都发生在中国共产党成立之前，这些论辩极大地影响并促进了早期马克思主义者的成长，在论辩中提升了理论理解与解读水平，也坚定了马克思主义信念信心。"要从根本上解决中国积贫积弱、民族危亡的问题，必须从制度上解决，即要让多数人都过上人的生活，必须用革命的手段推翻半封建半殖民地的旧制度，建立社会主义新制度；同时，既要反对帝国主义的侵略压迫，又要反对封建主义的束缚压迫。正是在这个意义上，马克思派与改良派分道扬镳了"。（李萍、张冠 2022：71）可以说，新文化运动时期的社会主义论争推动并深化了马克思主义在中国的译介传播进程，为中国共产党的成立奠定了人员基础及理论基础。

第三节 核心概念术语的翻译与意义建构

核心概念术语的翻译与意义建构彰显着思想翻译传播的根本所在。马克思主义早期翻译中核心概念的选择与重构奠定了思想翻译的基本模式，无论通过文化儒化（acculturation）、创造性建构还是误读，都是马克思主义思想逐步融入中国本土思想文化的过程。这既是跨文化进行思想交流的推力，也是本土思想文化自我建构与发展的动力。翻译不但促成了核心概念、价值观和典型文本的经典化过程，也反映了中国对马克思主义的民族规划。概念翻译是思想翻译传播的核心和基础，在本质上是两种思想文化调和和互融的过程。

概念译名这一载体在很大程度上见证了思想传播中概念意义的调整和变迁。由于马克思主义的基本概念已经被定义，所以语言形式的意义重构不是改变了马克思主义源思想，而是更多体现了译入语社会文化需求及翻译动机。从这个意义上讲，马克思主义核心概念的译名选译和意义重构在表面上是语言形式的转换，实则是社会需求及本土思想文化影响的折射。"马克思主义术语在包括汉语在内的任何一种文化语言中都是马克思主义思想和概念的语言浓缩形式，所以它们的历史就反映了中国知识分子接受马克思主义思想的历史"（李博 2003：80—81）。这也同时体现了概念译名及其内涵是随时间语境不断调整的，是为概念术语的演化发展性特征。

首先，新文化运动时期马克思主义核心概念术语的翻译是语言符号、思想内涵、实践语境之共谋的结果。从语言符号看，主要关乎译名的选择。因为这一时期的马克思主义主要翻译源头是日本，也有英、俄、德、法等文献来源，加之日语与汉语部分语词同形的原因，所以很多译名直接取自日语译名，如《共产党宣言》陈望道译本中许多译名都与日译本相同。而译自欧洲语言的译名，或以音译保留其异质思想的特征，或从译入语中寻找合适的译名（即语言符号）并赋予其新的含义。而且，译文具有传承性与延续性，译入中国的马克思主义概念译名在反复转引中扩大了传播范围，译名也随之固定下来。从思想内涵看，核心概念术语的思想内涵是动态建构的。马克思主义概念译名即使取自同形日文译名，意义也未必完全相同；而且随着时代的变迁，译名本身的意义内涵也在变化，如"有产者、无产者"的内涵在新文化运动时期陈望道《共产党宣言》中的内涵阐释已与今天不尽相同。马克思主义核心概念术语的思想内涵是以语言符号为载体、受实践语境影响与制约建构而成的，其中的调和者或操控者就是译者（或传播者）。译者的主体规划与社会语境的需求召唤合力促成了概念内涵的意义所指。从实践语境看，核心概念术语的翻译与意义建构从不会凭空出现，而是一直与实践需求和社会语境相呼应。核心概念的所指内涵随时代变迁与语境变换而改变，核心思想概念反复译介、不断构建所指内涵的历时过程，正是异质思想逐渐融入中国语境的过程。需要注意的是，概念内涵具有模糊和歧义的特点，这使概念译名的理解和确立也显得不易，但这"恰是概念具有内在含义竞争性、并进而能够被选择服务于不同政治目标的缘由所在"（黄兴涛 2012：12）。思想翻译中概念译名的选择不但应遵从原作语义风格，更体现接受语境的态度，并直接影响思想话语体系的建构。

其次，新文化运动时期马克思主义核心概念术语翻译也是借由翻译实现的跨文化交流与互动过程，正如魏向清（2018：68）所言，由于思想文化核心术语的不可通约性，文化术语翻译无法实现真正意义上的概念对等，其实质在于跨文化交际实践。在这一过程中，核心概念术语译名充实了译入语语言体系，概念内涵则丰富了译入语思想体系。新文化运动时期倡导白话文，马克思主义概念译名的选择既考虑到了白话文体的特征，也同时丰富了白话文词汇。同时，译入中国的马克思主义概念内涵既带有异质思想的本源性，也不可避免要被纳入译入语思想体系，实现其本土化建构历程。马克思主义早期翻译中概念的译名选择在语言形式上初步传达了其意义内涵，但是概念翻译不仅仅是在译入语中为思想概念寻找能指，更重要的是建构其所指的内涵。意义重构的过程体现了本土思想文化与外来异质思想的较量和权衡过程，并以潜入的方式见证了思想文化体系的动态调控过程。

晚清以来，国人在译介西方社会思想中常在中国已有的词汇中寻找意义较为相近的字词来翻译异质思想概念，选择以牺牲对原著的"忠实"来达到传播思想的目的，马克思主义的概念翻译也是如此。如果借用佐哈尔的多元系统理论来分析早期思想翻译活动，那么可以假设：如果试图通过翻译将异质思想引介入目的语思想文化体系，那么最为可能的情况就是：目的语中既有的思想文化没有形成多元的系统，处于刚刚开放的状态；既有思想文化体系遭到质疑处于边缘或弱势地位；目的语思想文化体系出现危机或真空状态。这时翻译主体在译介异质思想时往往会采用异化式翻译，以示对译介的异质思想寄予希望和尊重。在马克思主义进入中国的早期译介时期，中国传统的思想文化体系悠久而深远，但是随着民族危机的出现受到质疑并开始出现信任危机，到新文化运动时期达到了顶点而爆发了思想文化变革运动。但是马克思主义在民族危机时刻被译介入中国时，译者并没采取异化翻译，反而是用归化的策略。那么，似乎就出现了一个矛盾的现象：在思想翻译中译入语社会希望引介新思想来变革求新，却并不完全忠实于源思想内涵，而是通过译述的方式将其归化甚至内化入本土思想体系。这其实是译入语社会文化的自我定位造成的：中国传统的政治思想体系根深蒂固，尽管受到质疑却仍然保有相当的影响力和潜在的惯性，尽管在历史实践中处于危机边缘地位，知识分子的心理定位仍是居于中心的，尤其是马克思主义主要译介自日本，向来轻视日本的国人更不甘心将引介来的思想"老老实实"传承下来，民族自尊心及社会责任感促使他们对译介的马克思主义思想进行了调整和操控，以使其顺应中国自有的思想和社会现实语境。正因为如此，译者在马克思主义的早期翻译中不是直接用异质学说替换了传统思想，而是经过选择和调整使其融入已有的目的语文化体系，补充并强化了本土思想的实践效力。

再次，新文化运动时期马克思主义核心概念术语翻译就是国人在中国语境下理解、阐释和建构马克思主义的途径和过程。近年来后殖民理论和文化批评学者越来越注意翻译在构成文化认同（cultural identity）和塑造民族文化本质特征中发挥的作用。尼南贾纳指出："人类学家为自己制定的任务就是文化之间的翻译，即把一种文化翻译成另一种文化能够理解的术语。"[1] 从这个意义上看，概念术语翻译也是理解异质思想文化的切入点。概念术语翻译已经成为思想文化建构的核心焦点，而翻译活动的主体——译者——作为思想传播和交流的实施者则成为概念翻译的实质性建构者，译者

---

[1] 转引自吕俊、侯向群《翻译学——一个建构主义的视角》（2006：104）。

通过翻译行为实现了异质思想间的沟通和融合、决定了异质思想在目标语语境中的重构并影响了目标语既有的思想文化体系。翻译即理解，思想翻译中的概念术语译名是认识、理解、阐释该思想的文字印记，记录了不同译者、不同时代影响下异质思想的本土化建构过程。新文化运动时期马克思主义核心概念的翻译构成了当时如何认识和理解马克思主义的基础，同时也通过这些核心概念术语的翻译逐步深化了对马克思主义的解读和认同感，也建构起马克思主义在中国语境下的语义内涵及思想体系。

新文化运动时期马克思主义核心概念通过译名选择确定了其意义建构。最先最多选择的社会主义思想构建起中国马克思主义思想体系的基础，其中的阶级斗争学说和革命措施坚定了国人的革命决心和信心，其中关于无产阶级政党的思想成为中国共产党建党及发展的理论指导和行动指南，无产阶级夺取政权的规划及所有无产者团结起来的号召激发了国人的行动力。同时，唯物史观所揭示的人类社会历史发展规律及未来展望也引发了国人对民族命运走势的深思。马克思主义核心概念的意义建构不只关注其学理性，更多注重其实践性。对"主义"现实意义的争论以及对"社会主义"实践内涵的论争是马克思主义核心概念意义建构从理论探索到实践考量的体现，以《共产党宣言》为代表的马克思主义经典文献中的术语译名意义建构逐步搭建起马克思主义思想内涵的体系化阐释模式，并对之后马克思主义翻译传播具有导向意义。

总之，马克思主义核心概念翻译见证了马克思主义（尤其是其社会主义思想）从"学理性"到"适用性"直至"实践性"的动态阐释脉络，积淀了马克思主义从"启蒙"到"内化"直至"新生"的中国化特质，形成了马克思主义在中国翻译传播的互动性有机整体。百年前马克思主义的概念译名及其意义建构为我们历时地了解马克思主义在中国的翻译传播提供了文本信息，概念译名的意象关联、所指建构及内涵互动合力推动了马克思主义的中国化语境阐释及马克思主义中国化历程。尽管新文化运动时期中国传统思想受到质疑抨击，国人急于寻求西学来救国图存，但在实际翻译传播中马克思主义核心思想并没有直接进入核心地位，反而是受到中国传统思想的过滤和调整，逐步融入已有的思想体系之中。马克思主义在中国译介、传播直至接受的过程不是替换中国传统思想的过程，反而是被中国化、本土化的过程。概念翻译的意义重构既是在译入语语境下重构异质思想体系的过程，也是通过将概念本土化来建构本土思想文化的过程。

第六章　马克思主义代表性译者研究

译者是异质思想翻译的主体，其翻译行为受控于所处的社会历史文化语境，译者的翻译选择及阐释策略在一定程度上决定了异质思想的传播脉络及建构模式，也体现了译入语社会文化诉求及译介规划。本章以新文化运动时期代表性译者李大钊、李达及个别民主主义知识分子为例，溯源其马克思主义观的形成及马克思主义翻译观、译介观的核心观点，以从译介主体视角探析新文化运动时期马克思主义的译介传播情况。

第一节　李大钊的马克思主义观溯源

李大钊是中国最早的马克思主义者，也是早期马克思主义传播者中的代表性人物。新文化运动时期李大钊译介传播的马克思主义为当时国人了解十月革命及布尔什维克胜利、马克思唯物史观、马克思政治经济学等思想奠定了基础，对马克思主义在中国的早期译介传播影响深远。对李大钊马克思主义观的溯源主要包含如下内容：李大钊究竟译介传播了马克思主义的哪些内容和观点；这些内容源于何处；李大钊的马克思主义观产生了何种影响。

首先，从译介传播内容来看，李大钊对马克思主义的译介阐释集中体现在他发表于《新青年》6卷5号和6卷6号的《我的马克思主义观》（上、下）一文中。李大钊以"我的"名义公开宣告了自己的马克思主义立场，并对马克思主义进行了较为深入的介绍。该文上篇共七部分，下篇共四部分。上篇中，李大钊首先说明了刊发此文的目的，接着介绍了"马克思主义"在经济思想史上的地位，指出"马克思是社会主义经济学的鼻祖，现在正是社会主义经济学改造世界的新纪元，马克思主义在经济思想史上的地位如何重要，也就可以知道了。"在第三部分，李大钊对马克思主义学说的体系进行了大体的分析："马氏社会主义的理论，可大别为三部：一为关于过去的理论，就是他的历史论，也称社会组织进化论；二为关于现在的理论，就是他的经济论，也称资本主义的经济论；三为关于将来的理论，就是他的政策论，也称社会主义运动论，就是社会民主主义。离了他的特有的史观，去考他的社会主义，简直的是不可能"，并在分述各部分理论前指出，"为研究上便利起见，就他的学说各方面分别观察，大概如此。其实他的学说是完全自成一个有机的有系统的组织，都有不能分离不容割裂的关系。"可见，李大钊不但清晰展示了马克思主义理论的分类，还意识到马克思主义各理论实则是相互关联具有完整的系统性。第四和第五部分分别介绍了一般意义上的唯物史观和马氏独特的唯物史观，尤其在第五部分，不但摘译了见于《哲学的贫困》《共产党宣言》和《经济学批评》序文中包含历史观的内容，还专门概括了马克思唯物史观的要领如下：

马克思的唯物史观有二要点：其一是关于人类文化的经验的说明；其二即社会组织进化论。其一是说人类社会生产关系的总和，构成社会经济的构造。这是社会的基础构造。一切社会上政治的、法制的、伦理的、哲学的，简单说，凡是精神上的构造，都是随着经济的构造变化而变化。我们可以称这些精神的构造为表面构造。表面构造常视基础构造为转移，而基础构造的变动，乃以其内部促他自己进化的最高动因，就是生产力，为主动；属于人类意识的东西，丝毫不能加他以影响；他却可以决定人类的精神、意识、主义、思想，使他们必须适应他的行程。其二是说生产力与社会组织有密切的关系。生产力一有变动，社会组织必须随着他变动；社会组织即社会关系，也是与布帛菽粟一样，是人类依生产力产出的产物。手臼产出封建诸侯的社会，蒸气制粉机产出产业的资本家的社会。生产力在那里发展的社会组织，当初虽然助长生产力的发展，后来发展的力量到那社会组织不能适应的程度，那社会组织不但不能助他，反倒束缚他、妨碍他了。而这生产力虽在那束缚他、妨碍他的社会组织中，仍是向前发展不已。发展的力量愈大，与那不能适应他的组织间的冲突愈迫，结局这旧社会组织非至崩坏不可。这就是社会革命新的继起，将来到了不能与生产力相应的时候，他的崩坏亦复如是。可是这个生产力，非到在他所活动的社会组织里发展到无可再容的程度，那社会组织是万万不能打破。而这在旧社会组织内，长成他那生存条件的新社会组织，非到自然脱离母胎，有了独立生存的运命，也是万万不能发生。恰如孵卵的情形一样，人为的助长，打破卵壳的行动，是万万无效的，是万万不可能的。

以上是马克思独特的唯物史观。

李大钊总结的唯物史观要点突出了关于人类文化经验的说明及社会组织进化论。接下来在第六部分，还介绍了阶级竞争说，李大钊指出阶级竞争说与唯物史观有着密切关系，"与其说他的阶级竞争说是他的唯物史观的要素，不如说是对于过去历史的一个应用"。第七部分是在前述基础上的一个总结，针对马氏学说受人非难的方面进行了论述说明，其中提到的几个方面很值得深思：其一，"然自马氏与昂格思合布《共产党宣言》，大声疾呼，檄告举世的劳工阶级，促他们联合起来，推倒资本主义，大家才知道社会主义的实现，离开人民本身，是万万作不到的，这是马克思主义一个绝大的功绩。"此处对于人民的重视及对于实践行动的推崇是有积极意义的。其二，"我们主张以人道主义改造人类精神，同时以社会主义改造经济组织。不改造经济组织，单求改造人类精神，必致没有效果。不改造人类精神，单求改造经济组织，也怕不能成功，我们主张物心两面的改造，灵肉一致的改造。"此处李大钊强调了同时改造人类精神与经济组织的必要性，认识到了物质与精神发展相辅相成的关系。其三，"一个学说的成立，与其时代环境有莫大的关系。我们批评或采用一个人的学说，不要忘了他的时代环境和我们的时代环境就是了。"此处李大钊关注到了时代环境对学说形成及传播的影响，这对于当时马克思主义的译介传播无疑具有重要的启示。《我的马克思主义观》下篇主要叙述了马克思主义经济论，李大钊在开篇概述到，"马氏的'经济论'有二要点：一'余工余值说'，二'资本集中说'。前说的基础，在交易价值的特别概念。后说的基础，在经济进化的特别学理。用孔德的术语说，就是一属于经济静学，一属于经济动学。"尽管在文章开头介绍说马克思经济论有二，但在文中论述时，李大钊又加了两点"平均利润率论"和"资本说"，因为这两点有着必要的相关性。李大钊在文中介绍了诸多经济术语，且保留了英文术语名称供读者参考，此篇介绍的经济论不但推动了马克思经济学思想的传播，也有助于对资本主义经济模式及资本的理解，进而从根本上认识资本主义社会的阶级矛盾起源。

还值得一提的是，李大钊在《新青年》8卷4号还发表了《唯物史观在现代史学上的价值》一文，对唯物史观的名称意义及价值做了分析，并在文末呼吁"创造一种世界的平民的新历史"。由此可见，李大钊的马克思主义观主要集中在其对唯物史观的译介解读，同时也对阶级斗争学说及马克思主义经济论进行了较为深入的介绍。李大钊对马克思主义的译介传播既有对马克思主义文献的摘译概括，也有相关背景信息介绍，通过论述、分析、比较、汇总等方式传播了马克思主义的核心思想，并以自我之名推介，使国人开始从体系化视角了解马克思主义，加之融合马克思主义学理性并呼吁其实践性，奠定了新文化运动时期马克思主义译介传播的基础。

其次，从译介内容的来源来看，李大钊融合了多方解读及观点，并具有自己的立场主张，形成了中国语境下早期马克思主义者的"信仰宣言"。李大钊在文中标明所引用的唯物史观译语源自河上肇博士，正如李博（2003：243）所说，"唯物史观"这一术语源自日本，中国的知识分子是在1919年通过李大钊的这篇文章首次了解马克思唯物史观的。李大钊具有日本留学背景，日本无疑是他最重要的思想来源渠道。李大钊留日期间及回国后都阅读过河上肇的著作，对河上肇的思想比较了解。很多学者认为李大钊的《我的马克思主义观》上篇是根据河上肇的《马克思的社会主义的理论体系》一文写成，李大钊在批判马克思主义学说时，几乎完全承袭了河上等的观点。（石川祯浩 2006：16）关于"唯物史观"的内涵理解，李大钊吸取了河上肇的观点并给予合理的解释，对于经济和道德、物质和意识的关系的认识都有河上肇解释的痕迹。尤其是河上肇"马克思的唯物史观实际上是经济史观"的论述也得到了李大钊的认同，并通过唯物史观的四种通用名称[1]加以论证。而关于唯物史观可以称作经济史观的提法，"这里面有以塞利格曼的主张为参照的缘故，塞利格曼的《经济史观》的日文版本《新史观》是日本出版最早有关马克思唯物史观的书，由河上肇1905年译出并付梓。这个日译本所介绍的唯物史观的内涵，对早期马克思主义的影响是极大的"。（李虹 2013：30）对于"阶级斗争学说"的理解，李大钊在参照河上肇观点的基础上也有自己的考虑。以"阶级斗争"一词为例，河上肇（1982：276）对"斗争"二字有过这样的解释："'斗争'在德语中称'Kampf'，英语中称为'Stuggle'，正和生物进化论所说的生存竞争的'竞争'二字相同。并且如恩格斯所说，在达尔文的生物进化论中如同马克思的社会进化论中，前者的'生存竞争'即相当于'阶级斗争'，这样的话，既然'Stuggle of existence'翻译成'生存竞争'，那我觉得'Class struggle'也应可以翻译成'阶级竞争'，但是经济学上素来'Competition'译为'竞争'，为了进行区别，特意从马克思主义思想角度强调说明"。但是李大钊都将"阶级斗争"翻译成了"阶级竞争"，译词的变化表明李大钊曾受进化论影响，这也是他从进化论向唯物论过渡的印迹。此外，在重视阶级斗争学说的同时，李大钊也关注互助论，这

---

[1] 即（1）"历史之唯物的概念"（"The Materialistic Conception of History"），（2）"历史的唯物主义"（"Historical Materialism"），（3）"历史之经济的解释"（"The Economic Interpretation of History"）及（4）"经济的决定论"（"Economic Determinism"）。（见李大钊在《新青年》8卷4号发表的《唯物史观在现代史学上的价值》一文）

是他意欲发挥人民大众力量的考虑，也体现了他所倡导的发挥人的主观能动性激发革命斗志的意图。可见，李大钊关于唯物史观和阶级斗争学说的理解主要源自河上肇，但是他也根据自己的理解及中国现实之需做了调整。

关于李大钊《我的马克思主义观》一文的思想来源，王宪明（2011，2021）通过跨文本对比的方法做了较为深入细致的分析。针对《我的马克思主义观》上篇，王宪明（2011）认为该文并不像有些学者所说的那样完全"承袭"自日本学者河上肇，如该文开篇段落并非李大钊对河上肇文章内容的"二次翻译"或改编，而是两人都参考引用了同一位德国学者的著作，但参考的很可能是同一种著作的两个完全不同的翻译版本，所以引用内容不同，侧重点也不同，这种差异并不是一般意义上的改编。此外，文中多处观点及引用经过文本考证和比对也并非直接译自河上肇之文，而是参考了更多的英文文献，在个别观点的表达上甚至比河上肇的理解更加深入。可见，李大钊在译介传播马克思主义时并非局限于日本一国、河上肇一家，而是紧盯世界社会主义运动发展方向及理论成果，已经具备文化自觉和文化自强意识。针对《我的马克思主义观》下篇，王宪明（2021：2）驳斥了学界长久以来一致认可的后藤延子的研究成果，即后藤教授发表于1992年的研究提出李大钊的《我的马克思主义观》下篇中对马克思政治经济学说的介绍主要来自日本经济学家福田德三的观点，并通过研究考辩发现，"李大钊《我的马克思主义观》下篇中对马克思主义经济学说的介绍，所参考、依据的主要资料，并不是福田德三，而是法国著名政治经济思想史家季特。引用福田德三的部分，主要是资本构成及剩余价值率和平均利润率概念及公式推导等，并不是马克思劳动价值论、剩余价值论和资本集中论的核心部分。李大钊此文思想性、理论性最强的第一、四两大部分，基本是从季特等人合著的《经济学说史》第四部分第三章'马克思主义'编译而来。"并通过逐字逐句对比分析，指出"李大钊《我的马克思主义观》下篇第一部分除个别语句外，其主要内容几乎完全是根据《经济学说史》翻译而来。李大钊《我的马克思主义观》下篇第四部分与第一部分一样，也主要是依据《经济学说史》翻译而来"。季特是国际著名政治经济学家、经济思想学说史家，其代表作《经济学说史》和《政治经济学原理》等在西方被当作权威教科书使用，作为早稻田大学政治经济学专业学生的李大钊，自然不可能不知晓。当然，李大钊在参考季特著作时也有取舍，除了对一些脚注等补充信息省去不译外，对一些否定评价也没有选择，所以李大钊的译介内容彰显了他自身的政治立场和理论基调。

还需一提的是，同时期陈溥贤（即"渊泉"）也发表了译介唯物史观的文章《马克思的唯物史观》，对于李大钊的《我的马克思主义观》与陈溥贤的《马克思的唯物史观》是否有关联也引发了争议。石川祯浩（2006：10）曾指出二者关系密切，李大钊在对马克思主义的解释和资料获取上应该是得到了陈溥贤的帮助，"如果撇开陈溥贤，我们就无法谈论五四时期的李大钊是如何接受了马克思主义的。"但是安雅琴（2016）经过文本对比及资料考证发现，陈溥贤的《马克思的唯物史观》是以河上肇同时期的另一篇文章《马克思的唯物史观》为底本，同时补充了河上肇的《马克思的社会主义的理论体系》一文部分内容翻译而成。而且，陈溥贤在资料和马克思主义解释上也并未充当"中介作用"，二者因为译者立场不同，在行文上也有差异，所反映的对待马克思主义的态度也不同。可以说，李大钊的马克思主义观并非转译自国人已有的译文译著，而是主要源于日本的马克思主义著述论述，并参考了大量相关资料，也在一定程度上形成了自己的理解与阐释。

李大钊的留学经历及其回国后的图书馆工作经历都使他有机会接触大量马克思主义文献著作，加之成立马克思主义研究会及各种学界教学研讨机会，都使李大钊在当时具备了常人所没有的学术眼界及理论理解力。李大钊译介传播的马克思主义既有源于日本的理论观点，也有参考其他相关文献汇总的论述，这既反映出当时的马克思主义译介源头开始多元化（而非单纯源于日本），也体现了译者在译介传播马克思主义时的主体建构意识，无论源于何处的马克思主义必须结合中国语境加以解读才能彰显理论的力量与价值。

最后，从译介效果和影响看，李大钊译介传播的马克思主义在当时产生了积极的影响，在中国马克思主义翻译传播史上具有里程碑式的重要意义。李大钊系统介绍的马克思主义理论代表着当时马克思主义传播的最高理论水平，是马克思主义在中国传播深化的体现。他的传播内容对当时进步知识分子和新青年具有重要的启蒙作用，他的译介源头及阐释模式扩大了对马克思主义认知理解的视野并奠定了马克思主义与中国实践语境相结合的本土化模式。李大钊作为中国共产党的主要创始人之一，他译介传播的马克思主义观不但奠定了建党的理论基础，也为培养早期马克思主义者及推动群众运动作出了贡献。作为学者及政治家，李大钊译介传播马克思主义的态度充分体现了他的学理严谨性及政治洞察力，他将理论植根于中国现实进行阐释解读，展示了理论在新的实践语境里焕发的生机活力，也在将理论与实践结合的探索中推进了马克思主义中国化进程。

第二节　李达的马克思主义翻译观

李达是中国译介传播马克思主义的先驱者之一，对马克思主义在中国的译介传播起到了极大的推动和促进作用。作为中国早期马克思主义译介传播的三李（李大钊，李达，李汉俊）之一，"李达是中国马克思主义发展史乃至整个中国近现代思想史上少有的一位百科全书式的学术大师，他为马克思主义哲学中国化作出了卓越贡献，对毛泽东哲学思想的形成和发展产生了重要影响，是构建中国化马克思主义哲学的拓荒者。"（汪信砚 2020）李达对马克思主义的翻译理解最为深刻，对马克思主义的阐释传播最为系统，可以说李达是当时译介传播马克思主义最为重要的代表性人物，他的马克思主义翻译观对于马克思主义在中国的早期译介传播具有重要的影响和导向意义。

李达在新文化运动时期及之后的三十年代为翻译传播马克思主义作出了巨大的努力。一方面，他亲自翻译马克思主义文献著作。据不完全统计，他独译或合译著述不少于 35 种，总字数超过两百万。据张旭（2020）统计，现能找到李达最早的翻译著作是其翻译的日本高柳松一郎所著的《中国关税制度论》一书（约译于 1916 年）。该书 1924 年 10 月由上海商务印书馆出版，后于 1926 年 1 月再版，收入"经济书社丛书"之五。李达翻译阐释马克思主义文献著作的活动始于 1918 年，并很快成为马克思主义的信奉者和宣传者。他翻译了《唯物史观解说》(1921)、《马克思经济学说》(1921)、《社会问题总览》(1921)，《法理学大纲》(1928)、《现代世界观》(1929)、《社会科学概论》（合译，1929）、《马克思主义

经济学之基础理论》（合译，1930）、《社会科学根本问题》（1931）、
《政治经济学教程》（1933）和《辩证唯物论教程》（1938）等书。其
中《社会问题总览》于1921年4月由中华书局出版，至1932年
已印行11版，《唯物史观解说》于1921年5月也由中华书局出版，
至1932年印行14版，两本书由李达对照日文和德文翻译而成，被
收入当时一套宣扬西方思潮的"新文化丛书"，对当时马克思主义
传播具有一定启蒙作用，特别是《唯物史观解说》，使李达成为中
国20世纪30年代马克思主义哲学通俗化工作的先导。

　　另一方面，他还通过建社创刊积极规划推进马克思主义的翻译
传播。中国共产党成立后，1921年9月成立了由李达负责领导的
第一个出版机构——人民出版社，该社计划出版马克思、列宁及其
他作者的系列著作。李达曾在《新青年》9卷5号上发表《人民出
版社通告》，说明该社的出版目的和出版计划，提出准备出版"马
克思全书"15种、"列宁全书"14种、"康民尼斯特丛书"11种及
"其他"9种书的目录。李达亲自参加组稿、撰稿、校对、发行工
作，在他的组织规划下，出版了包括《共产党宣言》《工钱劳动和
资本》《国家与革命》《资本论入门》等十五种宣传马克思主义的著
作和读物，开启了有组织有规划的马克思主义翻译传播。大革命失
败后，他还与邓初民等创办了昆仑书店，在极端困难的条件下继续
翻译出版马克思主义书籍。

　　此外，李达还在期刊上发文积极宣传马克思主义思想，并通过
教学研究等方式促进马克思主义的传播和接受。李大钊与胡适之间
的"问题与主义"之争引发了"中国是否适合实行社会主义"的论
战，李达作为马克思主义者代表积极回应了黄凌霜等无政府主义者
及张东荪等改良主义者对社会主义的质疑。他连续发表《什么叫社

会主义?》《张东荪现原形》《讨论社会主义并质梁任公》《马克思还原》《社会革命的商榷》《无政府主义之解剖》等系列文章，阐述社会主义的性质和目的，宣传马克思主义理论。正如段红利（2013：133）所言，"李达具体论述了'唯物史观说'、'阶级斗争说'、'剩余价值说'、'劳工专政说'，除论述次序不同外，与陈独秀的1922年发表的《马克思学说》完全一致，但远为丰富、深刻。它不仅是李达，而且是早期中国共产党人马克思主义观发展的重要理论成果"。李达为《劳动界》周刊撰稿、参与《新青年》编辑、主编《共产党》月刊，建立起宣传马克思主义的媒介阵地。李达还创办了上海平民女学，引导女校的女学生学习马克思主义和妇女解放等理论，并在毛泽东邀请下在湖南自修大学任教，讲授《哥达纲领批判》，还编写《马克思主义名词解释》等资料发给学生们阅读，在实际工作和研究中积极推进马克思主义大众化的传播。

在译介传播马克思主义的过程中，李达形成了自己的翻译观及译介特色。首先，李达注重翻译文献来源的丰富性。李达精通日语、英语、德语，尽管他译介的马克思主义主要从日文而来，他也充分地阅读了英文和德文文献，因此他对马克思主义的理解并不拘泥于一家，而是有着更为宽阔的视野和理论基础。正如袁锦翔（1985：8）在分析李达所译的《德国劳动党纲领栏外批评》（马克思原著，载《新时代》第1卷第1期）文本时所言，"李达翻译马列主义通常根据日译本，德文原本只作参考。但如把本书的中译本与德文原本对比一下，便知它是全译本，而不是当时盛行的节译本，这是难能可贵的。"李达通过广泛阅读马克思主义文献提高了理论水平，深化了对马克思主义思想体系的认知。

其次，李达翻译目的明确。李达翻译传播马克思主义并非为了

赶时髦，而是为了"给广大群众以认识中国革命的武器"（袁锦翔
1985：7）。李达在 1921 年《新青年》9 卷 5 号发表的《人民出版社
通告》中曾指出："本社出版品的性质，在指示新潮底趋向，测定
潮势的迟速，一面为信仰不坚者袪除根本上的疑惑，一面和海内外
同志图谋精神上的团结。"可见，李达翻译马克思主义著作是为了
传播马克思主义新思潮，尤其关注新思潮的发展趋势和快慢走势，
既通过马克思主义文献翻译消除国人对马克思主义的质疑，也以此
回应世界社会主义运动并谋求联合的力量。"对李达来说，翻译马
列主义著作既是宣传马列主义的一种手段，也是为了配合反动势力
的斗争的。"（袁锦翔 1985：7）李达翻译马克思主义著述并非只为
了学理研究，而是希望最广大民众能够理解并接受马克思主义，李
达对马克思主义的阐释不断深入不断系统化，实质是不断推进马克
思主义大众化的过程，这也决定了李达翻译的目的是以达意易懂为
主。加之新文化运动时期白话文运动影响，李达的译文表述毫无晦
涩，而是以清晰简练为主。同时，李达翻译马克思主义的目的还在
于在中国实践马克思主义。正如李达在《马克思学说与中国》一文
中所言，"马克思学说之在中国，已是由介绍的时期而进到实行的
时期了"[1]。可以说，李达翻译马克思主义著述与他研究马克思主
义理论是同步进行的，他在理论解读与阐释时还能从实践思考上升
到学理层面的分析，形成理论创新与体系建构中国化成果。以李达
的法理学翻译研究为例，"李达对法律现象、法学理论的关注和研
究，既是他阐释、发展唯物史观的路径之一，又贯穿着他运用马
克思主义研究中国现实、改造中国社会的理论旨趣。"（周可 2015：

---

[1] 参见《李达文集》第 1 卷（1980：202）。

43—44）可以说，李达译介马克思主义不但是为了在中国传播马克思主义，更是在本土化、大众化阐释中建构起自己的理论体系，奠定了马克思主义中国化理论体系的基础。

再次，李达在马克思主义译介实践的基础上形成了自己的翻译观，这种翻译观无疑提升了其马克思主义译介传播效力，也为马克思主义译介传播提出了翻译规范。李达在1954年的某次座谈会上曾做了《谈谈翻译》的发言，集中论述了其马克思主义翻译观[1]。他首先指出"'五四'以来，中国的翻译工作是有成绩的。但缺点还很多，特别是翻译作品的质量还不能使人满意。有些译本，不仅内容上有些错误，就是文字上也不够通顺，往往使读者看不懂。例如《德意志意识形态》和《政治经济学批判》的中译本，文字生硬，令人难懂，因而使这两部极有价值的著作，都未能发挥其应有的作用。"可见，在李达看来，衡量翻译质量首先要看是否理解无误，还要看译文是否通顺易懂，而这对于马克思主义翻译传播尤其重要。谈到翻译标准时，李达认为"信"与"达"两条最重要。他说："今后为要提高翻译的水平，首先必须提高翻译工作者的责任与能力。如何提高呢？翻译的三字诀：'信'、'达'、'雅'，我以为'信'和'达'两字最重要。至于'雅'字，如能做到，更好，做不到，也无妨害，只要能做到'信'而'达'就行。"对翻译标准的把握体现了李达对马克思主义译介工作感悟之深、理解之透，提高译者的责任感是对翻译伦理的重视，只有译者有责任担当意识才能真正对译文质量负责，而译者能力的核心体现就是做到"信"而

---

[1] 接下来对李达马克思主义翻译观的论述主要参考了袁锦翔的《无产阶级译界前辈李达》一文（1985：8—9）。

"达"，这些标准不但是李达翻译马克思主义时的行为规范，也无疑为马克思主义翻译工作提出了要求和参考。

李达不但提出了翻译的标准，还给出了具体的实施途径。要达到"信而达"，李达指出译者要做到四个必须：（一）"必须努力提高自己的中文修养：假如中文程度太差，译出的文字，词不达意，不仅使读者看起来伤脑筋，而且会失去了原意。"只有提高了中文的修养，"翻译的时候，才能得心应手"，很好地完成翻译的任务。（二）"必须努力提高自己的政治水平：我们目前所需要的，是有思想内容、有系统的科学理论。假如译者的政治水平不够，就无法理解那些进步知识，无法理解原作的基本精神。翻译的时候，并可能犯严重的错误。因此，从事翻译的人，决不可存着纯技术观点，以为外文基础好，就可以把翻译工作搞好。无论从事何项翻译工作，都必须学习马列主义和毛泽东思想，只有很好地掌握了这一武器，才能使自己的思想水平和政治认识提高，从而把翻译工作做好。"（三）"必须翻译自己熟悉的东西"：李达着重指出，翻译专业性的著作必须具备一定的专业知识。他说："我们对那门科学比较'内行'，能理解那些原著的内容，才可翻译。假如碰到什么就译什么，不顾自己担任该项工作是否适当，会劳而无功的。""因此，搞翻译工作必须专门化，要译自己熟悉的东西。"（四）"必须采取对人民负责的态度，决不能粗制滥造。""这是作翻译工作的人一个最基本的态度。"他进一步指出："动手翻译之先，必须把原文看一遍、两遍、三遍……不仅要把原文弄懂，而且必须把全部著作的中心思想和有关的问题理解透彻，才可动笔。"此外，李达还主张："加强学术名词的分类统一编译工作"；"学术名词统一工作委员会"要加强工作，做到专人负责与专家分别负责相结合；编译出的学术名词表要请全国专家提出意见，才能出版。

李达以上提出的这些观点涉及了马克思主义翻译工作多个方面需注意的问题和原则。"提高中文修养"表明他对翻译活动中中文水平的重要性非常重视，做翻译不只要外语好，中文更要好，双语功底是翻译能力的根本，中文过硬才能保证表达的质量。"提高政治水平"体现了意识形态对翻译的影响，马克思主义翻译是融合"意识形态翻译"与"翻译的意识形态"两方面考量的译介实践，翻译不是纯技术层面的文字转化，是受译者思想水平和政治立场影响的社会活动。这也可以解释为什么新文化运动时期译介马克思主义的知识分子很多，但是只有真正理解和信仰马克思主义的知识分子才能传递并建构马克思主义的中国化内涵体系。"翻译熟悉的东西"体现了翻译的专业性问题，也从另一个侧面反映了从事马克思主义翻译必须要先熟悉马克思主义思想，而不能仅凭自己的狭隘理解和独断推测去随意译介，译者丰富的专业知识和背景信息是深入准确理解原文的保证。"对人民负责"体现了译者的翻译态度和翻译伦理问题，对人民负责既是对原作思想负责，也是对读者受众负责。心中有人民才能在翻译中考虑到读者感受与接受度问题，也能有针对性地调整翻译策略。此外，"术语译名统一"的问题是思想翻译中的核心要素，李达对马克思主义术语翻译译名统一的重视为马克思主义中国化体系化传播奠定了扎实的基础。可以说，李达的翻译观"既谈到'译德'，也兼论了'译才'；既提出理论，也指示方法，为我国的翻译工作者，特别是马列主义理论翻译工作者指明了努力的方向"（袁锦翔 1985：9）。

毫无疑问，译著译述在马克思主义在中国的传播过程中扮演了极为重要的角色，尽管李达直接译自马恩原作的译著并不多，他主要是译介了欧洲马克思主义者和日本社会主义者的相关评论阐释，并通过撰写阐释马克思主义哲学和社会理论的教科书积极推进马克思主义传播，但他的译介成果及翻译观对新文化运动时期马克思主义在中国的译介传播产生了重要影响。正如尼克·奈特（2018：100—101）所指出，"政治俨然是选择原著和决定翻译模式的主要标准，这里的'政治'既是指作者和译者的政治倾向，也包括译者的政治水平。在李达的大量译著中找不到向那种所谓译者的作用是提供消遣或娱乐的观念的丝毫让步；他的译著是为了教育、启蒙，并且最重要的是号召读者行动起来。"李达这一翻译理念从根本上决定了马克思主义在中国的定位。同时需要注意的是，李达在理解马克思主义时充分利用了外国文献资源，通过翻译这一中介，外国文献中关于马克思主义的思想概念及话语模式必将进入中国，尤其是日本的影响最为明显，"通过这面滤镜，李达和其他中国人第一次辨明了马克思主义的理论和政治状况。日本马克思主义者和社会主义者对翻译文本的选择以及他们起初在理解马克思主义的概念和模式时的阐释都引导并限制了像李达这样的激进中国留学生的视域。"（同上2018：124）从这个意义上看，李达的翻译实践及翻译观决定了其译介传播了何种马克思主义思想及如何阐释这些思想，而这又进一步决定了其马克思主义思想体系的建构。

总之，李达的马克思主义翻译观契合了马克思恩格斯关于翻译标准的论述，对马克思主义在中国的译介传播实践具有积极的推动作用。蔡宗魁（1985：2—5）对马、恩翻译标准进行了如下总结：（一）马、恩主张翻译的首要问题是"忠实地表达原文"，即准确地传达出原作的内容和意义，而不容许有任何增删或歪曲。（二）马、恩高度重视译文的"表述方法"，他们既强调忠实原意，又反对拘泥原文、逐字逐句地进行翻译，主张表达的灵活性，要求译文做到"文字流畅生动"，"使读者更容易理解"。恩格斯还指出翻译中要注意表达的灵活性。（三）马、恩十分强调译文必须确切地表达原作的"风格"，保留原文的全部"味道"，使译文达到"用另一种语言再现"原作的完美境地。可以说，翻译标准是翻译实践所遵循的准绳，是衡量译文质量的尺度，所以马、恩关于翻译的论述实际上乃是翻译理论这门科学的原则基础。通过对比会发现，李达的翻译观实则与马克思恩格斯"忠实原意、文字流畅、保持风格"的翻译标准不谋而合。李达的翻译实践及翻译观对新文化运动时期马克思主义的译介传播具有重要的导向意义，他运用简洁朴实的文字阐释了深刻的理论，并用马克思主义理论方法分析解决中国革命的实际问题，把马克思主义思想有机地融入了中国思想文化体系中，并通过对马克思主义的体系化建构和大众化推进推动了马克思主义在中国自觉选择、自主传播的本土化过程。

第三节　民主主义知识分子的马克思主义译介观

新文化运动时期进步知识分子对民主主义内涵的理解不断扩宽并加深。随着西方资本主义文化危机及世界革命潮流的冲击，无产阶级与资产阶级的矛盾越发尖锐，资产阶级民主的不彻底性和虚伪性开始暴露出来。五四运动后中国进入新民主主义革命时期，进步知识分子在探索民族发展之路上对民主主义有了新的认知。空喊"民主"的口号越发显得苍白无力，因为它既不能解释世界上发生的新变化，也不足以号召民众投身革命斗争。正是在这样的背景下，马克思主义为民主概念增添了新的内涵与力量，民主主义知识分子也开始通过译介传播马克思主义探索实践之路。

当时的进步知识分子一大部分是海外留学生及投身新式文化事业的精英知识分子，他们中或有早期的马克思主义者，或有接受当时流行思潮的无政府主义者及其他派别人士。尽管他们对新思潮的观点理解并不完全一致，但是他们都对社会主义表现出极大兴趣，对马克思主义颇多关注，从自己的政治立场及主张出发解读马克思主义，以不同方式建构起马克思主义的融入式内涵。从广义上讲，这一时期追求自由民主、探索民主革命之路的学者文人都可视为民主主义知识分子，而从狭义上看，民主主义知识分子主要指当时具有进步意识却尚未形成政治站位的师生群体和觉醒青年，他们具有从民主主义思想向马克思主义转化的群体意识，在译介马克思主义过程中实现了思想转型，是新文化运动时期译介传播马克思主义的重要力量。

新文化运动时期的学生群体不同于之前的学生，他们处于教育形式和教育思想的转型时期，在科学与民主的熏陶下逐渐形成驱新求新的变革意识。同时，在精英知识分子的引导和影响下，"主义"传播开始盛行，从课程开设、主题演讲、学会研讨到办刊创社，马克思主义以不同形式开始传播，引导师生开始从"趋新"走向"创新"，从反传统向革命民主主义意识转化。这其中最重要的内容就是译介传播马克思主义经典文献。当时还是学生的张闻天于1919年8月19日至21日在《南京学生联合会日刊》[1]第50号—52号

---

[1]《南京学生联合会日刊》于1919年6月23日创刊，主任编辑阮真，连续出版70号，至9月11日停刊。该刊围绕如何"改良社会"这一中心问题，批判旧制度、旧思想、旧习惯，宣传革命民主主义思想，并介绍各种新思潮。

发表了《社会问题》一文，其中摘译了《共产党宣言》第二章十项革命措施。张闻天在文中运用马克思主义的唯物史观考察了中国的社会问题，他写道："按马克思唯物的历史观，吾们可以晓得：社会问题经历了四大变动"，接着就社会变动的四个时期作了通俗介绍。他说中国所谓的法律是有钱有势力可以压制平民；中国的道德，面子上是仁义道德，骨子里多是男盗女娼。他进一步提出解决中国社会问题的途径就是'革命'，彻底推翻封建统治阶级，而起来革命的主要是劳农界人（工人和农民）。在论述中国革命的步骤时，他认为，"劳农界人去士大夫阶级的革命"胜利，"实行普选的民主政治"，"这是吾们第一步的办法"。而第二步的社会主义革命是"组织劳动者把资本家推翻，由劳动者自己组织"，"它很重视国家，所以亦重视政权"；社会主义的经济是集合主义，就是把生产机关收归公有，所生产的物品，除可以作生产的，仍许私人所有，各尽所能，各取所值。［这段话实际出自《每周评论》第18号（中华民国八年四月二十日，即1919年4月20日）第二版上刊登的署名为"若愚"的社论"无政府共产主义与国家社会主义"一文］在文章结尾，还摘录了《宣言》第二章中的十条纲领，指出这是中国人民的光明前途和具体奋斗目标。

此外，1919年3月，当时的北大学生谭平山（谭鸣谦）在《新潮》第1卷5号上发表了《"德谟克拉西"之四面观》一文，文中指出："夫经济的'德谟克拉西'中之最大问题，岂非劳动问题乎？而对劳动问题之解决，为最有价值之言论者，岂非马克史（Marx）所著之《资本论》乎？"并在其后"撮其十大要领"，涉及土地、银行、军队、农工等现实问题。1919年11月1日，《国民》第2卷第1号刊登了《马克思和昂格斯共产党宣言》一文，这是北大学生李泽彰摘译的《共产党宣言》第一章内容，这也是《共产党宣言》陈望道完整译本问世前非常重要的章节翻译。李泽彰当时从英文版翻译了《宣言》全文，但是只公开发表了第一章译文。同年11月11日至12月4日，广东的《中华新报》还刊发了杨匏安的《马克思主义——称科学社会主义》一文，这是华南地区最早系统介绍马克思主义的文章。杨匏安曾游学日本，回国后曾在广州的一所中学任教，后又兼任《中华新报》记者。自1919年5月下旬起至年底，杨匏安为《中华新报》写了八九万字介绍新文化思潮及马克思主义的文章。

再如，在北大任教的高一涵于1920年2月1日在《新青年》7卷3号刊发了杜威博士讲演录《社会哲学与政治哲学》（署名"高一涵记"）的文章。文中大篇幅评价了马克思学说："十九世纪下半期，是马克思的学说最盛行的时代，直到欧战为止；现在好像人心对于马克思的学说有点厌恶的样子，又回复到十九世纪上半期道德的伦理的社会主义去了似的。马克思攻击道德派的社会主义，以为他们是感情用事。他说工业制度坏，并不是道德不道德的问题，他要证明那种经济组织，归到自杀的一路（笔者注：是不是资产阶级自掘坟墓？），自然会趋到灭亡的时代，自然会有新的制度来代替他。他的意思就是说个人主义的经济制度，自然会趋到灭亡的地步，自然会有社会主义来代替他。"文中还分析了马克思认为私产制度曾经存在的理由，以及将来必然消亡的理由。关于马克思的学说提到其中有几点很重要："（一）认私有财产是古代的制度，现在没有存在的理由。（二）经济竞争的制度是自杀的制度，结果便把实业都归到少数人的手中去了。（三）资本越大，利益越多，资本家一方面赚钱，工人一方面吃亏；结果社会上只有极贫极富的阶级，便把中等社会消灭了，如到这个地步自然会越生阶级竞争的。有许多人骂马克思，说他提倡阶级竞争，实在是冤枉他；其实他只说这是天然的趋势，贫富两阶级自然免不掉竞争的。（四）他承认经济的价值是由劳动而生的，劳动便是一切经济价值的来源；至于资本家的利益只是克扣劳动者的工钱"。高一涵以记录讲演的方式间接传播了马克思主义。

由以上几位学生和教师译介传播马克思主义的经历可见，当时的民主主义知识分子都积极阅读、译介并传播马克思主义，他们中有些人正是在翻译传播马克思主义的过程中逐步树立起马克思主义信念，并加入了中国共产党。以师生为主体的马克思主义译介传播表明马克思主义在当时思想最活跃的青年一代及最具影响力的学者文人中产生了共鸣与认同感，而这无疑进一步扩大了马克思主义的传播范围及社会影响力。

民主主义知识分子译介马克思主义既有顺应潮流关注热点的考虑，也是自身思想成长过程中的必然选择。社会主义大潮流已不可抵挡，"当然，由于中国落后的社会物质条件，使他们对于这种奔腾咆哮而来的新潮流，一下子不可能有真切的理解，像是'隔着纱窗看晓雾'，模糊不清晰。但他们从不同的立场、角度以极高的热情迎接它、介绍它、鼓吹它。不要私有，不要阶级，不要压迫剥削；分配要平均，人人要劳动；……等等带着社会主义色彩的观点、理想模式，一时间为进步知识界普遍赞同，津津乐道。"（朱育和、蔡乐苏 1989：40）民主主义知识分子译介传播马克思主义既有学理研讨的意味，也有以马克思主义评析中国社会问题之意。正是随着对马克思主义理解的深化，才进一步推动了马克思主义与中国实际的结合。

　　总之，以李大钊、李达为代表的马克思主义者将新文化运动时期的马克思主义译介传播推向了高潮，以学生、学者文人为主体的民主主义者对马克思主义译介传播做了有益的补充。马克思主义在中国的译介传播实践蕴涵着马克思主义翻译观的脉络，译者的翻译策略彰显着其背后的社会动因及立场规划。这一时期的翻译主体主要是马克思主义者，他们对该思想的信仰和重视决定了其翻译动机就是要在中国实行马克思主义，因此他们对翻译的取舍也体现了其践行马克思主义不同内容的先后和轻重。更为重要的是，这一阶段对马克思主义的译介开始出现体系化，并从片段文字译介过渡到思想体系的归纳和探索，对唯物史观的讨论就是证明。李大钊注意到了唯物史观的经济史观内涵，这表明对马克思主义的理解从单纯的理论评介发展成对中国语境下思想实践的深入探索，但是他认为阶级竞争学说（注意：此处不是'阶级斗争'）仅限于过去历史的应用，则反映出他在建构唯物史观体系时对相关概念的取舍和意义偏重。另外，这一时期的马克思主义翻译与新文化运动重合，前者丰富了后者的内容，后者为前者的传播提供了历史契机，尤其翻译主体同时也是新文化运动的倡导者和主力，意识形态、翻译倡导者（即赞助人）和诗学标准的三位合一，更是为马克思主义的译介和传播创造了最佳时机。新文化运动时期经由译介主体控制的概念译名确定及意义体系建构为马克思主义在中国的立足和接受奠定了深厚基础，也为中国共产党的成立及一批马克思主义者的成长提供了理论指导。

第七章 文化转型中的思想译介传播

新文化运动时期是典型的中国社会文化转型期。这一时期马克思主义在中国的译介传播过程伴随着异质思想与本土社会文化语境的融通调适,思想译介传播促成了文化内涵建构,文化转型为异质思想传播提供了灵活变通的语境,二者互融互通推动了马克思主义中国化进程。

第一节 新文化运动时期马克思主义翻译传播特征

马克思主义进入中国既有文化交流的偶然性,也是中国社会发展与历史规划的必然。马克思主义随着"西学东渐"潮流译介入中国,在国人迫切需要新思想以变革图强的时代背景下被译介入中国,且在与其他各种思潮的较量中逐渐脱颖而出并受到认可。新文化运动时期的马克思主义译介传播开始从零碎译介过渡到完整翻译,从以日本为主要源头扩展为多语多源头译介,从以资产阶级知识分子为译介主体逐步转为以早期马克思主义者为主体,从内容的零散择取深化为思想的体系化建构。这一时期的马克思主义既是新思潮,也是指导中国革命的新理论,兼具学理性与实践性的特质。正所谓"背景引发动机,动机决定过程",新文化运动时期马克思主义翻译传播特征是社会历史语境影响与规划的结果,更彰显了马克思主义在中国的本土化意义阐释及体系重构过程。

首先，新文化运动时期马克思主义译介传播仍受到日本马克思主义者及其著述的重要影响，但开始显现中国语境下的自主选择及规划意识。无论是翻译选择的内容，还是概念术语译名确定，这一时期的马克思主义翻译都与日本有着千丝万缕的联系。译介主体多数都有留日经历，甚至与日本社会主义者有所接触，因此对马克思主义的理解和阐释方式都受到日文著述译述的影响。如新文化运动时期译介的唯物史观内容主要都是源自日本河上肇的研究成果，对马克思主义相关文献的摘译也都是源自河上肇的翻译，并在译入国内后反复转述，在"译述相融"中扩大了马克思主义的传播范围。新文化运动时期首次完整译入国内的两部马克思主义文献《共产党宣言》陈望道译本和《社会主义从空想到科学的发展》的多个汉译本也受到两部文献的日译本影响，在译词选择上最为明显。不过，新文化运动时期马克思主义译介源头也开始出现多源语趋势，从日语为主到英、俄、法等多语源头再到从马恩文献原语译出，正是马克思主义在中国从间接转译到直接翻译的体现。而且，尽管从日本译介的马克思主义不可避免带有日译文本的印迹，但是这一时期翻译选择的马克思主义内容也呈现了中国自主规划的特色。

如社会主义思想是日中两国都关注的马克思主义内容，但是中国更突出了其中的"阶级斗争思想""无产阶级专政的思想[1]"及"联合起来采取革命行动和措施"的内容，更注重探索将"社会

---

[1] 如 1920 年《新青年》8 卷 1 号刊登的陈独秀《谈政治》一文指出："若不经过阶级战争，若不经过劳动阶级占领权力阶级地位底时代，德谟克拉西必然永远是资产阶级底专有物，也就是资产阶级永远把持政权抵制劳动阶级底利器。"文尾还讲道："我承认用革命的手段建设劳动阶级（即生产阶级）的国家，创造那禁止对内对外一切掠夺的政治法律，为现代社会第一需要。"可见，无产阶级专政思想至少在知识分子中已经广为流传和接受。

主义"应用于解决中国实际问题的可行性，即马克思主义的实践性超越了其学理性。这在《共产党宣言》的翻译中更为明显，日本并不关注的"无产阶级专政"受到国人的推崇，这一点在译介十条纲领的态度上即有所体现。日本选择十条纲领，更注重其经济发展模式，具有一定的探究性；而中国在首先确定科学社会主义的发展目标后，更需要的是实现目标的步骤和手段，于是"无产阶级占据统治地位"的革命思想被国人选择[1]，而相应的措施"十条纲领"也被译介入中国作为实践的参考。

再如，唯物史观在新文化运动时期广受关注，在日本唯物史观与经济史观联系紧密，而中国对唯物史观的理解更多是关于人类社会历史发展规律的剖析，尤其是其中决定和影响社会发展进程的变革性因素是国人最感兴趣的，而对马克思主义经济学思想显然没有太多的兴趣。最明显的证明就是译介的源于《资本论》的经济学思想（如价值论、平均利润率论、资本说）并未引起过多讨论和注意，也没有后续的引用转述。可以说，新文化运动时期的马克思主义译介传播正处于从日本引介经过加工的马克思主义到自主选择并阐释原汁原味的马克思主义的过渡，呈现转型期的多元建构现象。不过值得一提的是，虽然日本接触并传播马克思主义更早，且对其学理研究也更加深入，马克思主义却并没有在日本被接受。日本对马克思主义的译介决定了中国可以选择什么思想，但是选择什么、

---

[1] 1919 年《民国日报》副刊《觉悟》7 月 5—10 日，刊发了日本吉野博士著、晨曦译的《民主主义——社会主义——布尔塞维克主义》一文，其中写道："革命主义主张无产阶级绝对支配。而实现这个主张，须得将资本支配阶级全行扑灭，这一点就是革命的特色。"可见，无产阶级专政的思想随着俄国革命的胜利经验被国人关注并渐入主流。

先后轻重以及如何选择则是由中国的社会语境张力来决定的。可见，在马克思主义早期翻译传播中，译入语的社会需求和文化语境直接影响了翻译中的选择，也进而决定了翻译的影响效力。新文化运动无疑为马克思主义提供了最迫切的需求和最适合的文化语境，也呈现了最具代表性的马克思主义译介传播景观。

其次，新文化运动时期的马克思主义译介传播具有体系化建构趋势，从零散萃取到体系建构是马克思主义译介传播不断深化的体现。马克思主义在中国的早期翻译选择是逐步建构其体系化的过程，翻译选择是意义建构的基础，而社会语境的召唤与需求规划了翻译的选择，并进而决定了其在中国的主体定位和影响效力。马克思主义在中国的译介传播有"即时实用"的考虑，这也激发了其对马克思主义传播的阐释空间及实践性预期，即国人译介马克思主义就是为了验证其解决中国问题的实效性。因此，马克思主义必然经历不同译介主体根据自身阶级立场和观点对马克思主义的反复阐释和衡量，这也奠定了马克思主义中国化的基础。

在探讨马克思主义的翻译内容选择前，有必要了解一下新文化运动时期传播的马恩主要原著的成书顺序及自有思想体系。这一时期的马克思主义学说主要出自三本马恩著作：《共产党宣言》《资本论》《社会主义从空想到科学的发展》，它们初版时间及英文版时间如下（见表四）。

从表四可见，三部著作成书顺序先后是《共产党宣言》（1848）→《资本论》（1867）→《社会主义从空想到科学的发展》（1880），最初的语言或是德文或是法文。但通过翻译进入中国的马克思主义并非直接源自德文法文原著，而主要是通过英文版中转。三部著作英文版顺序是《资本论》（1887）→《共产党宣言》（1888）→《社会

表四　部分马恩著作初版及英文版信息[1]

	《共产党宣言》	《资本论》	《社会主义从空想到科学的发展》
初版时间	1848 年	1867 年	1880 年
初版语言	德文	德文	法文
英文版时间	1888 年[1]	1887 年	1892 年
英文版译者	Samuel Moore 恩格斯校对	Samuel Moore; Edward Aveling 恩格斯校对	Edward Aveling
中文最早译介	1902 年	1903 年	1899 年
中文最早全译本	1920 年	1938 年	1925 年

主义从空想到科学的发展》(1892)，而这才是日、中摄取马克思主义时真正有意义的时间线。而且，经过对比分析和考察，日、中译介三部著作（包括从节译到全译）的顺序与其英文版顺序也不一样。这就说明在思想的译介传播中，翻译选择并非按照源思想体系的构建次序来进行，而是根据译入语社会需求进行的自主调整。在这三本书中，《宣言》无疑是引起国人最多关注和讨论的内容，也是首先被完整译入中国的马克思主义代表作。《社会主义从空想到科学的发展》受讨论较少，但此书其实与《共产党宣言》一书都是最早被译介入中国的。恩格斯在为该书 1892 年英文版所做的导言中也曾说道："据我所知，任何社会主义著作，甚至我们的 1848 年出版的《共产党宣言》和马克思的《资本论》，也没有这么多译本。在德国，这本小册子已经印了四版，共约两万册。"此书也是紧随

---

[1]《宣言》在 1848 年 2 月以德语出版后，1850 年在《红色共产党人》杂志上就出现了英译文，但日、中翻译《宣言》所参考的英文版是 1888 年 Samuel Moore 译本，恩格斯亲自校对了该版本，因此最具权威性。

《共产党宣言》在新文化运动时期被完整译入中国，并出现多个完整汉译本。可见，思想的翻译选择和先后轻重并不以著作的内容而定，也不受思想的体系限定，而是取决于译者和受众的需求。而《资本论》则是受到国人最少关注且译介最晚的，一方面是因为其内容博深不好理解导致翻译难度大，另一方面与中国社会经济发展落后、对其需求不强烈有着密切的关系。1919 年前几乎没有专门译介《资本论》内容的文章，直到 1919 年后随着唯物史观的广泛译介，对经济的决定性作用的逐步认同才激发国人开始关注马克思的经济学思想。最早出版的《资本论》在中国的选择却是最晚的，可见翻译的选择和译介是由译入语社会需求及规划决定的。

马克思主义的体系化建构建立在翻译内容的选择基础上，也体现在思想内容间的互融与契合。新文化运动尤其是五四运动之后，社会主义已经具有广泛的社会基础[1]，成为马克思主义在中国立足的基础和体系建构的主体。《共产党宣言》中关于阶级对立、阶级斗争和十条纲领的内容被国人反复选择并加以诠释，十月革命胜利的经验又促使"阶级对立→阶级斗争→无产阶级专政"的思想在反复选择与推进中成为建构社会主义思想体系的主线。同时，阶级斗争作为贯穿人类社会发展的线索引起更为深入的关注，加之受俄国革命启发后对中国革命进程的思索，国人对马克思主义唯物历史观产生极大兴趣，引发了对马克思主义译介的学理性思考和系统化归

[1]　如 1918 年 8 月 2 日《民国日报》刊发的何恒的《社会主义是什么》一文中就写道："现在社会主义这个名词，真流行的了不得，差不多从小学生到老头儿都认识他的"，可见社会主义的流行程度。文章结尾还写道：我们可以说："社会主义不是均产的，却是集产的，不是互竞的，却是互助的，不是私利的，却是公益的，不是空想的，却是科学的"，可见对社会主义思想的认知和理解已经具备一定的高度。

纳。正如胡汉民在《唯物史观批评之批评》一文中所说："中国深造的学理发现，不能不靠马克斯和因格斯两个大思想家；马克斯的史观，因为没有专书，令人骤然间不得要领"，并把马克斯著作中包含唯物史观主要的部分做了系统的译述[1]。当然，对唯物史观的译介直接源于日本的影响，正是因为河上肇等人对唯物史观的系统化探究才使国人注意到此并开始选择，由此拉开了唯物史观的体系化建构过程。在译介、探究唯物史观的过程中，经济在社会发展中的基础性地位受到了最多的关注，不但认为"把经济的条件做社会进化的原动力"是马克斯唯物史观之科学的价值[2]，而且指出"新思想就是经济变革的反映"[3]。经济的决定性作用使国人认为马克思的唯物史观在一定程度上就是历史发展中的经济观，这也使国人开始对《资本论》等政治经济学思想开始积极的摄取和传播。虽然日本对经济学思想的摄取可算为其传播马克思主义的主线之一，但是中国显然没有追随日本这一选择，反而是在译介唯物史观的进程中才开始传播其经济学思想，这正是国人根据社会需求在翻译选择上所做的调整，也决定了马克思经济学思想被最后选择和传播的事实。由此，新文化运动时期马克思主义在中国的译介传播也初步形成了"社会主义思想→唯物史观→经济学思想"的建构模式，而这

[1] 原文见《建设》杂志第一卷第五号，《民国日报》1919年12月9日至27日连续转载了见于马克思著作中包含唯物史观的内容，包括见于《神圣的家族》《哲学的贫困》《共产党宣言》《赁银劳动及资本》《法兰西政变论文》《经济学批评》《资本论》第一卷附注和《资本论》第三卷中的唯物史观思想。

[2] 参见1919年7月22日《民国日报》上刊发的转载《北京晨报》、译自日本《社会主义研究》杂志的《马氏唯物史观概要》一文。

[3] 同上连载，1919年7月30日。

一体系的形成正反映了社会现实需要在思想译介传播中的张力和
动力。

再次，新文化运动时期的马克思主义译介传播融入了基于中国
现实语境对马克思主义思想内涵的调适和转换，体现了思想翻译的
实用性和适用性原则，也开启了马克思主义中国化进程。如马克思
主义思想所讲的阶级对立和专政对象都是资产阶级，而以工人阶级
为主体的无产阶级是革命的主体，但这与中国现实不符，中国从封
建社会直接过渡到民主革命时期，资产阶级力量微弱，更谈不上工
人阶级的力量如何，于是国人在选择这一思想时，自觉自动地将农
民阶级及其他处于低下地位的阶层都列为无产者，而把与之对立的
一切富者或有权者列为资产阶级，重新界定了对立阶级及其之间的
矛盾根源。五四运动后，无产阶级知识分子对马克思主义的译介传
播进入了全新的阶段，不但译者对马克思主义认同并信仰，并开始
探索马克思主义思想的实践应用。"问题与主义"之争和"社会主
义论争"对于马克思主义译介传播从学理性向实践性过渡起到了重
要的导向，对马克思主义的深入探讨和体系化建构进一步推动了马
克思主义在中国的实践性应用。此外，马克思主义的翻译传播还受
到国际、国内大环境的影响，俄国十月革命的胜利成为马克思主义
实践效力的有力证明，重掀国内进步知识分子的译介热潮；而新文
化运动的兴起则成为马克思主义广泛译介传播的契机，马克思主义
的译介传播也成为新文化运动的重要组成部分。这一时期的马克思
主义译介传播也是一种思想文化变革，并在翻译主体和思想主体的
双重推动和角色、地位变迁下逐步融入主流意识形态，实现了异质
思想与译入语思想从选择到调和再到融合的过程，奠定了马克思主
义中国化基础。

总之，"新思潮的手段是研究问题与输入学理"[1]，新文化运动时期马克思主义的译介传播既回应了思想文化变革的历史诉求，也在选择与建构中融入中国传统思想体系中。正如戴季陶评价英国劳动组合时所说"英国劳动组合的发达，并不是由于思想上理论上的指导，是由于实际的必要所逼迫；并不是由理论的根据产生事实，是由事实的根据编成理论"[2]，这一时期的马克思主义翻译也是如此。正是在社会实际的需要和事实的根据下选择并建构起中国的马克思主义体系，并为马克思主义后来在中国的系统化传播及接受、立足奠定了基础。正如王宏志（2007：189）所说，应该将翻译放在整个接受文化里去进行考察，探讨译者为什么选择某些作品去介绍给自己的国民，他们怎样去做这个工作，为什么会选择这个方式，这样的翻译跟接受文化构成什么矛盾，译者怎样协调这些矛盾，译文读者是些什么人，作为一个文化实体，他们为什么选择阅读译文，他们的阅读态度怎样，译文对他们引起什么样的冲击等。新文化运动时期马克思主义译介传播特征，正体现了社会文化整个接受语境对思想翻译的影响和规约，而这种整体的翻译操控通过译者的选择及策略调整完成并通过译文得以展现。新文化运动时期马克思主义在中国的传播具有时代的召唤性和紧迫性，而社会民众的变革需求又赋予了其进入中国的实践性，这就注定了马克思主义在中国与日本的不同命运和发展境遇。可以说，马克思主义进入中国

---

[1] 参见胡适《新思潮的意义》一文，载《新青年》第7卷第1号（1919年12月1日）。

[2] 原文见《新青年》第7卷第6号（转载自1919年《星期评论》双十节纪念号），文末提到"附记本篇根据的著作"中，列有堺利彦氏《马克思主义的分化》（《社会主义研究》九月号）。

的先后次序及轻重缓急正是历时性社会语境的整体规划，这一过程凸显出译者的枢纽作用及主体性操控，而译者的选择和翻译文本又进而体现出其背后文化历史语境对翻译的制约和影响。马克思主义在中国被重新选择和建构的过程就是异质思想藉由翻译实现文化渗透和融合的过程。

第二节　马克思主义译介传播的历史角色与意义

翻译在社会历史发展和民族思想文化的形成过程中扮演着极为重要的角色。正如 Bassnett 和 Lefevere（1990：11）所讲："翻译研究不只是'在原文和译文之间不厌其烦地进行比较'"，而应置身于"更广泛的语境、历史和常规背景中"。对翻译事件的研究不光要有客观描述，还要在此基础上进行理论思考及翻译现象背后的探源，这样才能从翻译史实中总结翻译规律、定位翻译的作用和意义。新文化运动时期马克思主义译介传播对思想翻译和文化建构的模式研究具有重要启示，对马克思主义译介传播的历时梳理及共时分析就是对这一翻译事件进行历史化与语境化的回顾式建构[1]。

翻译的社会性决定了必须联系历史、社会及文化因素来考察翻译事件，翻译研究必然具有历史性。翻译对社会起着一种综合的文明开化作用，起着一种整合作用和内在的控制作用，使整个社会走

---

[1] 以色列学者将早期翻译研究中的翻译对等概念和文学功能理论扩展为更广的框架，把具体的翻译文本历史化、语境化以考察影响翻译的因素（Historicize actual translated texts and see the temporal nature of certain aesthetic presuppositions that influence the process of translation）。（参见 Gentzler 2005：108）

向文明（俞佳乐 2006：90）。因此，对于翻译事件的全面考量也需要一种横向与纵向的交叉性整合，即纵向梳理翻译路径及特点，横向分析社会文化语境的制约及影响，而只有将马克思主义译介传播放置于这一时、空并存的立体空间，才能把握思想翻译的总体进程。正如 Steiner（2002：32）所说："语言学家对语言结构进行了历时（垂直）与共时（水平）性的区分，这种区分也可用于翻译的内部分析。文化的传承不但依靠时间上的意义传达，也有赖于空间上的意义转换"[1]。对马克思主义译介传播进行历时梳理，从翻译路径获知整体的翻译情况和发展趋势，这是历史化的建构过程；而截取不同阶段的平面探察以译者为主体的翻译选择与重构过程，并分析其时的社会文化因素对翻译的影响及翻译的反向作用，这是语境化的建构过程。

首先，新文化运动时期的马克思主义译介传播是中国马克思主义翻译传播历史进程中的重要阶段，为之后马克思主义的翻译传播及接受奠定了重要基础，具有重要的引领和导向意义。我们常说"十月革命一声炮响，给我们送来了马克思列宁主义"[2]，但是考察新文化运动时期的马克思主义译介传播历程就会发现，马克思主义并非送进来的，而是我们自主选择译介进来的。这种选择也并非随意任性而为，而是根据中国的社会文化现实需求有目的地选择，并

---

[1] 原文为："Since Saussure, linguists distinguish between a diachronic（vertical）and synchronic（horizontal）structure of language. This distinction applies also to internal translation. If culture depends on the transmission of meaning across time—German ubertragen carries the exact connotations of translation and of handing down through narrative—it depends also on the transfer of meaning in space"。

[2] 此句出自毛泽东在1949年6月30日所写的《论人民民主专政》一文。

结合中国自有的思想体系有意识地阐释建构，形成了契合中国语境的马克思主义思想及体系。这一时期的马克思主义译介模式对之后马克思主义在中国的译介传播都具有相当的影响，尤其是一些译词译名的确定为马克思主义核心概念的意义建构奠定了重要的基础。可以说，没有新文化运动时期的马克思主义翻译传播，就不可能有《共产党宣言》的完整首译本以及后来马克思主义思想的整体化、体系化翻译进程，更不会有早期马克思主义者的成长及以马克思学说作为指导思想的党派的创立，甚至马克思主义在中国的传播和接受都将推迟或根本不会发生。由此可见，新文化运动时期的马克思主义翻译选择及取舍以及对马克思主义思想的解读阐释方式奠定了马克思主义中国化的基础，是全面把握中国马克思主义翻译脉络的起点。

其次，新文化运动时期的马克思主义译介传播也呈现了翻译文本与译者共谋之下的相互联系及前因后果，并在社会文化语境的互动中展示了特定时期的思想翻译景观。翻译文本蕴含了其生成过程中译者的决策及当时的社会文化背景，对译文的分析就是对其语境化[1]的建构和还原。正如王克非（2000：7）所说，翻译活动受到时代亦即当时民族文化的制约，翻译事业的发达与否，也与翻译的目的、社会的反响，即文化上是否有此需要，关系极大。可以说，翻译的语境化建构就是考察翻译活动与社会文化语境[2]的互动关

---

[1] 对语篇的语境化建构就是将语篇与其环境联系起来，此处的环境主要指社会文化语境。

[2] 此处所说的社会文化语境包含社会语境和文化语境，二者相通相融，因此合而论之。社会文化语境反映对特定言语社团的社会规范和习俗的总体认知，包含当时的政治、历史、哲学、科学、社会规约及价值取向等思想文化意识。

系，而翻译文本就是这一互动关系的印迹。思想翻译过程中必然包含对异质思想概念的调适和过滤，以使译文符合译入语社会主流意识形态的要求；而目的语社会文化语境通过翻译来摄取异质思想文化时也必然根据自身需求做出选择取舍并对其思想内涵进行新语境下的重构。对马克思主义译介传播的语境化建构还要着重分析影响翻译选择与意义重构的社会文化因素，以及译入的马克思主义思想与目的语社会、思想文化语境的互动和融合关系，而其中起到关键媒介和操控作用的就是作为翻译主体的译者，或称思想传播者。

在思想文化的交流与传播中，翻译主体主要通过对异文化作品的经典化过程（canonization）来深化文化形象的建构，而马克思主义译介传播也是通过对马克思主义文献渐进式的经典化阐释来逐步推进其在中国语境中由边缘渐趋中心的地位。这一过程主要包括文本选择和策略调整，且每个步骤都体现了社会文化语境对翻译的影响和制约，而同时也对社会文化语境产生了反向作用。

对马克思主义的翻译选择是塑造马克思主义思想经典化形象及重构其在中国社会文化语境下思想体系的核心环节，在思想传播中文本的选择是社会语境召唤与主体自觉规划的共同产物。这一时期的马克思主义译介传播在十月革命的示范效应和新文化运动的推动下，翻译选择更具目的性和系统性。进步的无产阶级知识分子在接触与传播马克思主义的过程中成长为早期的马克思主义者，对马克思主义的译介开始偏重于其革命实践性，无产阶级专政思想得到重视，唯物史观得到体系化传播和分析，唯物史观的经济基础观还引发了经济学思想的译介，随着《共产党宣言》全译本的出现马克思主义翻译初步奠定了其在中国的地位并开始了完整、系统化翻译的历程。翻译主体的选择既是其自身思想立场的体现，也是对当时社

会文化语境的回应，而马克思主义译介入中国所带来的新思想概念
和词汇也对中国的思想文化体系产生了重大影响。这一时期马克思
主义的经典化过程还体现在《共产党宣言》的翻译上。思想翻译中
最终进入目的语社会并充当异质思想代表的往往是最能体现具体翻
译行为动机的作品，《共产党宣言》作为马克思主义的核心代表作
以其高度的概括力、实践的指导力和号召力成为马克思主义译介传
播中的经典化对象，也奠定了马克思主义完整翻译的基础。

　　马克思主义译介传播过程中译者的翻译策略受到其所处社
会文化语境的影响和导向，译者的策略调整体现了目的语社会
对异质思想的态度。韦努蒂等学者将翻译策略概括为"归化
（Domesticating）"和"异化（Foreignizing）"两种[1]，马克思主
义译介主体主要根据当时的社会语境和现实需求对马克思主义思想
进行了"归化"处理，即通过节译、摘译、转译等手段选择译介了
马克思主义中最为国人所需且最容易被国人接受的内容，以实用性
原则替代了学术性关注；并运用增删、转换等译述、编译和释译
的翻译策略对马克思主义思想概念进行了调整、转换、整合和重
构，以使其适应中国社会文化语境并与中国既有的思想文化体系相
融合。这种归化式的意译手段虽然不能忠实再现源思想内容[2]，但

---

[1]　这与之前施莱尔马赫（Friedrich Schleiermacher）的两分法是一脉相承的，
　　即尽可能不惊扰作者，让读者走向作者又尽可能不惊扰读者，让作者走向
　　读者。

[2]　马克思和恩格斯十分重视他们著作的翻译，在他们看来，应该以"忠实
　　而流畅"作为马克思主义著作的翻译标准和原则，且应准确表达原著的
　　风格。（参见林放 1983：28—31）但是这一标准在思想传播早期并不适用，
　　只有思想翻译进入完整、系统的传播阶段才可用。也由此可见，思想翻译
　　早期"忠实"并不是首选的翻译原则，根据需要进行摄取的过程往往与忠
　　实的翻译是相悖的。

却有利于异质思想"顺利"进入目的语文化语境且更易被受众理解和接受，这在思想翻译传播早期更为重要。翻译策略在表面上看决定了马克思主义如何在中国被重构和接受，实则反映了中国社会文化语境对待马克思主义思想的态度和立场。"目的语文化的自我定位及其对其他文化优劣的看法会影响其对另一种文化和文学的接受"[1]，并进而影响译者的翻译策略和手段。新文化运动时期，传统思想受到猛烈抨击、宣传民主科学的新思想受到热烈欢迎，马克思主义在废旧立新的社会文化变革中逐步脱颖而出赢得自己的一席之地，尤其是早期马克思主义者的成长及其后来社会政治地位的确立，使马克思主义逐步渗入中国主流思想意识形态体系，成为思想翻译和传播史上最为成功的事件。

需要指出的是，马克思主义译介传播的语境化建构必然要以译者和译文作为研究核心和研究基础。孔慧怡曾针对文学翻译的分析标准提出衡量译者和译作的三个因素[2]，强调要重视翻译背后的社会背景和文化需求，这对马克思主义译介传播的语境化建构也有所启示。新文化运动时期马克思主义译介主体几乎都是当时引领先进文化和思想主张的领军人物，在当时的中国具有重要的社会影响力。这一方面决定了思想译介的效力，另一方面也证实了思想翻译的主体多是新知识、新文化的传播者和倡导者，思想翻译在根本上

---

[1] 见 Andre Lefevere, *Translation, Rewriting and the Manipulation of Literary Fame*（1992: 104—105）; Roman Alvarez, *Translation, Power, Subversion*（1996: 6）。

[2] 三个因素为: 1. 译者在译入语文化所占的地位; 2. 译入语文化当时在意识形态方面或文学发展方面被认为有何特定需要; 3. 评价译作时译入语文化的主流文学规范。参见孔慧怡"还以背景，还以公道——论清末民初英语侦探小说中译"（引自王宏志 2000: 104—107）。

是目的语思想文化发展和变革的重要组成部分。这一时期的马克思主义译介传播正值中国社会处于动荡变革之时，思想文化的主流意识形态面临废弃与重立的转折时期，亟须带领中国摆脱贫困落后实现自由富强的具有革命实践性的思想学说，这无疑为马克思主义在中国的译介传播和接受提供了动力和契机。

总之，在马克思主义译介传播的历史化与语境化建构中凸显了其历史角色与意义。新文化运动时期的马克思主义译介传播既是新知识、新学理的输入，也是国人探索建构新思想以指导中国革命实践的尝试。从历时的历史维度看，这是中国马克思主义翻译传播历程中的重要阶段和环节，奠定了马克思主义中国化传播的模式与基础；从共时的语境维度看，这是马克思主义思想与中国思想文化体系经由译者调适所实现的融通过程，是新文化运动时期思想文化变革的体系化建构过程。翻译所造成的文化影响，并不在于语言的转换过程，也不取决于原著或者译作本身，而在很大程度上受到了接受社会现时文化环境的影响。（俞佳乐 2006：9）从这个意义上讲，马克思主义在中国的译介传播是中国社会文化语境的历史规划，也是近代中国社会文化和思想变革尤其是现代化进程的一部分。

第三节　思想传播与文化建构之互融互动

翻译是思想文化交流与传播的媒介和载体，也是思想文化的传播主体，"翻译具有文化交流中的施为性"[1]。任何翻译活动都是根

---

[1] 原文为 "Translation is the performative nature of cultural communication"（Bassnett & Lefevere 2001：137）。

据译入语文化的需要对源语文本的一种重写和同化，思想的翻译和传播不是文本间的简单转换，而是异质思想借助翻译根据译入语的社会文化语境需求被译者选择、阐释和重构的过程。译介内容的选择及阐释方式既受到社会文化因素的影响和制约，同时其本身也是一种文化征兆，预示并导引了目的语思想文化体系的重构和发展。翻译是一种行动型的语言而非静态语言，翻译是象征分裂、文化破坏和协商的有力标记，是实施文化效力的动态表征。翻译一方面传载了异质思想及其蕴含的文化价值，为目的语思想文化体系注入新的元素；另一方面又在意义重构的过程中使异质思想获得新的内涵，在翻译与传播中实现新语境下的思想传承和再生，而同时目的语思想文化体系也在与异质思想的交流、碰撞和调和中不断进行更新与完善。因此，思想翻译看似是单向的思想文化译介，在本质上却是两种思想文化内涵的较量与互动，翻译既是传播思想与文化的行为，更是双向建构思想与文化的过程，使两种思想文化价值通过翻译以交互文化（interculture）的形式得到传承和再生。从这个意义上看，新文化运动时期的马克思主义译介传播既是通过思想翻译建构起中国思想文化语境下的马克思主义内涵体系，也在适应中国语境的本土化进程中获得了新生的动力，建构起中国化马克思主义思想文化体系。

首先，翻译在本质上是一种文化活动，异质思想的翻译传播必然包含文化价值传载。正如王宁（2009：8）所言，"我们今天所提出的翻译的概念，已经不仅仅是从一种语言转变成另外一种语言的纯技术形式的翻译，而且也是从一种形式转变成另外一种形式，从一种文化转变为另外一种文化的'转化（transformation）''阐释（interpretation）'和'再现（representation）'，这种转化和再现恰恰正是通过语言作为其主要媒介而实现的"。可以说，翻译就是负载并传播文化的过程。翻译对文化（尤其是目的语文化）的影响不但是传播异质文化的必然结果，其本身就是文化建构的一部分。Lefevere（2006：2）指出，"翻译是一个开放的渠道（尽管通常会带有某种不情愿），通过这一途径异域的影响会渗透进本地文化，形成挑战，甚至会颠覆本地文化[1]"，而目的语文化体系也正是在与异质文化交流和互融的过程中不断调整得以发展的。不受外来影响的文化体系是不存在的，不接受外来影响的"纯正"的文化体系也是不会传承和发展的，文化只有在交流和融合中才有自我调整和发展的空间，而翻译恰恰实现了文化建构这一过程。

　　文化是理性人类创造的物质、精神价值总和，具有时间、空间意义，其内在价值是文化具有可交流性的基础。以马克思主义译介传播为代表的近代中西思想文化的交流就是两种价值体系之间的文化翻译，这种翻译在根本上就是文化价值（Cultural Values）[2]的

---

[1] 原文为："…translation is a channel opened, often not without a certain reluctance, through which foreign influences can penetrate the native culture, challenge it, and even contribute to subverting it"。

[2] 语言或文本本身除了传达信息，还蕴含着文化特质。关于翻译中的文化内涵主要有文化资本（cultural capital）和文化价值（cultural values）两个方面，文化资本是相对于经济资本而言的，是社会化过程中的身份认证（Cultural capital is what makes you acceptable in your society at the end of the socialization process known as education），文化资本在根本上是一种语言资本（参见 Bassnett & Lefevere. 2001：41—43）；而文化价值则是文本所承载的特定文化群体的价值观、模式或规范思想，承载于经典化话语或文本之中，文化价值受到权力关系的影响和制约，翻译中文化价值的传播是通过译者的转换（transformation）和操控（manipulation）行为实现的（Cultural values are embedded in discourses that are canonized to varying degrees）（参见 Delisle, J & Woodsworth, J. 1995：191）。本文主要关注的是翻译中文化价值的承载，意在探析翻译对文化传播的影响以及翻译在两种文化交流中的融通作用。

传播。翻译所承载的异质文化间的互动构成了翻译的文化语境，在这一动态交流与传播过程中，源语文化与目标语文化共同形成了影响翻译的文化张力。译者在这一过程中不是单纯从源语向目的语进行单边的文化价值转换，而是转变并操控这种文化价值，根据译入语社会文化语境的需求对其进行选择、阐释和重构（Delisle & Woodsworth 1995：191）。马克思主义思想作为文化价值的一种体现，其在中国的译介过程也是这种文化价值传入中国、在中国语境下被重新阐释并接受的历史进程。

翻译过程渗透着文化价值的双向转换和操控。文本在创作过程中即形成其与生俱来的文化特质，翻译伊始对源文本的选择即是对其文化价值的认可，译者通过语言转换对源文本中文化内涵的阐释就是对源语文化的一种再现和重构。置身于目的语文化体系中的翻译文本虽然是源文本的"替身"，但由于在翻译过程中兼受两种文化的制约和影响，翻译文本不可避免带有两种文化的印迹。在与目的语文化语境相契合的同时，翻译文本也必然为目的语文化体系带来新的元素并建构起异质文化特色。正如 Venuti（1995）所指出[1]，翻译，无论何时、何地、何种方式发生，都在某种程度上受到限制，翻译过程的每一步（从源文的选择、翻译策略的实施到译文的编辑和解读）都受到目的语中各种不同等级的文化价值的调和。新文化运动时期译介入中国的马克思主义承载着"西方新思潮"的文化价值，马克思主义译介传播就是通过翻译将马克思主义思想引介入中国，以让中国传统思想文化体系接触并补充新的元素，从而在思想上摆脱落后与桎梏。因此，马克思主义翻译中的选

---

[1] 转引自 Genzler（2001：137）；Bassnett & Lefevere（2001：137）。

择过程首先就是根据目的语社会文化现实和需求在异质思想中选择最具文化价值的内容，将其优先译介，即翻译内容的选择和译介的先后顺序与其承载的文化价值成正比关系。而且，这一过程随着译者主体和社会文化语境的变迁也逐步推进，马克思主义思想中对国人来说最具价值和意义的社会主义思想首先被译介传播，马克思主义著作中最能代表其核心思想的《共产党宣言》被选择最多且最早被完整译出。在文化价值的判定与取舍中将马克思主义思想逐步译介入中国，重新建构起中国马克思主义思想价值体系。从这个意义上看，马克思主义译介传播中的反复选择与重释是对翻译所传承的文化价值的一种渐进式认同和接受，而译述结合的翻译策略则是对异质文化价值的一种调整和重构。正是在反复阐释与调适中使新思想所承载的文化价值与目的语社会文化体系的价值观相契合，使马克思主义逐步融入中国主流思想文化体系实现了两种文化价值的融合。

当然，翻译过程中对传承的文化价值的判定及所采取的相应调整策略终究还是由目的语文化价值来决定的，并反映到译者的翻译选择和翻译策略之中，因此马克思主义译介传播从开始就是两种文化价值的双向互动与融合。中国社会的主流意识形态对马克思主义的翻译和传播同时起到了推动（motivation）和限制（constraint）的作用[1]，这也是目的语社会文化价值在面对外来异质思想时既开放又保守的心态体现。翻译向来是传播新知识、丰富思想文化内涵的主要方式，郭沫若就把翻译视为"向国人传播知识的一个重要途

---

[1]　意识形态的操控作用体现在或是推进或是阻碍翻译的传播两个方面（参见 Lefevere 1992：8 ）。

径，一种丰富中国文化宝库的手段"（方华文 2008：155）。但是在向外寻求新学的过程中，中国自有的文化价值体系始终居于核心地位，这也是思想翻译与传播中译入语社会文化本位心理的体现，这就使得翻译中异质文化价值的传播在本质上是从边缘向目的语思想文化价值的主流体系不断靠近和渗入的过程。而且，译者在这一过程中常常会"超越"或有意"模糊"异质文化价值与自身文化价值的界限[1]，或是借用异质思想来表达个人主张，或是直接将其纳入既有的文化价值体系内化为其中的一部分，因而译文所传载的正是两种文化价值整合互融的结果。

这样看来，译介入中国的马克思主义是融合了中国文化价值的中国马克思主义思想体系，马克思主义也因此奠定了其中国化、本土化的传播基础。当然，在思想翻译早期，异质文化价值受控于本土文化价值，这也体现了目的语思想文化体系面对异质思想早期阶段所表现出的犹豫、权衡的立场。一旦异质思想在目的语文化体系中占据重要地位，则两种文化价值的地位也开始变换，异质文化价值受到更多的重视，随之代表这种文化价值的核心文本的翻译也开始关注对异质文化价值的完整的、系统化传播[2]。思想翻译的表象是将异质思想译介入目的语文化体系中，是对异质文化价值的传载，而实质上是译者选择和操控下的两种文化价值的碰撞、调和与互融的过程；译介的异质思想看似承载的是新的文化价值，实际在

---

[1] 原文为："……translators cross and blur the lines between foreign cultural values and those of their own society"。参见 Delisle, J & Woodsworth, J.（1995: 191）。

[2] Lefevere（2006: 70）曾指出："If a text is considered to embody the core values of a culture, if it functions as that culture's central text, translations of it will be scrutinized with the greatest of care"。

对其选择与阐释的过程中已经融入了目的语社会文化自有的价值观，成为目的语思想文化价值的一部分。这也是思想文化体系通过翻译实现自我调整与发展的过程。

其次，思想翻译也是建构文化的过程，异质思想通过翻译进入本土思想文化体系，这既是对源思想在新语境下的传承，同时异质思想与本土思想也在调和、互融的过程中实现了各自的"再生"[1]。"翻译是异质文化之间的互涉、互证、互补、互融的变异活动；是引入文化与本土文化的不断的相互影响、交叉、重叠与转换的永恒活动。"（王玉英 2003）翻译在塑造异质文化形象和语义内涵的过程中享有特权，翻译因此经常被利用来建构某种特定的文化内涵，通过对源语文化的有意阐释来导引异质文化在目的语文化体系中的定位，并进而影响目的语主流文化对异质文化的接受和认同程度。可以说，翻译既是在目的语语境下对源文本的文化建构，使源语文化在异域得以重构和再现，也是通过引入异质文化对目的语文化体系的调整和建构，使本地文化在交流中得以丰富和发展。

同时，翻译有助于形成新的思想意识[2]，思想翻译影响着两种思想文化体系的相互渗透和发展动态。马克思主义本是源自德国的政治思想，经由翻译进入中国后使其地域和受众的影响力得以延展，同时在与中国本土文化交融的过程中其思想内涵也获得了新生，建构起中国的马克思主义思想体系。在对马克思主义进行阐释

---

[1] Walter Benjamin 在《The Task of the Translator》《译者的任务》（1923）一文中运用了"再生"的比喻，把翻译视为作品"生命延续"的阶段（their stage of continued life）。（见 Benjamin 1992：73），转引自王宏志（2007：15）。

[2] 原文为："…translation can help develop a new consciousness"，参见 Delisle, J & Woodsworth, J.（1995：192）。

和意义重构的过程中一些中国自有的思想概念内涵也发生了转换并产生了新的概念术语，使本土思想文化体系在异质思想的融入和冲击下不断进行着自我整合与更新，从而在翻译中获得了再生。可以说，马克思主义早期翻译在一定程度上就是在中国语境下重构马克思主义思想体系并进而与中国自有文化体系实现交流对话的过程，而马克思主义中国化的历史现实则印证了翻译的文化建构本质。正如莎士比亚是在德国被首先认可的[1]，马克思主义也并非在其发源地被接受，反而是经过翻译后在中国被接受并成为主流意识形态。异质思想通过翻译获得再生，其生命力和影响力甚至远远超过其未经翻译的源思想，这恰恰体现了翻译在思想传播中的活力和动力。翻译使文本得以生存并赋予其新的生命[2]，甚至通过翻译盘活了一些不被源语文化重视或认可的文本，异质思想文化正是通过翻译得到传承并重获新生。

　　思想翻译的本意在于影响目的语文化的动态建构和发展而非单纯传播异质文化，"翻译的存在就是要影响一种文化的发展"[3]。如果把目的语文化体系看作一个相对稳定且动态发展的状态，那么翻译无疑是对这一体系最具冲击力和影响力的因素，翻译所带来的异

---

[1]　参见 Bassnett & Lefevere（2001：59）。

[2]　Benjamin（1923）指出"Translation secures the survival of a text, and it often continues to exist only because it has been translated"，"Translation provides the life-hereafter of a text, enabling it to survice and sometimes even resurrecting it"。转引自 Bassnett & Lefevere 2001：59、66。

[3]　参见 Lefevere（2006：8）。原文为："Translations have been made with the intention of influencing the development of a culture"。值得注意的是，此处是说"a culture"，即"某一种文化"，就是指目的语文化。从文化视角研究翻译，更关注的是翻译对文化所产生的影响及二者的相互关联，因此，翻译意在影响目的语文化的发展。

质文化信息在目的语文化体系中由外围逐渐渗入主流，由此对目的语文化形成建构式的补充和扩展。梁启超（2001：93）曾说："美哉我中国，不受外学则已，苟受则必能发扬光大，而自现一种特色。"这虽然表达了中国愿意接受外来学说，但更体现出翻译在建构和发展本国思想文化体系中的积极意义和作用。尽管翻译会引介入异质思想，但翻译的根本动因仍然是传承本土思想文化的价值体系和意识主流，（虽然有时目的语社会意在通过翻译来引进新思想或变革自身的思想观念，但这是目的语社会主动做出的选择和规划，其本身就是既有思想文化体系存在和发展的一部分），在将其"发扬光大"的基础上，通过融入异质思想来自现一种特色。任何社会的思想意识都不可能一成不变，思想价值体系正是在与他者的交流与调和中获得共生和发展，而翻译无疑是思想意识获得发展动力的最为有效的途径。

新文化运动时期马克思主义译介传播经历了从零碎随意摄取到完整的系统化译介，以及从直接将马克思主义归化为本土思想到重构其在本土思想文化中的内涵体系的动态变化，渐进式的互相渗入与体系化的双向建构使马克思主义与中国传统思想文化在翻译中实现了各自的传承与再生：不但异质思想的体系和概念内涵发生了变化，而且推动了本国语言词汇、民族思维的变化和发展。翻译的过程是两种文化实现视阈融合的过程，无论是经历折射还是改写[1]，经过调和的异质文化成分都"在目的语文化体系中发挥了重

---

[1] 折射（refraction）与改写（rewriting）都是 Lefevere 提出的用来描述和分析翻译过程的术语。折射借用了光谱的原理，将影响翻译的意识形态和主流文学范式比作光谱，译文必须经过光谱的折射才会到达读者，而译者为了使译文适应不同的读者则采用改编的方式对翻译进行操控；（转下页）

要影响，甚至在某些特定的历史阶段使目的语文化发生质的变化"（Venuti 2000：192—197）。

总之，新文化运动时期的马克思主义译介传播揭示了以翻译为载体的文化建构本质。马克思主义思想与中国传统思想的融合、重构不但奠定了马克思主义中国化的基础，对中国既有的思想意识体系也产生了重要影响，马克思主义在不同翻译主体的反复阐释和意义重构中逐步被接受并确立其主体地位正印证了这种质的变化。这也契合了中西思想文化交流的范式，正如熊月之（1995：735）所说，中国吸收西学的步伐之所以沿着物质文化、制度文化、精神文化的阶梯拾级而上，就是因为这三类文化的可比性越来越低，比较、鉴别所需的时间越来越长。这就决定了，在物质文化层面上，西化程度很高，而在精神层面上，化西比例很大。而思想的交流无疑属于后一种，在看似"西化"的翻译过程中实现了"化西"的意义重构。在思想翻译中，表面上看是为概念在目的语中寻求能指，而实质是在目的语语境下重构其所指的意义范畴。马克思主义在中国的翻译过程不是中国思想被马克思主义化，而是马克思主义实现了中国化。

思想翻译传播受文化语境制约的同时也在建构文化内涵。翻译所承载的文化传播过程就是通过翻译进行文化阐释和重构的过程，

（接上页）改写是指译者在翻译过程中不以"忠实于原文"为目的，而是受译入语意识形态与诗学的影响对原作进行重新解释、改变和操控的行为。二者都强调了意识形态与诗学规范对翻译的影响和制约作用以及译者由此在翻译中采取的改编和重写的操控性行为，现在"折射"这一术语逐渐被"改写"所代替。此处即指在思想翻译中译者根据自身意识形态立场和社会文化语境对异质思想进行选择、阐释和重构的过程。

翻译在建构文化的同时形成了文化翻译[1]，翻译的本质就是翻译文化[2]。王宁（2009：89）曾指出，"一种理论要想具有普适的价值和意义，就必须对各种语言的阐释和应用开放，得到的阐释和应用越多，它的生命力就越强劲，同样，它被翻译的语言越多，它获得的来世生命也就越持久。如果理论通过翻译而得到了转化，那么它也照样会在某种程度上使它所进入的那种文化发生转化。理论的活力将向这样一些无法预见的转化开放，同时，它在越过边界时把这些变化也带过去并且带进新的表达风格中。"思想翻译正是在两种思想的交融之中架构起时空上的传承性，并通过交互文化的生成延续了其存在与发展的动力。新文化运动时期的马克思主义译介传播

---

[1] 文化翻译（Cultural Translation）是非正式使用的术语，指作为跨文化或人类学研究工具的翻译类型，或者任何对文化以及语言因素反应敏感的翻译。文化翻译在更多的意义上是一种研究视角，把翻译看作是文化之间而不仅仅是语言之间的转换过程。（参见 Shuttleworth & Cowie 2005：35—36）。本文将马克思主义的早期翻译视为一种文化翻译，尤其是通过翻译途径实现异质文化及思想的传播和交流都可纳为文化翻译的范畴。

[2] 翻译研究领域出现文化研究范式后，哥廷根学者还创立了翻译文化（translation culture）这一术语（来自德语 *Ubersetzungskultur*）以描述在译入语系统中制约翻译的那些文化规范，并强调注重翻译中的文化因素及译者的作用。而在谈到"the great *Ubersetzungskultur* of Renaissance Europe"时，"翻译文化"则被描述为"一种文学氛围"，各种语言形式都可以从一种语言自由转移到另一种语言中，而且在相互刺激的交叉关系中有意交换了跨语言的影响。而在 Pym（2007：179）看来，这种翻译文化接近于交互文化性（interculturality）。这不是将"翻译文化"简单归结为目的语文化之中，而是兼具源语与目的语两种文化的特征，是两种文化交互影响的结果。此处所说的"翻译文化"是采用了其动词含义，即把翻译看作是一种行为过程，而翻译行为的对象就是文化。如前文所讲，翻译在本质上就是在目的语语境中阐释和再现异质文化，翻译就是翻译文化。

是典型的思想文化交流活动，马克思主义思想进入中国开始传播直至接受并重构其在中国的体系都离不开翻译，文化研究框架下的马克思主义翻译就是中国语境下对马克思主义的阐释和重构，是通过翻译实现的马克思主义中国化过程。

结 语

本书对新文化运动时期马克思主义在中国的译介传播情况进行了较为细致的考察和梳理。通过历时分析马克思主义在中国早期译介传播的历史背景及新文化运动时期马克思主义翻译传播脉络，并结合马克思主义典型文本、核心概念的译介情况及代表性译者的翻译策略，揭示了新文化运动时期马克思主义译介传播所呈现的思想翻译的普遍特点和规律，并深入探析了思想翻译与文化建构互动互融的密切关系。

一、研究发现

新文化运动时期的马克思主义译介传播是典型的思想翻译事件，其翻译传播模式及特点具有思想翻译的普适性特质，并对思想翻译模式的探究具有重要启示。

首先，新文化运动时期的马克思主义译介传播模式为之后马克思主义在中国的翻译传播奠定了基础，开启了马克思主义中国化译介历程。新文化运动时期见证了马克思主义在中国从零碎萃取到完整翻译、从无意被动输入到主动规划选择、从零散译述到体系化呈现、从借取概念译名到阐释建构思想内涵的变化过程。译介入中国的马克思主义其学理性让步于适用性与实践性，并通过反复选择及阐释建构起中国语境下的马克思主义思想体系和思想内涵。这一时期译介传播的马克思主义思想仍受到日本影响，但已开始对思想内涵进行自觉解读，概念术语译词及阐释方式既体现了思想转译中的传承性关联，也见证了异质思想在接受语境中的调和、变容过程。选译的内容更契合中国社会需求及革命进程，以转译、摘译为主的"译述混合"模式与译介主体的翻译立场和翻译策略相呼应，这一时期创刊办报的盛行为马克思主义翻译传播提供了快捷有效的传播媒介，这些都扩大了马克思主义译介传播的受众基础和影响力。进步知识分子在译介马克思主义的过程中，逐渐成长为中国早期马克思主义者，同时在针对马克思主义的论争辩驳中坚定了马克思主义信仰，为中国共产党的成立成长和中国革命实践奠定了理论基础和人员准备。新文化运动时期马克思主义译介传播与中国社会实践之需紧密结合，不但选择内容要契合中国之现实，而且阐释方式也基于解决中国之问题，建构起中国化的马克思主义思想体系及内涵。这一时期广泛传播的马克思主义不但为之后的马克思主义翻译奠定了传播基础，也深刻影响了之后马克思主义的译介模式。

其次，新文化运动时期的马克思主义译介传播对于思想翻译的模式探究具有重要启示。在思想传播初期，翻译的准确性和忠实性并不是最重要的，反倒是译者的选择和阐释是最关键的。译者的翻译取舍及策略调整看似随意，其实是受到其自身意识形态及所处社会文化历史语境的制约；译者的阐释方式决定了核心概念和思想的语义内涵及异质思想在译入语语境的定位。思想译介及传播的效果似乎与通常意义上的翻译规范无关，而是更多受到接受语境中当时环境和社会、文化需求的影响。译介入中国的马克思主义不是源于思想原著，而是经由他人著述的引介转译而来，译者的选择也较为被动，并在阐释过程中加入了个人的观点和评述，存在诸多误解、变换和主观评述。但这种间接传播的译介模式似乎并没有影响到翻译的传承功能和社会效力。距离源语更近的日译本没能让马克思主义思想在日本立足发展，反倒是经由日文转译而来的中国文本产生了更大的文化建构力，使马克思主义在中国被广泛传播并逐步接受。此外，思想的译介传播都有代表性文本的依托，对文本趋同的选择及内容的取舍是思想早期译介特征的映射，思想传播的过程必然融合了典型文本的经典化阐释过程。新概念的引介都是从探寻能指开始，逐步变更译名，重构其在译入语语境中的新含义并建构起所指的内涵；新思想的书籍或著作的引介多是从节译和释译开始的，通过译述结合的方式，逐步选择、协调、重构，最后促成完整的全译；思想翻译的初期都是大范围的零碎摄取，而后过渡到有系统地自主选择。一百多年前的西学东渐几乎都遵循这一规律，马克思主义早期翻译也是如此。在思想翻译传播早期，翻译的完整性、准确性、系统性都不是最为重要的，影响思想传播的根本因素就是社会的发展规划及历史语境的诉求，并通过译者的翻译调整得以实现，可以说译者的翻译选择和阐释策略决定了思想传播的脉络走势，进而决定了思想通过翻译实现的体系化重构。以译者为核心、以文本分析为基础的翻译研究模式是透视及分析思想文化交流本质的有效尝试，把史学研究、文化研究与翻译研究相结合的跨学科综合研究是由翻译事件跨学科特质决定的，也是翻译研究的发展趋势。

再次，新文化运动时期的马克思主义译介传播对于透视翻译在思想文化交流中的地位和影响具有重要意义。正如王克非（2000：6）所指出，译本的忠实程度与该译本在文化沟通上的作用之大小并无绝对的正比例关系，译者（其后受意识形态和文化背景影响）的摄取才是重要因素。有时从不准确的译本，或再造性质的译述中，可以发现一些具有文化意义的东西，这是思想翻译所表现的共性，同时充分体现了翻译所承载的文化功效及其在思想文化交流中的重要地位。

思想翻译传播中（尤其是早期阶段），借翻译之名在译入语语境下传播和建构的思想内涵更受到重视，其中尤以译者的主体选择和阐释力最为关键，翻译的意义正体现在将异质思想与自有的传统思想实现动态的调和（acculturation）。从这个意义上讲，马克思主义的早期译介是翻译选择和操控的过程，同时彰显了翻译所体现的历史规划和社会动力。翻译是思想文化交流的载体和媒介，翻译的过程就是思想建构的过程。思想内容选择的先后及偏重对于异质思想体系和内涵的重构影响极大，这也是外域思想在进入本土文化时实现文化交流与互融的普遍特性。新文化运动时期马克思主义的译介传播有其自有的选择顺序和阐释方式，这是译者根据现实语境所做的翻译调整，也是异质思想进入本土思想文化体系所做的妥协和适应。考察思想翻译与传播的根本特性就在于关注思想翻译中的选择、取舍及调整策略，这也是翻译在思想文化交流中的意义所在。

新文化运动时期的马克思主义译介传播呈现了异质思想流播中的思想过滤、发散和变容过程。异质思想从"异域"进入"译域"，经历着"融入→变容→新域再生→影响扩张"的思想重构过程，而这一切都是通过翻译的规划和操控实现的。翻译受到文化的制约，同时对文化产生重要影响。翻译既是传播思想与文化的行为，更是双向建构思想与文化的过程，两种思想文化价值通过翻译以交互文化的形式得到传承和再生。可以说，马克思主义译介入中国的过程，就是逐步建构起交互思想，即"马克思主义中国化"的过程。

二、研究意义与展望

本研究聚焦新文化运动时期马克思主义在中国的译介传播及其意义影响，将翻译作为马克思主义传播研究的视阈，拓展了翻译史学研究范畴并丰富了文化翻译研究范式。文中对马克思主义在新文化运动时期的总体译介情况进行了梳理，对典型翻译文本及代表性译者进行了较为深入的研究，并结合中日对比探讨了核心概念体系的译介情况。通过追溯思想翻译传播与文化建构的互融互动关系，搭建了翻译研究与思想史、社会学、文化研究等领域的跨学科研究模式。新文化运动时期马克思主义译介传播是典型的思想翻译事件，其彰显的翻译特征是剖析翻译在思想文化交流中地位与意义的有力例证，同时也是审视马克思主义中国化历史进程的重要视阈，这对于翻译研究及马克思主义研究具有双重的学术价值。

将新文化运动时期马克思主义翻译传播研究纳入文化翻译研究体系，融合微观的概念翻译过程研究及宏观的文化传播研究，从翻译的语言性见证其社会性，从而揭示思想传播的本质即是翻译选择及其意义重构的过程，这对于翻译本体研究的扩展及文化翻译体系的建构都具有重要的理论意义。通过考察新文化运动时期马克思主义在中国的译介传播特征及其影响力，凸显翻译所承载的文化效力，对当下"中国文化走出去"战略中的中国思想文化形象建构具有启示意义；同时，翻译的选择性及重构性奠定了马克思主义在中国的本土化基础，这对于理解马克思主义中国化的历史进程也具有现实意义。

受到史料收集及研究者学科能力的限制，本研究可能存在如下局限性：

首先，翻译文本的界定标准不好确定，"译述杂糅"的译介情况很难穷尽这一时期的所有译介文献，使得史料收集和分析受到一定限制和影响。这一时期的马克思主义译介传播比较杂乱，直接标明原文作者和译者的"标准"译文并不多，更多时候马克思主义是通过不加标记的译述、转译、摘译、和引译在中国传播的，尤其是"译""著""述""评"混杂的情况更是多见，所以在整理文献目录时存在较大难度。在思想的翻译传播中，译者往往是译入语文化中的思想学者，异质思想对译者的影响不但体现在其直接的译文中，而且也融入到了其著述之中，通过"潜在"的译文形式传播了异质思想。正是在这样的考虑下，只要可以查到的相关文本（书籍或文章）包含有典型的马克思主义思想，不管是直引还是转述，都视为译文，以此目录来考察新文化运动时期马克思主义的译介传播情况。

其次，思想译介传播中影响因素颇多，不可能做到完全、全面的分析。思想翻译是一个极其复杂的过程，思想的译介传播和接受并非简单的因果关系。其中涉及源思想、本土思想、译者、社会文化语境、受众以及时刻变化的客观条件，这些都对思想翻译的译介过程和传播效果产生影响。本研究只挑选了其中最为关键的译者、译本和社会文化语境作为研究对象，通过历时性的历史化梳理和共时性的语境化建构，来考察影响马克思主义翻译选择和意义建构的因素，以此作为一个思想翻译规律和特点的典型案例分析。当然，因为研究方法和研究视角的不同，同样的语料分析可能会得出不同的研究结果。本研究的基点是翻译史研究，通过对历史上典型翻译事件（新文化运动时期马克思主义译介传播）的研究和分析来考察翻译在思想文化交流中的作用和意义，并由此探究思想翻译早期的特点及翻译选择和翻译阐释在思想文化交流中的地位和效力。

　　马克思主义在中国的翻译传播研究是一个极具研究价值的跨学科综合性课题，无论对于翻译史研究还是马克思主义本体研究都具有广阔的研究前景。本研究主要聚焦新文化运动时期马克思主义在中国的译介和传播情况，对于典型著作的译介和译者的翻译行为研究尚存在探析空间，尤其是新文化运动后至新中国成立期间马克思主义的翻译传播情况更值得深入细致的文本对比分析。百余年马克思主义在中国的传播史和接受史都离不开翻译，充分彰显了翻译在促进思想文化交流及推动社会文化转型中的重要角色和意义。本研究是马克思主义在中国翻译传播史研究大框架下的阶段史研究，今后将在如下方面继续开展相关研究：马克思主义中国化翻译传播进程研究、多语对比的马克思主义经典文献汉译研究、马克思主义翻译实践模式研究、中国化马克思主义翻译传播研究等。马克思主义是对中国影响最大的西方思想理论，也是中国的主流意识形态，马克思主义在中国的译介传播研究具有重要的学术价值和现实意义，也对当代中国语境下深入理解中国特色社会主义理论具有启示意义。

附录 新文化运动时期马克思主义译介传播文献目录

1915 年

《青年杂志》1 卷 1 号（1915 年 9 月 15 日），陈独秀在第二篇《法兰西与近世文明》中介绍了社会主义思想起源及发展，写道："其后数十年，德意志之拉萨尔及马克斯（Karl Marx）承法人之师说，发挥而光大之。资本与劳力之争愈烈，社会革命之声愈高，欧洲社会岌岌不可终日。财产私有制虽不克因之遽废，然各国之执政及富豪，恍然于贫富之度过差，绝非社会之福。于是谋资本劳力之调和，保护工人，限制兼并，所谓社会政策是也。"

1916 年

12 月 13 日，《民国日报》第 321 号在本埠新闻中列有"纪社会主义讲演会"一则新闻。说道："上海社会主义讲习会月之十日假座海宵路三德里冠韦女学开第一次讲演会……社会进化公例謂中国不出五十年必至社会革命之阶级若中国人不于此时预先将社会主义研究及社会问题解决殊非智者。"最后提到了'本讲习会会员尚未达所期望之数故今之所能办者（一）演说会 随是延中外名人担任之（二）星期日教授 由会员担任讲解社会主义名著输入系统之知识（三）刊发汉文函授社会主义讲习录 期在普遍各处之者学

（四）刊发小册子 择吾人不可不具有之社会主义知识以单简之语显浅之文印成小册以资鼓吹（五）发行机关杂志 及实习学校云云。

1918 年

3 月，《述俄国过激派领袖李宁（列宁）》，布施胜治，载《东方杂志》第十五卷第三号上，第一次对列宁的生平事迹作了介绍。

4 月 20 日，《俄罗斯社会革命之先锋李宁事略》，署名"持平"，载《劳动》第 2 期。

5 月 20 日，《李宁之解剖》，署名"劳人"，载《劳动》第 3 期。

7 月 1 日，《法俄革命之比较观》，李大钊，载《言治季刊》第 3 期。

10 月 15 日，《庶民的胜利》，署名"守常"，载《新青年》第 5 卷第 5 号。

同期还发表了署名"李大钊"的《BOLSHEVISM 的胜利》一文。文中写道："原来这次战局终结的真因，不是联合国的病例战胜德国的兵力；乃是德国的社会主义战胜德国的军国主义……是民主主义的胜利；是社会主义的胜利。是世界劳工阶级的胜利；是马客士（marx）的功业。"在解释何为 Bolshevism 主义时，该党中女杰郭冷苔（Collontay）解释称他在西欧是 Revolutionary Socialist 在东欧是 Bolshevika 的话，和 Bolsheviki 所做的事看起来，他们的主义就是革命的社会主义；他们的党就是革命的社会党；他们是奉德国社会主义经济学家马客士（marx）为宗主的；他们的目的在把现在为社会主义的障碍的国家界限打破，把资本家独占利益的生产制度打破。

1919 年

1月1日,《大亚细亚主义与新亚细亚主义》,李大钊,载《国民杂志》第1卷第2号。

1月15日,《新纪元》,李大钊,载《每周评论》第3号。

2月,《战后之世界潮流》(有血的社会革命与无血的社会革命),署名"守常",载2月7—8日《晨报》。

3月,《"德莫克拉西"之四面观》,谭平山,载《新潮》第1卷5号,文中介绍了"民主(Democracy)"的发展历史及内涵,宣传社会主义,并提及了《宣言》的部分内容。

3月30日,《近代社会主义与乌托邦社会主义的区别》,署名"舍",载《每周评论》第15号。

4月1日—4日,《马克思之奋斗生涯》,渊泉著,《晨报》(第七版)副刊1919年4月1日—4日,《新青年》(月刊)1919年5月6卷5号。

4月6日,《共产党的宣言》,即马克思恩格斯合著的《共产党宣言》,摘译第2章《无产者和共产党人》最后关于纲领的一段。这是《宣言》中极重要的一段,因为这一段论述了科学社会主义的理论核心——无产阶级专政的思想。译者在译文前加了一段按语:"这个宣言是马克思和恩格斯最先最重大的意见。他们发表的时候,是由1847年的11月到1848年的正月,其要旨是在主张阶级战争,要求各地劳工的联合,是表现新时代的文书"。该文由"舍"译,载(北京)《每周评论》第16号。

4月12、14—21日、25日,《民国日报》专件一栏连载刊发了《劳农政府治下之俄国——实行社会共产主义之俄国真相》。

文中提到："马克思的学说在现代各种社会新思潮中，可算得最稳健的主张，最有科学的基础，就是资产·阶级的国家，也才不多，没有一国不参酌马克思的学说，去处理他们的社会问题。（这种政策是不彻底的我们不能赞成的。）可见得马克思的学说是包含许多真理了。"

4月15日，《新青年》6卷4号，《选举权理论上的根据》（日本）吉野作造著，高一涵译，文中说道："马克斯同拉色尔的根本思想，原来一样，这固是应该留心的；但是两个人实行理想的法子可就全然不同了。马克斯是讲国际社会主义的，不问是那一国的劳动家，都可以合在一块，去同资本家争斗。他说这国同那国战争，单是为贪得无厌之资本家战的，对于劳动的人一点意味也没有。要想为劳动家作大有意味的战争，只有同心合力去打倒那些资本家。要想抵抗他，非凭借武力，讲究顶好防备的法子不可"。

4月20日，《无政府共产主义与国家社会主义》，署名"若愚"，载《每周评论》第18期。文中提到国家社会主义，称"此派为马格斯 Marx 辈所主张、他所主张的阶级斗争、是要劳动者把资本家推翻、由劳动者自己出来组织政府、将一切生产机关、都收归政府掌管、实行中央集权、交通机关和转运事业概归国有、用国家资本组织一国家银行、有总理一切营业的权、他们狠重视这个国家、所以亦很重视政权"。

4月20日，《二十世纪俄罗斯革命》，陈独秀，载《每周评论》第18期。

5月4日，《中国士大夫阶级的罪恶》，一湖，载《每周评论》第20号社论。文中讲道："一个是现在和从今以后的革命：这个时期的革命、是无产阶级（Proletariat）对于资产阶级的革命、是社会革命、是经济组织的革命。这种革命、有世界的性质；将来中国、自然也是不能免的……不过起革命的、要是劳农阶级（就是工人和农民阶级）不是资产阶级。革命的目标、不是贵族阶级、确实仿佛像贵族阶级、又仿佛像资产阶级的一种世界上特有的士大夫阶级。"

5月，《近世社会主义鼻祖马克思之奋斗生涯》（录自《晨报》），渊泉著，载《学灯》（上海《时事新报》副刊）1919年5月6日、7日。

1919年5月《新青年》6卷5号刊载了一批关于马克思主义思想的文章：

《马克思学说》顾兆熊。

《马克思学说的批评》凌霜。

该期《新青年》还设有"马克思研究"专栏，刊登了如下文章：

《马克思的唯物史观与贞操问题》（录《新中国》，原题《女子贞操的金钱价值》）陈启修。

《马克思奋斗生涯》（录晨报）渊泉著。

《马克思的唯物史观》（录晨报）河上肇著，渊泉译。

《马克思传略》，刘秉麟著。文中介绍了马克思生平及《宣言》的成书及传播情况，并提到"法政府允许马氏逃至比利塞 Brussels 继续研究经济学。就其性之所近。专心于劳动问题一方面。当时所著书中之主张。终其身未尝稍变。一八四八年。复兴至友昂格斯应一秘密结社之要求。合刊一共产党宣言。A Manifesto of the commustic party（注：拼写错误为原文所载）传播最广。"并翻译了《宣言》的结尾部分如下：

其书大旨以为（欲实彻平生之主义，非根本上废除现行之社会制度，出以严厉之手段不可。在共产派实行革命之先，非使掌权势之人震动不可。自最可怜之平民观之，除断去颈上之铁链而外。一无所失。以言所得，几同得一新生之世界。最后鼓励各地之平民，速起联络）。

《我的马克思主义观（上）》李大钊。

5月5—8日，《马克思的唯物史观》，摘译《共产党宣言》和《〈政治经济学批判〉序言》中有关唯物史观的部分段落，（日）河上肇著，渊泉译，载（北京）《晨报》。

5月9日—6月1日，《劳动与资本》，即马克思的《雇佣劳动与资本》，食力译，载（北京）《晨报》。这是目前查到的马克思著作的最早一篇全译文。

5月12—14日，《社会党泰斗马格斯Marx之学说》，刘南陔著《学灯》。

5月、11月，《我的马克思主义观》，摘译《哲学的贫困》《共产党宣言》、《〈政治经济学批判〉序言》等著作中的若干段落，李大钊著，载《新青年》第6卷第5、6号。文中标明译语源自河上肇博士，节译部分是为了作为探讨唯物史观的研究资料。

6月2日—11月11日，《马氏资本论释义》，柯祖基著，渊泉译，《晨报》（第七版）副刊。

6月18日，《什么叫社会主义？》李达（署名"鹤"）发表于上海《民国日报》副刊《觉悟》，讲了社会主义和共产主义的区别以及社会主义和无政府主义的不同。

6月19日，《社会主义的目的》李达（署名"鹤"）发表于上海《民国日报》副刊《觉悟》，该文是李达在日期间所写。写道："那资本家藉了金钱和势力，压抑劳动者的辣手段，真是惨无人道咧！结果弄到贫者愈贫（这是劳动者）、富者愈富（这是资本家）、贫富相差愈远。总而言之，社会主义有两面最鲜明的旗帜。一面是救济经济上的不平均，一面是恢复人类真正平等的状态。"

6月20—26日，《民国日报》副刊《觉悟》刊发了"衡"译自日本《社会主义研究》的《社会主义的妇人观》。

6月20—23日、26日、7月1—3日，《民国日报》副刊《觉悟》连续刊发了"鹤"的《战前欧洲社会党运动的情形》。

7月5—10日，《民国日报》副刊《觉悟》刊发了日本吉野博士著、晨曦译的《民主主义——社会主义——布尔塞维克主义》一文。提到："把科学根据给与共产主义有顶大功劳的人，就是马克思。马氏，也算是社会主义中兴之祖……革命主义主张无产阶级绝对支配。而实现这个主张，须得将资本支配阶级全行扑灭。这一点就是革命的特色。"该文还批判了布尔什维克主义："总之近顷风靡世界的布尔塞维克主义，不是由社会进化当然顺序而起是一时之反动的产物。"

7月6日，《阶级竞争与互助》，李大钊，载《每周评论》第29号。

7月13日，《真正的解放》，李大钊，载《每周评论》第30号。

7月21—24日、26日、29—31日《觉悟》刊发了《马氏唯物史观概要》，转译《北京晨报》译自日本《社会主义研究》。文中讲道："马克思学说的构成分子，就是当时世上所流行的辩证论的思索法和唯物论的观察法。马克斯更发现一种道理。就是把经济的条件做社会进化的原动力。于是依这个方法，说明历史的变迁。这种说法，实在是其他'唯物学者'所不能的。这就是马克斯'唯物史观'之科学的价值了。"并全文翻译了马克思所著《经济学批评》的序文，对其中难解的地方还加以解释。

7 月 28 日—8 月 5 日，《马氏唯物史观的批评》，（节译自日本《改造》杂志"社会主义批评"），《晨报》（第七版）副刊，《觉悟》（上海《民国日报》副刊）1919 年 8 月 1—9 日（转载）。讲道："马克思和英革士所以能够发现唯物史观的缘故，全由社会主义及时代的要求所赐。我读马氏资本流通论（资本论第二卷）的时候，好像是在读海格尔的辩证学。"该文批判马克思的学说说："马氏不似尊崇'自然科学的法则'的人，他的论理方法，出于专断的居多。"

8 月 2 日，《觉悟》刊发了何恒的《社会主义是什么？》一文。讲道："现在社会主义这个名词，真流行的了不得，差不多从小学生到老头儿都认识他的。"可见社会主义思想的流行程度。文章结尾说："我们可以说：'社会主义不是均产的，却是集产的，不是互竞的，却是互助的，不是私利的，确是公益的，不是空想的，确是科学的'。"3 日该文连载中写道："马氏'经济学批评'的序文——河上肇博士说是唯物史观的公式……阶级斗争之唯物的解释，这是从达尔文的生存竞争演绎出来的，那就不必另立唯物史观的名称，来大闹特闹了。"

8 月 7 日，《新共产党宣言》，毅译，载《晨报》副刊。

8 月 19 日—21 日，《社会问题》，张闻天著，摘译《共产党宣言》第二章十项革命措施，载《南京学生联合会日刊》（该刊第 50

号—52 号）。这也是迄今为止发现的在南京传播马克思主义的第一篇文章。张闻天在文中运用马克思主义的唯物史观来考察中国的社会问题，他写道："按马克思唯物的历史观，吾们可以晓得：社会问题经历了四大变动。"接着就社会变动的四个时期作了通俗介绍。他说中国所谓的法律是有钱有势力可以压制平民；中国的道德，面子上是仁义道德，骨子里多是男盗女娼。他进一步提出解决中国社会问题的途径就是"革命"，彻底推翻封建统治阶级，而起来革命的主要是劳农界人（工人和农民）。在论述中国革命的步骤时，他认为，"劳农界人去士大夫阶级的革命"胜利，"实行普选的民主政治"，"这是吾们第一步的办法"。而第二步的社会主义革命是"组织劳动者把资本家推翻，由劳动者自己组织"，"它很重视国家，所以亦重视政权"；社会主义的经济是集合主义，就是把生产机关收归公有，所生产的物品，除可以作生产的，仍许私人所有，各尽所能，各取所值。（这段话实际出自《每周评论》第 18 号（中华民国八年四月二十日，即 1919 年 4 月 20 日）第二版上刊登的署名为"若愚"的社论"无政府共产主义与国家社会主义"一文）在文章结尾，还摘录了《宣言》第二章中的十条纲领，指出这是中国人民的光明前途和具体奋斗目标。（《南京学生联合会日刊》于 1919 年6 月 23 日创刊，主任编辑阮真，连续出版 70 号，至 9 月 11 日停刊。该刊围绕如何"改良社会"这一中心问题，批判旧制度、旧思想、旧习惯，宣传革命民主主义思想，并介绍各种新思潮。）

8 月 21—23 日，《西洋之社会运动者》（七、马克思），尾崎士郎、茂本久平著，筑山醉翁译，载《晨报》（第七版）副刊。

8 月 24—27 日，《黎宁》，尾崎士郎、茂本久平著，筑山醉翁译，载《晨报》副刊。

8月—12月，《马克思社会主义之理论的体系》，河上肇著，罗琢章、籍碧译，《学灯》（上海《时事新报》副刊）（1919年8月5—11日、22日，9月5—8日、12日，10月28日，11月1、4、12—13日，12月23—24日）。

9月1日，《建设》第1卷第1号刊发了戴季陶的《从经济上观察中国的乱源》。试图运用唯物史观分析中国现实社会，指出："考茨基说十九世纪中叶的马克斯、因格尔斯所以能够发现那一种很深邃的'唯物史观'，完全是得力于统计学的发达"。

9月1日，张东荪、俞颂华主编的《解放与改造》创刊号上发表金侣琴译列宁的《鲍尔雪维克之所要求与排斥》一文，这是国内迄今为止所发现的最早的列宁著作中译文。

9月5—7日，《觉悟》刊登了山川菊荣原作、汉俊节译的《世界思潮之方向》一文。

9月9—14日，《觉悟》刊登了佐野学原作、汉俊译的《劳动者运动之指导伦理》一文。

9月18—21日、24—30日、10月14—22日、28日，《觉悟》刊登了日本久留弘之著、周佛海译的《劳工运动》一文，开始写道："这篇是日本久留弘之著的、约十余万言、刊行了一小册。他著这篇，并且刊行小册的意思，是要使日本国内的工人、个个都知道劳工运动的方法。所以很简单明瞭、无论什么人、一看都可以懂的我国近来、也有谈劳工运动的、改造社会的。但是没有一定的方法和组织，究竟是不能成功的。所以我把这篇译出来，给国内留心劳工运动的人当作参考。"

10月1日、11月1日，《建设》第1卷第3、4号发表了胡汉民的《中国哲学史之唯物的研究》，写道："我这篇文章，是拿唯物史观应用到中国哲学史上。"

10月,《女子解放论》,李达,载《解放与改造》第1卷第3期。

10月7—9日、12—14日,《觉悟》刊登了高田保马译、衡重译的《姑羅巴利教授的唯物史观评》,讲到了当时对唯物史观研究、辩护和搏击的著作特别多,"从没有像马克斯的唯物史观这样,同时候、受很敷浅的批评和犀利深邃的批评的。"在众多批评著作中,"加伯里教授所著的 Ole Premesse Filesof ohe bel Socialsmo 这一部书、议论确实、始终没有失他很严肃的'客观的态度'、要算批评马氏学说里面最有价值的书了。"(9日)讲道:"到了神圣的家族这一篇上、他对于辩证法的观念论、就有非常叹美的样子。非特是如此,并且可以知道唯物论思想发展的最初时期了、到了哲学的评论、共产党宣言、经费学批判、许多书上看起来、不但是马克斯的思想、是全变化了就是这因变化出来的唯物论的思想、也能够精密的发表了。"该文对马克思唯物史观和辩证法进行了较为深入的批判。

10月18日,《社会主义》,杨匏安,载《中华新报》。

11月1日,《马克思和昂格斯共产党宣言》,摘译第1章,李泽彰译,载(北京)《国民》第2卷第1号。

11月2—7日,《觉悟》刊登了考茨基著、季陶译的《商品生产的性质》。在(一)"资本论的目的"中写道:"马克斯在他所著《资本论》上面、所要研究的事情、是生产力方法中今天最占优势的'资本家的生产方法'、不是横在生产进程根底上面的种种自然法。马克斯所研究的就是一个特定的时代(就是最近数世纪)和特定的国民(就是欧洲及欧系诸国、最近如像日本印度)特有的'社会的生产'之发达方法。"

11月9—22日、24—25日、28日,《觉悟》连载了民友社原著、琏译的《俄国的社会思想历史》。

11月11—17日,《觉悟》刊登了译《东方时论》横田英夫著的《农村改造呢？还是农村革命?》。

11月11日—12月4日,《马克思主义——称科学社会主义》,杨匏安,载《中华新报》。

1919年11月—1920年6月,《马克思资本论解说》,考茨基著,戴季陶重译,这是 *Karl Marx' oekonomische Lehren*（1886）（《卡尔·马克思的经济学理论》）的译文。载《建设》,（1919年11月1卷4号、12月1卷5号、1920年1月1卷6号、3月2卷2号、4月2卷3号、6月2卷5号）。

12月1日,《马克思Karl Marx年表》,郭绍虞编,《晨报》（第七版）副刊。

12月6—8日,《河上肇博士关于马可思之唯物史观的一考察》,安体诚译,《学灯》（上海《时事新报》副刊）。

12月,《唯物史观之批评》,摘译马克思著作中有关唯物史观的八段语录,胡汉民译,载（上海）《建设》第1卷第5号。

12月9—27日,《觉悟》还转载了录《建设》第1卷第5号的胡汉民的《唯物史观批评之批评》。文中讲道:"唯物史观的价值,柯茨基说得亲切有味,他说:中国深造的学理发现,不能不靠马克斯和因格斯两个大思想家……马克斯的史观,因为没有专书,令人骤然间不得要领。现在先把马克斯著作中包含唯物史观主要的部分,译述于左。"该文连载发表了见于《神圣的家族》、《哲学的贫困》、《共产党宣言》、《赁银劳动及资本》、《法兰西政变论文》、《经济学批评》序文、《资本论》第一卷、《资本论》第三卷中的唯物史观思想。

12月15日,《社会改良主义》,杨匏安,载《中华新报》。

12月15日,《俄罗斯之政党》,郑振铎译,载《新中国》第1卷第8期第89—97页,刊载了列宁著作的节译。

1920年

《原人社会于文字书契上之唯物的反映》,李大钊,北大讲义。

《唯物史观解说》,荷兰人郭泰著,李达译,中华书局出版。

《社会主义史》,克卡朴原著,辟司增订,李季译,新青年社,1920年,第352页。

《马克思的历史哲学》(摘自《马克思的历史哲学与理恺尔的历史哲学》),李大钊著,载于1920年《史学思想史讲义》,见《李大钊选集》(人民出版社1959年,第292页。

《史观》,李大钊,载于1920年《史学思想史讲义》。

《俄国革命纪念》,瞿秋白译,载《曙光》第1卷第6期。

《旧治更新》,列宁著,王统照译,载《曙光》第1卷第6期。

《全俄经济委员会第三次大会兰宁之演说》,W. P. K.译,载《曙光》第2卷第1期。

《过渡时代之经济》,列宁著,W. P. K.译,载《曙光》第2卷第1期。

1月,《由经济上解释中国近代私下给变动的原因》,李大钊,载《新青年》第7卷第2号。

1月,《马克斯传》里布列希、威廉著,戴季陶译,《星期评论》(上海)新年号。

1月,《马克斯逸话一节》,T. T. S. 著,《星期评论》(上海)新年号。

1月1、3日,《马克思逸话》,志津野又郎著,衡石译,《觉悟》(上海《民国日报》副刊)。

《马克思历史的唯物主义》,Larkin, W. Paschal 著,常乃德译,《国民》1920 年 2 卷 2—3 号。

2月1日,《新青年》第7卷第3号刊发了杜威博士讲演录《社会哲学与政治哲学》署名"高一涵记"的文章。文中大篇幅评价了马克思学说:"十九世纪下半期,是马克思的学说最盛行的时代,知道欧战为止;现在好像人心对于马克思的学说有点厌恶的样子,又回复到十九世纪上半期道德的伦理的社会主义去了似的。马克思攻击道德派的社会主义,以为他们是感情用事。他说工业制度坏,并不是道德不道德的问题,他要证明那种经济组织,归到自杀的一路,(笔者注:是不是资产阶级自掘坟墓?),自然会趋到灭亡的时代,自然会有新的制度来代替他。他的意思就是说个人主义的经济制度,自然会趋到灭亡的地步,自然会有社会主义来代替他。"文中还分析了马克思认为私产制度曾经存在的理由,以及将来必然消亡的理由。关于马克思的学说提到其中有几点很重要:"(一)认私有财产是古代的制度,现在没有存在的理由。(二)经济竞争的制度是自杀的制度,结果便把实业都归到少数人的手中去了。(三)资本越大,利益越多,资本家一方面赚钱,工人一方面吃亏;结果社会上只有极贫极富的阶级,便把中等社会消灭了,如到这个地步自然会越生阶级竞争的。有许多人骂马克思,说他提倡阶级竞争,实在是冤枉他;其实他只说这是天然的趋势,贫富两阶级自然免不掉竞争的。(四)他承认经济的价值是由劳动而生的,劳动便是一切经济价值的来源；至于资本家的利益只是克扣劳动者的工钱"。并对马克思主义进行了批判，认为马克思学说与历史不符，如马克思认为德国美国应该最先实现社会主义，却没有想到俄国最先实现社会主义，因此，大家对于马氏的学说不大信用，认为"社会主义算是破产了"。

4月，《马克思之经济论》，河上肇著，罗琢章译，《法政学报》1920年4月2卷4期、7月2卷6期、9月7—8期。

5月1日，《建设》第2卷第4号刊发了胡汉民的《从经济的基础观察家族制度》，运用唯物史观分析了中国的家族制度。

5月1日，《新青年》第7卷第6号劳动节纪念号署名"俄国S.A.P.著C.S.生译"的《职工同盟论》一文，写道："那劳动界的伟人马克司说过："劳动界把自己解放了，也就解放了全体人类"，"马克司见得职工同盟的要旨，即在铲除工人因为贪图比较略高的工价的私争，而互相团结成为一个亲爱的家庭，去尽力抵抗那帮资本家……等得治好了布尔祝阿集（Bourgeoisie）所施的毒料，就在赤色社会主义的旗帜下组织起来。"

5月27日，《为什么要从事根本改造》，施存统，载《民国日报》副刊。

6月27、29、30日，7月2、3、5、6日，《马克斯剩余价值论》，邝摩汉著，《学灯》（上海《时事新报》副刊）。

6月15日，《马克思的唯物史观》，（日）河上肇著，渊泉译，载《时事新报》副刊。

6月17日，《马克思底唯物史观》，（日）河上肇著，陈望道译，载《民国日报》副刊。

8月13日，蔡林彬给毛泽东书信（社会主义讨论，主张无产阶级专政），载新民学会会员通信集。

《共产党宣言》，马克思恩格斯著，陈望道译，上海社会主义研究社出版。这是目前查到的马克思恩格斯著作最早一本中译文单行本。

《科学的社会主义》，摘译恩格斯的《社会主义从空想到科学的发展》第3节，郑次川译，王岫庐校，（上海）群益书社伊文思图书公司出版。

《见于资本论的唯物史观》，摘译马克思《资本论》第1、3卷中有关唯物史观的若干段落，（日）河上肇著，苏中译，载（上海）《建设》第2卷第6号。

9月，《马格斯资本论入门》，马尔西著，李汉俊转译，上海社会主义研究社。

《马克斯资本论入门》，马尔西著，李汉俊译，文化印书局。

《马克思经济学说》（又名资本论解说），柯祖基著。陈溥贤译，上海商务印书馆。

9月1日，《女子将来的地位》，（德）Bebel著，李汉俊译，载《新青年》第8卷第1号。

9月1日，《谈政治》，陈独秀著，载《新青年》第8卷第1号。文中引用了《共产党宣言》一书中的内容，"他们忘记了马格斯曾说过：劳动者和资产阶级战斗的时候，迫于情势，自己不能不组成一个阶级，而且不能不用革命的手段去占领权利阶级的地位，用那权力去破坏旧的生产方法；但是同时阶级对抗的理由和一切阶级本身，也是应该扫除的；因此劳动阶级本身底权势也是要去掉的"（见《宣言》第二章末），"他们又忘记了马格斯曾说过：法国社会主义及共产主义底著作，到德国就全然失了精义了；并且阶级争斗底意义从此在德国人手中抹去，他们还自己以为免了法国人的偏见。他们自以为不单是代表无产阶级利害的，是代表人类本性底利害，就是代表全人类利害的；这种人类不属于何种阶级，算不得世实际的存在，只有哲学空想的云雾中是他存在的地方（见前书第三章）。"作者还说："我敢说：若不经过阶级战争，若不经过劳动阶级占领权力阶级地位底时代，德谟克拉西必然永远是资产阶级底专有物，也就是资产阶级永远把持政权抵制劳动阶级底利器。我承认用革命的手段建设劳动阶级（即生产阶级）的国家，创造那禁止对内对外一切掠夺的政治法律，为现代社会第一需要。后事如何，就不是我们所应该所能够包办的了。"

同期，"俄罗斯研究"专栏，刊发了汉俊译的《我在新俄罗斯的生活》，Wilfred K. Humphries 著，译自 The One Big Union Montlly。文章开始就写道："这篇文章，是一九一九年四月十日（礼拜四）晚上，洪福利（Milfred R. Humphries）在旧金山马克特路一二五六号人民会馆（People's Institute），关于俄国问题的第一次讲演。"在谈到俄国人印发的一个画报上的德国大使馆的照像时说道："那是永远不朽的马格斯，和他的金言：'万国劳动者团结起来呵（Workers of the World, Umite（拼写错误是原文就有的）！）'"。

9月5日，《此时中国劳动运动底意义》，陈独秀，载《劳动界》第4期。

9月13日，蔡林彬给毛泽东书信（共产党之重要讨论），载新民学会会员通讯集。

10月，《马克思底资本论自叙》，即《资本论》第1版序言，费觉天译，载（北京）《国民》第2卷第3号。

《马克思历史的唯物主义》，W. Paschal Larkin 著，常乃惪译，文中摘译恩格斯致瓦·博尔吉乌斯信中的两段话，载（北京）《国民》第 2 卷第 2—3 号。

10 月 10 日，《英哲士论家庭的起源》，摘译恩格斯的《家庭、私有制和国家的起源》一文，恽代英译，载（上海）《东方杂志》第 17 卷第 19、20 号。

10 月，《马克思学说评》，杨端六著，《太平洋》2 卷 7 号。

10 月 10 日，《英哲士论家庭的起源》，摘译恩格斯的《家庭、私有制和国家的起源》一文，恽代英译，载（上海）《东方杂志》第 17 卷第 19、20 号。

11 月，《新青年》第 8 卷第 3 号的封页上有预告"已出版的第一期丛书中有'科学的社会主义'Engels 著"。

11 月 1 日，《民族自决》，列宁著，震瀛译，载《新青年》第 8 卷第 3 号。

11 月 7 日，《共产党》第一号发表了李达署名"胡炎"的《第三国际党（即国际共产党）大会的起源》一文，文尾写道："国际共产党联盟的主旨，就是实行马克思的共产主义，即革命的社会主义，由公然的群众运动，断行革命，至于实现的手段，就是采用无产阶级专政。"

同期还刊发了如下文章：

《共产党未来的责任》，（英）Amemanus 著，震寰译。

《列宁的著作一览表》，震寰译。

《俄罗斯的新问题》，列宁著，震寰译。

《俄国共产党的历史》，署名"AT"。

《共产党同他的组织》，李穆。

《列宁的历史》，署名"A.I."。

11 月 28 日，《劳动界》第 16 号发表了李达署名"立达"的《劳动者与社会主义》一文。

12 月，《新青年》第 8 卷第 4 号刊登了如下文章：

《关于社会主义的讨论》陈独秀；

《唯物史观在现代历史学上的价值》，李大钊，（目录中有"历"字，但是正文标题里没有"历"字）；

李达署名"H.M."的《劳工神圣颂》。

12 月，《科学的社会主义与唯物史观》，即恩格斯《反杜林论》第三编第 2、3 两章，苏中译，载（上海）《建设》第 3 卷第 1 号。

12 月 7 日，《共产党》第 2 号发表了李达署名"江春"的《社会革命底商榷》一文。同期，该刊还发表了《俄国劳动革命史略》一文，以及署名"P. 生译"的《共产主义是什么意思》。

1921 年

《唯物史观解说》，郭泰著，李达译，中华书局。

1 月，《马克思还原》，李达著，《新青年》8 卷 5 号。

1 月，《马克思的唯物史观》，即《〈政治经济学批判〉序言》，范寿康译，载（上海）《东方杂志》第 18 卷第 1 号。

5 月，《马克斯学说和妇女问题》，郭妙然著《新妇女》5 卷 1 号。

5 月，《马克思派社会主义》，李达著，《新青年》9 卷 2 号。

5 月 15、16、17、18、19 日，《见于共产党宣言中的惟物史观》，河上肇著，存统译，《觉悟》（上海《民国日报》副刊）。

8 月 1 日，《马克思底共产主义》，施存统著。摘译《共产党宣言》《法兰西内战》《哥达纲领批判》等著作若干语录，载（上海）《东方杂志》第 1 卷第 4 号。

8 月，《马克思底共产主义》，存统著，《新青年》9 卷 4 号。

8 月，《马克思学说与中国无产阶级（通信）》，蔡和森、陈独秀著，《新青年》9 卷 4 号。

11 月，《斯密亚丹、马儿沙士、马克斯、资本主义经济组织之观察及批评》，朱公准著，《学林》1 卷 3 期。

12 月，《工钱劳动与资本》，即马克思的《雇佣劳动与资本》，袁让译，（广州）人民出版社出版。

12 月，《马克斯主义经济学》，陈照彦著，《学艺》3 卷 7 号。

12 月 18、19 日，马克斯主义上所谓"过渡期"，河上肇著，光亮译，《觉悟》（上海《民国日报》副刊）；《新青年》1922 年 7 月 9 卷 6 号 106 页转录。

1922 年

《社会主义讨论集》，广州 新青年社编印。

1 月 15 日，摘译马克思的《哥达纲领批判》、恩格斯的《反杜林论》两篇著作中的三段语录，载（北京）《先驱》创刊号，重远（邓中夏）译的《共产主义与无政府主义》一文中。

2 月 9 日，《工人们勿忘了马克斯的教训》，隻眼著《觉悟》（上海《民国日报》副刊）；《工人周刊》1922 年 2 月 29 日转载。

2 月 15 日，《共产党宣言的后序》，励冰著，《先驱》3 期 2 版。

2 月 21—23 日，《马克思的经济学说》，李大钊讲、黄绍谷记，《晨报》。

2 月 25 日《马克斯经济学说》（在北大马克斯研究会），李守常讲，罗敦伟记，《学灯》(上海《时事新报》副刊)。

2月27日，《马克斯底经济学说》黄谷记《觉悟》(上海《民国日报》副刊)。

2月，邝摩汉编译的《绝对的剩余价值研究》(1922年2月1卷2号9页)、《相对的剩余价值研究》(1922年4月1卷3号)、《绝对的相对的剩余价值研究》(1922年5月1卷5号)等文章中摘译马克思的《资本论》第1卷第3—9篇中的若干段落，载(北京)《今日》第1卷第2—4号。

3月，《马克斯学说与无产阶级革命的关系》，彭守朴著，《今日》第1卷第2号。

5月，《哥达纲领批评》，马克思著，熊得山译，载(北京)《今日》第1卷第4号。

5月，《马克斯的诗》(二首)，李湘涣译，载(北京)《今日》第1卷第4号。

5月，《马克思的唯物哲学》王中君著，《今日》第1卷第4号(马克斯特号)。

5月，《唯物论与唯物史观》，林可彝著，《今日》第1卷第4号(马克斯特号)。

5月，《马克思与第一国际》守常著《晨报付镌》。

5月，《我们纪念马克思的意义》竞人著《晨报付镌》。

6月，《马克斯派社会主义》，拉尔金著，李风亭译，商务印书馆，1922年6月初版，1926年3版。

7月，《马克斯的社会学说》，伯亚著，熊得山译，《今日》第2卷第1号。

7月，《马克思学说》，陈独秀著，摘译《共产党宣言》《法兰西

内战》《哥达纲领批判》等著作中若干段落，载《新青年》第9卷
第6号。

7月，《马克思学说之两节》，贝尔著，赭选译，《新青年》第9
卷第6号。

8月，《马克思经济学说》，邝摩汉著，《今日》第2卷第2号。

10月，《价值价格及利润》，即马克思的《工资、价格和利
润》，李季译，陶孟和校，（上海）商务印书馆出版。

1923 年

《历史以前底文化阶级》《国家的起原》《未开与文明》，摘译恩
格斯的《家庭、私有制和国家的起源》第1、5、6、9章，熊得山
译，载（北京）《今日》第3卷第2期。

《权力的原理》，摘译恩格斯的《论权威》，抱兮译，载（巴黎）
《少年》第13号。

4月10日，《德国劳动党纲领栏外批评》，即马克思的《哥达
纲领批判》，李达译，载（长沙）《新时代》第1卷第1号。

4月，《马克斯经济学原理》，温特曼著，周佛海译，上海商务
印书馆。

5月2日，《马克思学说与中国》，李达著，摘译《共产党宣
言》中若干段落，载（长沙）《新时代》第1卷第2号。

5月5、6日，《马克斯经济学说》，李守常讲，孙席珍记，《新
民意报副刊（一）星火》。

7月1日，《离开政治的性质》，即马克思的《政治冷淡主义》，
抱兮译，载（巴黎）《少年》第10号。

7月1日，《历史要走到无产阶级专政》，摘译《马克思致约

瑟夫·魏德迈》。（1852 年 3 月 5 日）信中的一段话，石人译，载（巴黎）《少年》第 10 号。

8 月，《马克斯共产主义底过渡期》，吕一鸣著，《新民意报副刊》，8 月 8 册 3 号、4 号、5 号。

12 月 20 日，《马克斯之〈资本论〉》（读书录）（马克斯的《资本论》之研究对象及其全三卷之结构），周佛海，《新青年》第十卷（季刊）第二号。

12 月，《马克思主义与唯物史观》，范寿康、施存统、仕鲁译述，摘译《共产党宣言》《〈政治经济学批判〉序言》《哥达纲领批判》等著作中有关唯物史观的段落，东方杂志社编印，商务印书馆出版。

1924 年

《社会主义浅说》，梅生编，1924 年 4 版。（1927 年长沙民治书局；1927 年长沙中山合作社。）

5 月 25 日，《马克斯之重要学说》，邵纯熙著，《北大经济学会半月刊》（马克斯纪念号）。

5 月 25 日，《马克斯对于社会学的贡献》，陈汝棠著，《北大经济学会半月刊》（马克斯纪念号）。

5 月 25 日，《马克斯的国家性质论》，张荣福著，《北大经济学会半月刊》（马克斯纪念号）。

7 月，《马克斯主义与中国教育的方针》，知非著，《赤心评论》7 月 3 期。

8 月，《马克思与俄罗斯共产党》，梨亚荫诺夫著，罗忍译，《新青年》（季刊）1924 年 8 月 3 期。

8月24日,《民主革命与工人》,摘译马克思恩格斯的《中央委员会告共产主义者同盟书》,葵译,载（北京）《政治生活》第14期。

1925 年

2月19日—3月13日,《空想的及科学的社会主义》,即恩格斯的《社会主义从空想到科学的发展》,丽英（柯柏年）译,载（上海）《觉悟》。

3月,《马克斯的价值论》（书籍介绍）曲殿元著,《北大经济学会半月刊》3月33号。

5月,《德意志劳动党党领批评》,即马克思的《哥达纲领批判》,彭学霈译,载（上海）《学灯》第7卷第5册第9、12—15号。

8月,《哥达纲领批判》,马克思著,李春蕃译,（上海）解放丛书社出版。

12月16日,《马克斯进文庙》沫若著,《洪水》1卷7期。

1926 年

《一八四八年六月巴黎无产阶级之失败》,即马克思的《六月革命》,李春蕃译,载（汕头）《岭东民国日报》副刊《革命》第3卷第4期。

《通俗资本论》,博洽德编,李季译,社会科学社,1926年版,1927年1月3版,1927年3月4版。

1月,《讨论马克斯进文庙》沫若著,《洪水》1卷9期。

《马克斯主义与国家——评郭沫若先生"新国家的创造"》,郭心崧著,《独立青年》1926 年 1 卷 3 期。

3 月,《马克思通俗资本论序言》,李季著,《新青年》(不定期刊)。

4 月,《马克斯到底不能进文庙》,陶其情著,《洪水》2 卷 14 期。

5 月,《马克思主义的历史研究观》,卜克洛夫斯基著,王伊维译,《新青年》(不定期刊)。

5 月,《马克思的中国民族革命观》,即马克思的《中国革命和欧洲革命》,猎夫(李大钊)著,载(北京)《政治生活》第 76 期。

五五纪念与中国:马克思主义与中国革命,述之著《人民周刊》1926 年第 11 期。

1927 年

《马克斯主义与社会史观》,威廉著,社会主义研究社译,上海民智书局。

4 月,《马克思主义的民族革命论》,书中收马克思的《中国革命和欧洲革命》,未署译者,新青年社出版。

4 月,《马克斯的国家发展过程》,柯诺著,朱应祺、朱应会译,上海泰东图书局 1927 年 4 月版,1930 年 4 月再版。

10 月,《资本论解说》,考茨基著,戴季陶译,上海民智书局。

1928 年

《〈哲学底贫困〉底拔粹》,摘译马克思的《哲学的贫困》,李铁声译,载(上海)《思想》月刊第 2、3 期。

《马克思主义经济学》,河上肇著,温盛光译,上海启智书局,

1928 年初版，1930 年再版。

《马克思与列宁主义之农业政策》，专题汇编本，刘宝书编译，（上海）太平洋书店出版。

《马克斯的民族社会及国家概念》，《马克思的经济概念》，柯诺著，朱应祺、朱应会译，上海泰东图书局，1928 年 4 月初版，1929 年 3 月再版。

5 月 1 日，《唯物史观原文》，李一氓译，摘译马克思的《神圣家族》《哲学的贫困》《共产党宣言》《雇佣劳动与资本》《〈政治经济学批判〉序言》《资本论》第 1、3 卷等著作中的 9 段语录，载（上海)《流沙》第 4 期特刊号。

5 月 20 日，《农民问题》，即恩格斯的《法德农民问题》，陆一远译，（上海）远东图书公司出版。

5 月 30 日，《社会主义的发展》，即恩格斯的《社会主义从空想到科学的发展》，朱镜我译，（上海）创造社出版。

8 月，《社会主义发展史纲》，即恩格斯的《社会主义从空想到科学的发展》，黄思越译，（上海）东图书局出版。

10 月 20 日，《恩格斯在马克思墓前的演说辞》，厉译，载《出路》。

11 月，《人种由来说》，即恩格斯的《劳动在从猿到人转变过程中的作用》，陆一远译，（上海）春潮书局出版。

1929 年

4 月，《工资价格及利润》，马克思著，朱应祺、朱应会译，（上海）泰东图书局出版。

5 月，《工资劳动与资本》，即马克思的《雇佣劳动与资本》，朱应祺、朱应会译，（上海）泰东图书局出版。

《民族革命论》，书中收马克思的《中国革命和欧洲革命》，唐杰编辑，未署译者及出版者。

6月，《家庭私有财产及国家之起源》，即恩格斯的《家庭、私有制和国家的起源》，李膺扬（杨贤江）译，周佛海校，（上海）新生命书局出版。

10月，《科学的社会主义》，高希圣编译，上海平凡书局。

《社会进化的铁则》，汇编了马克思恩格斯列宁等人的有关语录，千香译，（上海）启智书局出版。

《哲学之贫困》，马克思著，杜竹君译，（上海）水沫书店出版。

《宗教·哲学·社会主义》，林超真译，收恩格斯的《论早期基督教的历史》、《社会主义从空想到科学的发展》、《路德维希·费尔巴哈和德国古典哲学的终结》三篇，（上海）沪滨书局出版。同年12月出修订版，附录中增收恩格斯的《马尔克》一文。

12月，《费尔巴哈论》，即恩格斯的《路德维希·费尔巴哈和德国古典哲学的终结》，彭嘉生译，（上海）南强书局出版。

12月，《社会进化之铁则》（上）汇编了马克思、恩格斯、列宁等人有关语录，高希圣译，（上海）平凡书局出版。

1930 年

《共产党宣言》（英汉对照），马克思恩格斯著，华冈译，（上海）中外社会科学研究社出版。

《马克思恩格斯关于唯物论的断片》，摘译马克思恩格斯著作四篇，向省吾译，（上海）江南书店出版。

1月1日，《艺术形成之社会的前提条件》，即马克思的《导言

（摘自 1857—1858 年经济学手稿）》，洛扬（冯雪峰）译，载（上海）《萌芽月刊》第 1 卷第 1 期。

2 月，《马克思论文选译》（第 1 集）收马克思著作九篇，李一氓译，（上海）社会科学研究会出版。

3 月，《巴黎公社论》，专题语录，亚历山大·特拉克连巴克著，侍桁译，载（上海）《萌芽月刊》第 1 卷第 3 期。

《在马克斯葬式上的演说》，即恩格斯的《卡尔·马克思的葬仪》，致平译，载（上海）《萌芽月刊》第 1 卷第 3 期。

《马克思主义的基础》，马克思恩格斯著作汇编，潘鸿文编，（上海）社会科学研究社出版。

《资本论》第一卷，三册，马克思著。第一分册，陈启修译，（上海）昆仑书店出版。第二、三分册，潘冬舟译，（北平）东亚书局出版。

4 月，《辩证法经典》，书中收了马克思恩格斯著作（文摘）7 篇，程始仁编译，（上海）亚东图书馆出版（第 3 版译者改为高语罕）。

《费尔巴哈与古典哲学的终末》，即恩格斯的《路德维希·费尔巴哈和德国古典哲学的终结》，向省吾译，（上海）江南书店出版。

《地域团体》，即恩格斯的《马尔克》，朱应祺、朱应会译，载（上海）泰东图书局出版的《马克斯国家发展过程》一书的附录中。

5 月，《拿破仑第三政变记》，马克思著，陈仲涛译，（上海）江南书店出版。

《马克思传及其学说》，收马克思恩格斯著作七篇，易桢译，（上海）社会科学研究会出版。

《史的唯物论》（上、下册），汇编了马克思恩格斯列宁等人有关语录，（苏）萨克夫斯基编，叶作舟、齐荪、何亚译，封面题有马克思学说体系第三、第四分册字样，（上海）平凡书局出版。

《马克思论出版底自由与检阅》，摘译马克思的《第六届莱茵议会的辩论》（第一篇论文）和《评普鲁士最近的书报检查令》中的九段语录，洛扬（冯雪峰）译，载（上海）《萌芽月刊》第1卷第5期。

《经济学批判》，即马克思的《政治经济学批判》，刘曼译，（上海）乐群书店出版。

《革命与反革命》，即恩格斯的《德国的革命与反革命》，刘镜园译，（上海）新生命书局出版。

《马克思和恩格斯对于农民问题的意见》，文摘汇编本，（苏）包布夫编，未署译者，（上海）春耕书店出版。

6月，《马克思学体系》，马克思恩格斯列宁著作文摘汇编本，（苏）萨可夫斯基编，高希圣、唐仁、叶作舟、齐荪译，（上海）平凡书局出版。

7月，《社会主义的必然》（上、下册），马克思恩格斯列宁著作文摘汇编本，（苏）塞姆柯甫士基编，刘沁仪译，（上海）春秋书店出版。

7月15日，《马克思给古·盖曼（即路·库格曼）的信》（十封），寒光译，载《动力》第1卷第1期。

《艺术断片谈》，摘译马克思的《诗歌和散文中的德国社会主义》一文的一段文字以及《导言》（摘自《1857—1858年经济学手稿）》一文的最后部分，剑青译，载《动力》第1卷第1期。

8月，《社会主义底基础》，文摘汇编本，马克思著，德特里希编，巴克译，（上海）山城书店出版。

8月,《自由贸易问题》,收马克思恩格斯著作三篇,邹钟隐译,(上海)联合书店出版。

9月,《从猿到人》,恩格斯著,成嵩译,(上海)泰东图书局出版。

10月,《社会进化的原理》,文摘汇编本,恩格斯著,刘济阎(yín)译,(上海)春秋书店出版。

11月,《马克思主义经济学基础理论》,河上肇著,李达等译,上海昆仑书店。

11月,《反杜林论》,恩格斯著,吴黎平译,(上海)江南书店出版。

12月,《反杜林格论》,即恩格斯的《反杜林论》,钱铁如译,(上海)昆仑书店出版。

参考文献

1. Alvarez, Roman. (ed.) (1996). *Translation, Power, Subversion*. Clevedon; Philadelphia; Adelaide: Multilingual Matters LTD.

2. Baker, Mona. (2006). *Translation and Conflict: A Narrative Account*. London and New York: Routledge.

3. Bassnett, Susan & Lefevere, Andre. (eds.)(1990). *Translation, History and Culture*. London and New York: Pinter.

4. Bassnett, Susan & Lefevere, Andre. (2001). *Constructing Cultures: Essays on Literary Translation*. Shanghai: Shanghai Foreign Language Education Press.

5. Bauer, Wolfgang. (1964). *Western Literature and Translation Work in Communist China*. Frankfurt/Main: A. Metzner.

6. Delisle, J. & Woodsworth, J. (1995). *Translators Through History*. Amsterdam; Philadelphia: John Benjamins Publishing Co., UNESCO Publishing.

7. Dirlik, Arif. (1989). *The Origins of Chinese Communism*. Oxford: Oxford University Press.

8. Engels, F. (1970). *Socialism: Utopian and Scientific*. (Translated by Edward Aveling in 1892)(Online version). http://www.marxists.org/archive/marx/works/1880/soc-utop/ (downloaded

28/11/2011）．

9. Gentzler, Edwin.（2005）. *Contemporary Translation Theories*（*Revised Second Edition*）. Shanghai: Shanghai Foreign Language Education Press.

10. Henry, Kevin.（ed.）（2020）. *May Fourth and Translation*. Venezia: Edizioni Ca'Foscari.

11. Kidd, B.（1894）. *Social Evolution*. New York: Macmillan and Co. and London.

12. Knight，Nick.（1996）. *Li Da and Marxist Philosophy in China*. Westview Press A Division of HarperCollins Publishers.

13. Lefevere, Andre.（1992）. *Translation, Rewriting and the Manipulation of Literary Fame*. London and New York: Routledge.

14. Lefevere, Andre.（ed.）（2006）. *Translation/History/Culture: A Sourcebook*. Shanghai: Shanghai Foreign Language Education Press.

15. Li Yu-ning.（1971）. *The introduction of socialism into China*. New York: Columbia University Press.

16. Marx, K. and Engels, F.（2001）. *Manifesto of the Communist Party*. Beijing: Foreign Language Teaching and Research Press.

17. Meisner, Maurice.（1967）. *Li Ta-chao and the Origins of Chinese Marxism*. Cambridge/Mass. : Harvard University Press.

18. Pym, Anthony.（2007）. *Method in Translation History*. Beijing: Foreign Language Teaching and Research Press.

19. Shuttleworth, Mark and Moira Cowie（eds.）（1997）. *Dictionary of Translation Studies*. Manchester: St. Jerome.

20. Steiner, George.（1975/2002）. *After Babel*. Shanghai: Shanghai

Foreign Language Education Press.

21. Venuti, Lawrence.（ed.）（2000）. *The Translation Studies Reader*. London and New York: Routledge.

22. Wilss, Wolfram（2001）. *The Science of Translation Problems and Methods*. Shanghai: Shanghai Foreign Language Education Press.

23. 安雅琴（2016），陈溥贤《马克思的唯物史观》与李大钊《我的马克思主义观》文本关系考——基于唯物史观的相关论述，《中共党史研究》（2）：115—120。

24. 北京图书馆马列著作研究室（编）（1983），《马克思恩格斯著作中译文综录》。北京：书目文献出版社。

25. 蔡和森（1980），《蔡和森文集》。北京：人民出版社。

26. 蔡宗魁（1985），深入学习马、恩关于翻译标准的论述，《中国翻译》（6）：2—5。

27. 晨朵（1983），《觉悟》副刊对传播马列主义的贡献，《复旦学报》（社会科学版）（2）：75—78，85。

28. 陈福康（2010），《中国译学史》。上海：上海人民出版社。

29. 陈红娟（2015），概念厘定与译本甄别：《共产党宣言》汉译考，《党史研究与教学》（2）：73—83。

30. 陈红娟（2016），版本源流与底本甄别：陈望道《共产党宣言》文本考辨，《中共党史研究》（3）：79—87。

31. 陈红娟（2018），《共产党宣言》在中国的翻译与传播，《马克思主义研究》（4）：24—33。

32. 陈红娟（2021），《共产党宣言》中"消灭私有制"的译法演化与诠释转移，《中共党史研究》（2）：47—56。

33. 陈家新（2012），《共产党宣言》在中国的翻译和版本研究,《中国国家博物馆馆刊》(8):116—133。

34. 陈力卫(2008),让语言更革命——《共产党宣言》的翻译版本与译词的尖锐化。载孙江(编),《新史学》第2卷。北京:中华书局。

35. 陈力卫(2019),《东往东来——近代中日之间的语词概念》。北京:社会科学文献出版社。

36. 陈万雄(1997),《五四新文化的源流》。北京:生活·读书·新知三联书店。

37. 程早霞、姜华帅(2021),清末民初马克思主义在中国的早期传播研究(1899—1912),《浙江工商大学学报》(6):13—22。

38. 大村泉(2008),《共产党宣言》的传播·翻译史概观,《经济学动态》(6):13—17。

39. 德里克(2005),《革命与历史——中国马克思主义历史学的起源(1919—1937)》。南京:江苏人民出版社。

40. 丁霞(2011),比较研究马克思主义在日中两国的早期传播,《湖北成人教育学院学报》(1):49—51。

41. 段红利(2013),五四时期李达对马克思主义介绍与传播的贡献,《李达与中国共产党的创建和马克思主义在中国的传播——纪念李达同志诞辰120周年学术研讨会论文集》(120—139页)。北京:人民出版社。

42. 范立君(2007),《共产党宣言》在意大利和日本的传播与影响,《当代世界与社会主义》(2):32—35。

43. 范强鸣(2012),《红色经典第一书:〈共产党宣言〉汉译图典》。北京:中共中央党校出版社。

44. 方红、王克非(2011),《共产党宣言》在中国的早期翻译与传播,《外国语文》(6):107—116。

45. 方红、王克非(2014),《共产党宣言》中日首个全译本比较研究,《中国翻译》(6):34—38。

46. 方红(2016),《马克思主义在中国的早期翻译与传播——从 19 世纪晚期至 1920 年》。上海:上海三联书店。

47. 方红(2020),《共产党宣言》重要概念百年汉译及变迁,《外国语》(6):84—93。

48. 方华文(2008),《20 世纪中国翻译史》。西安:西北大学出版社。

49. 冯志杰(2011),《中国近代翻译史》(晚清卷)。北京:九州出版社。

50. 高放(2008),"全世界无产者,联合起来!"74 种中译文考证评析,《文史哲》(2):5—12。

51. 葛桂录(2021),研究红色翻译史,践行国家意识,《外国语言文学》(3):227。

52. 顾昕(1997),无政府主义与中国马克思主义的起源(上、下),《哲学与文化》(廿四卷)(8、9):738—760;862—878。

53. 河上肇(1982),《河上肇全集》(10)。东京:岩波书店。

54. 华先发(2010),制约与接纳——略论晚清民初本土文化场对翻译活动的影响,见《翻译与跨文化交流:嬗变与解读》(胡庚申主编)。上海:上海外语教育出版社。

55. 黄兴涛(2012),概念史方法与中国近代史研究,《史学月刊》(9):11—14。

56. 季水河(2017),新文化运动时期马克思主义在中国的传播与研究,《求索》(7):20—29。

57. 堺利彦译（1924），《空想から科学へ（空想的及科学的社会主义）》。东京：白杨社。

58. 堺利彦译（1930），《社会主义の发展——空想から科学へ》。东京：白杨社。

59. 靳书君、王野汀（2021），马克思主义汉译概念史综论（1899—1949），《党史研究与教学》（5）：105—112。

60. 姜义华（1984），《社会主义学说在中国的初期传播》。上海：复旦大学出版社。

61. 姜佑福（2015），五四新文化运动中的马克思主义社会政治哲学——以1919年前后《新青年》杂志为中心的批判性考察，《天津社会科学》（2）：155—160。

62. カール・マルクス、フリードリヒ・エンゲルス（著），幸德秋水、堺利彦（共译）（1926），《共产党宣言》。洛杉矶：罗府日本人劳动协会发刊。

63. 孔令翠、曹进（2021），《共产党宣言》核心术语翻译的中国化演变研究，《上海翻译》（6）：7—12，95。

64. 孔令翠、李萍（2021），早期马克思主义文献译介与中国共产党建党初心，《中国翻译》（3）：15—20。

65. 赖钦显（主编）（1993），《马克思主义在中国一百年》。北京：中共党史出版社。

66. 李百玲（2009），从翻译看马克思主义在中国的早期传播，《上海翻译》（1）：67—69。

67. 李博（2003），《汉语中的马克思主义术语的起源与作用》，赵倩等译。北京：中国社会科学出版社。

68. 李达（1980），《李达文集》第1卷。北京：人民出版社。

69. 李大钊（1959），《李大钊选集》。北京：人民出版社。

70. 李虹（2013），河上肇和李大钊的马克思主义探究，《云南民族大学学报》（哲学社会科学版）（2）：28—33。

71. 李军林（2008），《共产党宣言》在中国、日本、美国早期传播的比较研究，《学术论坛》（2）：38—42。

72. 李萍、张冠（2022），早期中国共产党人接受马克思主义的历史契合点及其当代启示——20世纪初"社会主义论战"的再审视，《北京师范大学学报》（社会科学版）（2）：70—77。

73. 李提摩太、蔡尔康合译（2018），《大同学》。广州：南方日报出版社。

74. 李田心（2018），《共产党宣言》首句应该如何翻译？——论spectre在语境中的意义，《北京师范大学学报》（3）：158—160。

75. 李维武（2017），新文化运动中的唯物史观派，《武汉大学学报》（人文科学版）（4）：26—47。

76. 李维武（2019），五四运动与马克思主义在中国传播主体的变化，《湖北大学学报》（哲学社会科学版）（2）：1—4。

77. 李晔（2021），五四运动与马克思主义传播关系再认识——历史因果、思想逻辑及必然性问题，《中共党史研究》（1）：141—151。

78. 李永杰（2018），马克思"人的本质"概念的汉译与理解研究——以《共产党宣言》汉译为线索，《中共福建省委党校学报》（3）：20—26。

79. 李永杰、靳书君（2018），马克思主义所有制术语的汉译与概念生成，《北京行政学院学报》（1）：66—73。

80. 李泽厚（1988），《马克思主义在中国》。北京：生活·读书·新知三联书店。

81. 李泽厚（2008），《中国现代思想史论》。北京：生活·读书·新知三联书店。

82. 李珍军（2016），柯柏年与马列主义在华早期传播，《百年潮》（8）：57—60。

83. 梁启超（1989），《饮冰室合集》。北京：中华书局。

84. 梁启超（2001），《论中国学术思想变迁之大势》。上海：上海古籍出版社。

85. 林代昭、潘国华（1983），《马克思主义在中国——从影响的传入到传播》（下）。北京：清华大学出版社。

86. 林霞（2010），论马克思主义在中国早期的选择性传播，《学术论坛》（10）：6—9 转 185。

87. 刘禾（2014），《跨语际实践——文学、民族文化与被译介的现代性（中国，1900—1937）》（修订译本），宋伟杰等译。北京：生活·读书·新知 三联书店。

88. 刘孟洋（2017），从《共产党宣言》早期译介看中日间术语的互动，《东北亚外语研究》（1）：81—87。

89. 吕俊、侯向群（著）（2006），《翻译学——一个建构主义的视角》。上海：上海外语教育出版社。

90. 马格斯、安格尔斯（1920），《共产党宣言》，陈望道译。上海：社会主义研究社。

91.《马克思主义研究资料》第 24 卷（2015），北京：中央编译出版社。

92. 马祖毅（2004），《中国翻译简史："五四"以前部分》。北京：中国对外翻译出版公司。

93. 马祖毅（2006），《中国翻译通史》（现当代部分第一卷）。武汉：湖北教育出版社。

94. 尼克·奈特（2018），《李达与马克思主义哲学在中国》，汪信砚，周可译。北京：人民出版社。

95. 齐卫平（2019），五四运动结缘马克思主义的历史叙事，《当代世界与社会主义》（2）：23—30。

96. 瞿秋白（1988），《瞿秋白文集》第2卷。北京：人民出版社。

97. 瞿秋白（1993），《瞿秋白文集》第4卷。北京：人民出版社。

98. 屈文生（2018），翻译史研究的面向与方法，《外语教学与研究》（6）：830—836。

99. 屈文生（2021），"新翻译史"何以可能——兼谈翻译与历史学的关系，《探索与争鸣》（11）：155—166。

100. 石川祯浩（2006），《中国共产党成立史》，袁广泉译。北京：中国社会科学出版社。

101. 石川祯浩（2007），李大钊早期思想中的日本因素——以茅原华山为例，《社会科学研究》（3）：141—149。

102. 石仲泉、鞠俊俊（2019），热话题与冷思考——五四运动与马克思主义在中国的早期传播，《当代世界与社会主义》（2）：4—14。

103. 司马璐（编著）（1973），《中共党史暨文献选粹》（第一部　马克思主义在中国的传播）。香港：自联出版社。

104. 孙大为（2006），中、俄马克思主义早期传播之比较，《河北经贸大学学报》（综合版）（4）：5—9。

105. 谭汝谦（主编）（1980），《中国译日本书综合目录》。香港：中文大学出版社。

106. 谭思蓉、苏艳（2022），五四运动前后场域博弈中《共产党宣言》首译本的诞生，《中国翻译》（1）：39—46。

107. 谭渊（2018），《共产党宣言》汉译历史与译本演变，《同济大学学报》（社会科学版）（3）：84—97。

108. 田心铭（2015），马克思对唯物主义历史观要点"扼要的阐述"——读马克思《〈政治经济学批判〉序言》，《红旗文稿》（5）：19—23。

109. 田子渝等著（2012），《马克思主义在中国初期传播史（1918—1922）》，北京：学习出版社。

110. 田子渝、王华（2015），《新青年》与中国共产党，《湖北大学学报》（哲学社会科学版）（4）：1—7。

111. 王传英、田国立（2017），马恩著作在中国百年译介与传播的社会学分析，《河北学刊》（2）：191—197。

112. 王东风、李宁（2012），译本的历史记忆：陈望道译《共产党宣言》解读，《中国翻译》（3）：75—82。

113. 王东风、赵颞（2019），五四运动前后马克思主义在中国的翻译与传播，《中国翻译》（3）：22—32。

114. 王海军、郝思佳（2019），五四前后思想论战与马克思主义中国化的历史逻辑——基于思想史视角的分析，《中国延安干部学院学报》（5）：74—82。

115. 王海龙（2019），五四运动与马克思主义话语体系的中国出场，《湖南科技大学学报》（社会科学版）（1）：120—126。

116. 王宏志（2000），《翻译与创作——中国近代翻译小说论》。北京：北京大学出版社。

117. 王宏志（2007），《重释"信、达、雅"——二十世纪中国翻译研究》。北京：清华大学出版社。

118. 王克非（1992），论严复《天演论》的翻译，《中国翻译》（3）：8—12。

119. 王克非（1997，2000），《翻译文化史论》。上海：上海外语教育出版社。

120. 王连花（2011），《新青年》与马克思主义中国化，《马克思主义研究》（10）：49—56。

121. 王宁（2009），《翻译研究的文化转向》。北京：清华大学出版社。

122. 王宁（2019），翻译在新文化运动中的历史作用及未来前景，《中国翻译》（3）：13—21，188。

123. 王栻（编）（1986），《严复集》第3册《书信》。北京：中华书局。

124. 王文兵（2018），新文化运动：走向马克思主义的文化自觉，《中国矿业大学学报》（社会科学版）（3）：3—13。

125. 王宪明（2011），李大钊《我的马克思主义观》（上篇）思想来源管窥，《政治思想史》（3）：1—11。

126. 王宪明（2021），李大钊马克思主义经济观的学术来源探析——《我的马克思主义观》下篇研读，《政治思想史》（4）：1—21。

127. 汪信砚（2020），构建中国化马克思主义哲学的拓荒者——李达哲学思想研究，《光明日报》2020年10月12日15版。

128. 王一胜（2015），新文化运动与早期马克思主义的传播，

《观察与思考》（9）：31—35。

129. 王玉英（2003），两种变异类比观：文化变异与译语变异，《中国翻译》（3）：23。

130. 王远义（2004），无政府主义概念史的分析，《台大历史学报》33（6）：399—425。

131. 汪越、孙熙国（2020），马克思主义在中国早期传播的思想取向和镜像表达——基于对《理想社会主义与实行社会主义》的文本考察，《中共中央党校学报》（5）：84—93。

132. 魏向清（2018），从"中华思想文化术语"英译看文化术语翻译的实践理性及其有效性原则，《外语研究》（3）：66—71。

133. 韦正翔（2013），《〈共产党宣言〉探究——对照中、德、英、法、俄文版》。北京：中国社会科学出版社。

134. 伍启元（2008），《中国新文化运动概论》，合肥：黄山书社。

135. 狭间直树、石川祯浩（主编)《近代东亚翻译概念的发生与传播》，袁广泉等译。北京：社会科学文献出版社。

136. 熊月之（1995），《西学东渐与晚清社会》。上海：上海人民出版社。

137. 许钧（2003），《翻译论》。武汉：湖北教育出版社。

138. 徐天娜（2019），《共产党宣言》汉译本中的"资本家"和"资产阶级"——由译词的确定过程看革命对象的固化，《南京大学学报》（2）：23—37。

139. 许文胜、韩晓秋、程璐璐（2021），初心与使命——建党伟业中的翻译活动研究，《中国翻译》（3）：5—14。

140. 薛俊强（2013），《恩格斯〈社会主义从空想到科学的发展〉研究读本》。北京：中央编译出版社。

141. 杨金海（2018），《马克思恩格斯〈共产党宣言〉研究读本》。北京：中央编译出版社。

142. 杨金海（2020），马克思主义传播史研究的对象、内容和方法，《中国高校社会科学》（4）：55—69。

143. 叶永烈（2005），《红色的起点》。南宁：广西人民出版社。

144. 叶再生（2002），《中国近现代出版通史》（第2卷）。北京：华文出版社。

145. 因倪斯箸（1928），《社会主义发展史纲》，黄思越译。上海：上海泰东图书局。

146. 俞佳乐（2006），《翻译的社会性研究》。上海：上海译文出版社。

147. 余英时（2004），《余英时文集》第2卷。桂林：广西师范大学出版社。

148. 袁锦翔（1985），无产阶级译界前辈李达，《中国翻译》（6）：6—9。

149. 岳峰、朱汉雄（2021），红色翻译史概述，《当代外语研究》（4）：42—49。

150. 张岱年、程宜山（1990），《中国文化与文化论争》。北京：中国人民大学出版社。

151. 张立波（2007），翻译与马克思主义中国化，《现代哲学》（2）：24—32。

152. 张琳（2009），马克思主义在中国早期传播过程中的文本问题，《毛泽东邓小平理论研究》（5）：71—78。

153. 张文彬（2021），《共产党宣言》汉译本中"资产阶级"相关译词的溯源、变迁及深化路向，《社会主义研究》（5）：40—48。

154. 张旭（2020），星星之火可以燎原——民国时期李达的马克思主义翻译活动寻踪，《翻译史论丛》第1辑，北京：外语教学与研究出版社。

155. 郑次川译（1920），《科学社会主义》。上海：上海群益书社、伊文思图书公司。

156. 中共中央马恩列斯著作编译局研究室（编）（1959），《五四时期期刊介绍》第一集（上册），北京：生活·读书·新知三联书店。

157. 中共中央马恩列斯著作编译局马恩室（编）（1983），《马克思恩格斯著作在中国的传播》。北京：人民出版社。

158. 中共中央马克思恩格斯列宁斯大林著作编译局编译（1995），《马克思恩格斯选集》第4卷。北京：人民出版社。

159. 中共中央马克思恩格斯列宁斯大林著作编译局编译（1995），《马克思恩格斯选集》第1卷。北京：人民出版社。

160. 中共中央马克思恩格斯列宁斯大林著作编译局编译（2009），《马克思恩格斯文集》第1卷。北京：人民出版社。

161. 中共中央马克思恩格斯列宁斯大林著作编译局编译（2009），《马克思恩格斯文集》第2卷。北京：人民出版社。

162. 中共中央马克思恩格斯列宁斯大林著作编译局编译（2009），《马克思恩格斯文集》第3卷。北京：人民出版社。

163. 中国社会科学院现代史研究室、中国革命博物馆党史研究室选编（1980），《中国现代革命史资料丛刊"一大"前后》

（二），北京：人民出版社。

164. 周可（2015），从翻译到创新——李达的法理学探索及其启示，《江汉论坛》(9)：43—47。

165. 周嘉昕（2011），为什么是唯物史观？——中国共产党成立之前马克思主义哲学在中国传播的再思考，《学习与探索》(4)：37—41。

166. 周凯（2013），马克思主义在中国早期传播的主要特点——以《新青年》月刊为主的文本分析，《中共党史研究》(4)：112—121。

167. 朱镜我（1928），《社会主义的发展》。上海：上海创造社。

168. 朱育和、蔡乐苏（1989），碰撞中的选择——五四新文化运动与马克思主义传入关系问题新探，《高校社会科学》(2)：33—45。

169. 邹振环（1996），《影响中国近代社会的一百种译作》。北京：中国对外翻译出版公司。

图书在版编目(CIP)数据

新文化运动时期马克思主义在中国的译介传播/方
红著. —上海：上海三联书店,2024.11
ISBN 978 - 7 - 5426 - 7971 - 0

Ⅰ. ①新… Ⅱ. ①方… Ⅲ. ①马克思主义-传播-研
究-中国 Ⅳ. ①D61

中国版本图书馆 CIP 数据核字(2022)第 234617 号

新文化运动时期马克思主义在中国的译介传播

著 者 / 方 红

责任编辑 / 张静乔
装帧设计 / 徐 徐
监 制 / 姚 军
责任校对 / 王凌霄

出版发行 / 上海三联书店

(200041)中国上海市静安区威海路 755 号 30 楼
邮 箱 / sdxsanlian@sina.com
联系电话 / 编辑部：021 - 22895517
　　　　　　发行部：021 - 22895559
印 刷 / 上海惠敦印务科技有限公司

版 次 / 2024 年 11 月第 1 版
印 次 / 2024 年 11 月第 1 次印刷
开 本 / 655mm×960mm 1/16
字 数 / 210 千字
印 张 / 18
书 号 / ISBN 978 - 7 - 5426 - 7971 - 0/D · 565
定 价 / 78.00 元

敬启读者,如发现本书有印装质量问题,请与印刷厂联系 13917066329